타이거

마~더

Battle Hymn
of the
Tiger Mother

타이거 마~더

Battle Hymn
of the
Tiger Mother

예일대 교수 에이미 추아의 엘리트 교육법

에이미 추아

황소연 옮김

민음사

BATTLE HYMN
OF THE
TIGER MOTHER

by Amy Chua

소피아와 루이자
그리고
캐트린을 위해

| 차 례 |

3부 타이거 마더가 얻는 것과 잃는 것

이것은 한 어머니와 두 딸, 그리고 두 마리 개에 관한 이야기이
다. 또한 모차르트와 멘델스존, 피아노와 바이올린에 관한 이야
기이자 우리의 카네기홀 입성기이기도 하다.

이 이야기 속에서 중국인 부모의 교육 방식이 서양인 부모에 비
해 더 나은 면이 부각될지도 모르겠다.

하지만 이 이야기는 문화 충돌로 인한 고통이 얼마나 쓰라린지,
승리의 달콤함은 얼마나 덧없이 흘러가는지, 그리고 내가 열세
살짜리 아이 앞에서 어떻게 겸허히 고개를 숙였는지에 대한 고
백이기도 하다.

1부

~

엄마는 힘과 권위의 상징이다

"힘과 권위를 상징하는 호랑이는 두려움과 존경심을 자아낸다."

중국인 엄마가
금지하는 것

　많은 사람들이 자식을 한결같이 엘리트로 키워 내는 중국인 부모들에게 감탄한다. 도대체 비법이 무엇이기에 그렇게 많은 수학 영재며 음악 신동을 배출하는지, 가정환경은 어떤지, 자신들도 따라 할 수 있을지 궁금해한다. 누구나 중국인 부모처럼 할 수 있을까? 경험자로서 자신 있게 말하건대, 누구나 할 수 있다. 내가 두 딸 소피아와 루이자를 키우면서 철저히 금지한 것들이 있다.

- 친구 집에서 자는 것
- 아이들끼리만 노는 것
- 학교 연극에 참여하는 것
- 학교 연극에 참여하지 못한 것에 대해 불평하는 것
- 텔레비전 보는 것과 컴퓨터게임 하는 것
- 정규 수업 외의 활동을 마음대로 정해서 하는 것

- A보다 낮은 점수를 받는 것
- 체육과 연극 외의 수업에서 1등을 놓치는 것
- 피아노나 바이올린 외에 다른 악기를 연주하는 것
- 피아노나 바이올린을 연주하지 않는 것

여기서 내가 말하는 '중국인 엄마'는 포괄적인 의미이다. 최근에 사우스다코타 출신 백인 남성을 만난 적이 있는데, 그는 텔레비전에 나올 정도로 대단히 출세한 엘리트 중의 엘리트였다. 그의 말씨로 미루어 보건대, 그는 노동자계급인 아버지와 중국인 어머니를 둔 것 같았다. 내가 아는 한국인, 인도인, 자메이카인, 아일랜드인, 가나인 부모들 중에도 중국인 엄마라 불러도 손색없을 만한 사람들이 많다. 반면 서양에서 태어난 사람들 중에 중국인의 피를 물려받았음에도 자의든 타의든 중국인 엄마가 아닌 사람들도 있다.

마찬가지로 여기서 '서양인 부모'라는 말 역시 포괄적 의미이다. 서양인 부모들은 그야말로 각양각색이다. 양육 방식에 관해서라면 서양인이 중국인보다 훨씬 더 다채롭다고 감히 단언할 수 있다. 서양인 부모들 중에는 엄격한 이들이 있는가 하면 느슨한 이들도 있다. 부모가 동성同性인 경우도 있고, 정통 유대인일 수도 있으며, 혼자서 아이를 키우거나, 히피 출신이거나, 투자은행가이거나, 군인일 수도 있다. 이렇게 다양한 '서양인' 부모들이 다 같을 수는 없으므로 내가 '서양인 부모'라고 말할 때에는 당연히 모든 서양인 부모를 가리키는 것이 아니다. '중국인 엄마'라는 말이 모든 중국인 엄마를 가리키는 것이 아니듯 말이다.

하지만 서양인 부모들이 아무리 엄격하다고 해도 대개 중국인 엄마들의 엄격함에 비할 바가 못 된다. 예를 들어 서양인 친구들 가운데 스스로 엄격하다고 생각하는 부모들은 자기 아이에게 매일 삼십 분씩 악기 연습을 시킨다. 길어 봐야 한 시간 정도다. 반면 중국인 엄마들은 한 시간은 기본이고, 두 시간이고 세 시간이고 고되게 훈련을 시킨다.

문화적으로 정형화된 인간상에 대해 두드러기 반응을 보이는 사람들도 있겠지만, 양육 방식에 관해서 중국인과 서양인 사이에 존재하는 현격한 차이를 수치로 밝혀낸 연구가 수없이 많다. 서양인 엄마 쉰 명과 미국으로 이민 온 중국인 엄마 마흔여덟 명을 대상으로 한 연구에서, 거의 70퍼센트에 달하는 서양인 엄마들이 "좋은 학업성적을 강조하는 것은 아이들에게 좋지 않다."라거나 "부모는 아이에게 공부가 재미있다는 생각을 심어 주어야 한다."라고 말했다. 반대로 중국인 엄마들 중에는 그렇게 생각하는 사람이 거의 없었다. 그 대신 중국인 엄마의 대다수는 자기 아이가 '최고의' 학생이 될 수 있고, 아이가 학교에서 두각을 나타내지 않으면 '문제'가 있는 것이며, 그 부모는 "자기 본분을 다하지 못한 것."이라고 말했다. 다른 연구들을 살펴봐도, 중국인 부모가 아이와 함께 학업에 몰두하는 시간이 서양인 부모보다 열 배는 더 길다는 것을 알 수 있다. 이에 반해서 서양인 가정의 아이들은 단체운동에 참여하는 경향이 강하다.

나는 이런 점들을 바탕으로 결론을 내렸다. 어떤 사람들은 중국인 엄마를 미국의 열성 부모와 비슷한 부류로 생각하는데, 그건 사실이 아니다. 그저 아이의 스케줄을 빡빡하게 잡는 서양의 극성 엄마들과 달리, 중국인 엄마들은 다음과 같이 믿는다. (1) 언제나 학교 공부가 먼저다. (2) A−는 낮은 성적이다. (3) 우리 아이는 수학에서 동급생들보다 두 학년은 앞서 가야 한다. (4) 남들 앞에서는 절대 아이를 칭찬하지 않는다. (5) 아이가 교사나 운동 코치와 의견이 맞지 않을 경우, 언제나 교사나 코치의 편을 들어야 한다. (6) 특별활동은 메달을 딸 수 있는 것만 허락한다. (7) 그리고 그 메달은 반드시 금메달이어야 한다.

뭐든지 금방 배우는 아이,
소피아

소피아는 나의 맏딸이다. 내 남편 제드는 유대인이고 나는 중국인이기 때문에 우리 아이들은 중국-유대계 미국인이다. 중국-유대계 미국인이라고 하면 상당히 이국적으로 들릴 수도 있겠지만, 사실 이들은 특정 집단, 특히 학원도시 안에서는 주류를 형성하고 있다.

소피아라는 이름은 영어로 '지혜'를 뜻한다. 친정 어머니가 그 애에게 지어 준 중국 이름 시휘思慧 역시 같은 뜻이다. 소피아는 태어날 때부터 이성적이었고 유달리 집중력이 강했다. 그런 성향은 제 아버지에게서 물려받은 것이다. 소피아는 갓난아기였을 때 밤이 되면 금방 잠들었다가 충분히 잠을 자서 소기의 목적을 달성하고 나서야 깨어나 울었다. 그 당시 나는 다니던 월 가의 법률 회사에 휴가를 내고 법에 관한 글을 쓰고 있었는데, 어떻게든 교직을 얻어 회사로 돌아가지 않으려고 애쓰는 내 심정을 생후 두 달 된 소피아가 이해하는 것 같았다. 아이는 한 돌이 지날 때까지 자고 먹는 데 치중하면서 글이 잘 써지지 않아 괴로워하는 내 모습을 차분하게 골똘히 지켜보았다.

소피아는 두뇌 발달이 빨라서 생후 열여덟 달이 되었을 때 알파벳을 익혔다. 소아과 의사는 그것이 신경학적으로 불가능하다면서 그저 소리를 흉내 내는 것에 지나지 않는다고 주장했다. 그는 자신의 주장을 뒷받침하기 위해 뱀과 유니콘 모양의 복잡하고 커다란 알파벳 놀이판을 꺼내 들었다. 의사는 놀이판을 한 번 봤다가, 소피아를 보고, 다시 판을 보았다. 그가 잠옷을 입고 베레모를 쓴 두꺼비를 가리켰다. 소피아가 말했다.

"Q."

의사가 구시렁거리며 내게 말했다.

"가르쳐 주지 마세요."

나는 마음을 졸이다가 마지막 단어에 이르러서야 안도했다. 마지막 단어는 수많은 빨간 혀들을 사방에 내두르는 히드라^{머리가 아홉 개인 신화 속 괴물}였는데, 소피아는 그것을 'I'라고 정확하게 알아봤다.

소피아는 유치원에서도 두각을 나타냈다. 특히 산수를 잘했다. 다른 아이들이 막대기며 구슬, 원뿔 등을 가지고 창의적이고 미국적인 방법으로 1에서 10까지 세는 것을 배울 때, 나는 소피아에게 더하기, 빼기, 곱하기, 나누기, 분수, 소수를 암기 위주의 중국식으로 가르쳤다. 막대기와 구슬, 원뿔로는 정답을 표현하기가 어렵다.

제드와 나는 결혼했을 때 우리 아이들을 베이징어를 잘하는 유대인으로 기르자고 합의했다. (나는 가톨릭교도로 자랐지만 별 어려움 없이 가톨릭을 포기했다. 가톨릭을 믿는 친정의 가풍은 오랜 내력이 아니었고 근래에 들어 생긴 것이다.) 지금 돌이켜 보면 남편과 나의 합의는 참으로 우스운 것이었다. 정작 나는 베이징어를 못하고(내 모국어는 푸젠어^{중국 남동부}_{에서 주로 쓰는 소수민족의 언어}이다.) 제드는 종교와는 거리가 먼 사람이니 말이다. 하지만 그 계획은 그 나름대로 효과를 발휘했다. 나는 베이징어를 하는 중국인 유모들을 지속적으로 고용했고, 소피아가 생후 두 달이 되었을 때 우리는 첫 하누카^{유대력의 9월 25일에 시작해서 여드레 동안 벌어지는 유대교 축제}를 축하했다.

소피아는 양쪽 문화에서 최선만을 취하며 성장하는 것 같았다. 유대인 쪽에서는 꼬치꼬치 캐묻는 탐구심을, 중국인 쪽에서는 많은 재주를 물려받았다. 나는 지금 타고난 재능을 말하는 것이 아니라, 부지런한 훈련을 통해서 자신감을 키워 나가는 중국식 재주, 즉 배워서 얻는 재주를 말하는 것이다. 소피아는 세 살 무렵에 사르트르^{희곡 「출구 없음(Huis}_{clos)」}를 읽었고, 간단한 집합론을 이해했으며, 천자문을 쓸 줄 알았다.(제드는 그런 현상을 소피아가 "출구 없음."이라는 말을 이해하고, 두 원을 겹쳐서 그릴 줄 알며^{집합의 벤다이어그램}, 한자를 그럭저럭 아는 것이라고 해석했다.) 나는 미국인 부모들이 별것도 아닌 일(구불구불한 선인지 구부러진 직선인지 모를 아이의 그림)에 칭찬을 퍼붓는 것을 보면서 중국인 부모들이 두 가지 면에서 서양인 부모들보다 더 낫다고 생각했다. 중국인 부모는 (1)아이들에 대한 꿈이 더 크며, (2)아이들이 얼마나 견딜 수 있는지를 안다는 점에서 아이들을 더 존중한다.

물론 나도 소피아가 미국 사회의 가장 좋은 면들을 누리는 수혜자가 되기를 원했다. 부모의 엄청난 압박에 시달리는 이상한 동양계 로봇처럼 살다가 시험에서 2등을 했다는 이유로 스스로 생을 마감하는 일이 없기를 바랐다. 그 애가 다재다능하고 취미 활동도 하기를 바랐다. 하지만 '공예'처럼 성과 없는 평범한 활동을 할 것이 아니라, 드럼이나 치다가 마약에 빠지는 불상사에 얽힐 것이 아니라, 좀 더 의미 있고 깊이와 기교를 두루 갖춘 고난도 활동을 취미로 삼기를 바랐다.

그런 연유로 우리 집에는 피아노가 들어왔다.

1996년에 세 살배기 소피아에게 새로운 일이 두 가지 생겼는데, 그것은 생애 첫 피아노 레슨과 여동생이었다.

반항아 룰루와
전쟁을 시작하다

어떤 컨트리 음악 노래 중에 이런 가사가 나온다. "그녀는 천사의 얼굴을 한 야생마라네." 막내딸 룰루가 딱 그렇다. 나는 우리 룰루를 떠올리면 사나운 야생마를 길들이는 생각부터 하게 된다. 심지어 그 애는 배 속에 있을 때에도 세차게 발길질을 해 대서 내 배에 자국이 남을 정도였다. 룰루의 본명은 '유명한 전사'라는 뜻의 루이자인데, 우리가 언제부터 그 애를 룰루라고 부르기 시작했는지는 잘 모르겠다.

룰루의 중국 이름은 시샨이다. '산호'라는 뜻으로 섬세하다는 의미도 담고 있다. 그 뜻 역시 룰루에게 합당하다. 룰루는 태어나면서부터 남다른 입맛을 과시했다. 내가 주는 이유식을 좋아하지 않았고, 소아과 의사가 대안으로 내놓은 두유에도 짜증을 내면서 단식투쟁에 들어갔다. 하지만 굶는 동안 사심 없이 명상을 했던 마하트마 간디와는 달리, 룰루는 밤마다 배앓이를 하고 악을 쓰고 울어 대며 손을 마구 휘둘렀다. 제드와 내가 귀마개를 하고 머리를 쥐어뜯고 있으면, 운이 좋을 때는 중국인 보모 그레이스가 구조대처럼 나타나곤 했다. 그레이스가 전복과 표고버섯 소스를 끼얹고 고수풀로 장식한 두부 요리를 내와야 비로소 룰루가 만족했고 사태는 진정되었다.

나와 룰루의 관계를 어떻게 설명해야 할지 딱히 적당한 말이 떠오르지 않는다. '전면적인 핵전쟁'이라는 말로도 다 표현이 되지 않는다. 아이러니한 것은 룰루와 내가 상당히 닮았다는 점이다. 룰루는 다혈질에다 신랄하면서도 용서를 잘하는 성격을 내게서 물려받았다.

성격 얘기가 나왔으니 말인데, 나는 점성술을 믿지 않지만(점성술에 연연하는 사람은 문제가 심각하다고 생각한다.) 중국의 황도 12궁은 소피아와 룰루를 **완벽하게** 설명해 준다. 소피아는 원숭이해에 태어났다. 원숭이띠는 호기심이 많고 똑똑하며 "어떤 일이든 주어진 일을 성취해 낸다. 그들은 어려운 일이나 장애물을 자극제로 삼는다." 반면 돼지해에 태어난 사람들은 "고집이 세고" "완고하며" 때로는 "길길이 날뛰고" 화를 내기도 하지만 "절대 원한을 품지 않으며" 근본적으로 정직하고 마음이 따뜻하다. 그게 바로 룰루다.

나는 호랑이해에 태어났다. 잘난 척하고 싶지는 않지만, 호랑이띠는 고귀하고 두려움이 없으며 정력적이고 권위 있으며 대단히 매력적이다. 게다가 운도 따른다. 베토벤과 쑨원도 호랑이띠다.

룰루가 세 살 때 나는 처음으로 그 애와 한바탕 전쟁을 치렀다. 코네티컷 주 뉴헤이번에 그해 들어 가장 지독한 한파가 몰아닥쳤던 겨울 오후였다. 그날 예일대 로스쿨 교수인 제드는 일터에 있었고 소피아는 유치원에 있었다. 나는 룰루에게 피아노를 가르칠 절호의 기회가 왔다고 생각했다. 갈색 곱슬머리에 동그란 눈, 중국 인형 같은 얼굴을 한 룰루는 사람을 홀릴 정도로 귀여웠다. 나는 둘이 함께 뭔가를 한다는 기쁨에 부풀어 피아노 의자 위에 푹신한 방석을 놓고 그 위에 룰루를 앉혔다. 그러고 나서 한 손가락으로 한 음을 똑똑똑 세 번 반복해 치고는 룰루에게 똑같이 해 보라고 했다. 작은 요청이었음에도 룰루는 그것을 거부했다. 그 대신 두 손을 활짝 펴서 여러 음을 동시에 쾅쾅 내리쳤다. 내가 그만하라고 제지하자 룰루는 더 세고 빠르게 피아노를 내리쳤다. 결국 내가 그 애를 피아노에서 떼어 놓자 룰루는 발버둥 치면서 울부짖기 시작했다.

십오 분이 지나도록 룰루가 계속 울부짖고 발버둥 치는 바람에 나는 폭발하고 말았다. 나는 날아오는 주먹을 이리저리 피하면서, 비명을 내지르는 악마를 베란다 앞에 끌어다 놓고 문을 활짝 열어젖혔다.

바깥은 기온이 영하 5도 아래로 떨어진 데다 차가운 바람까지 불었다. 바람이 어찌나 얼음장 같은지 단 몇 초만 맞았는데도 얼굴이 다 얼얼했다. 하지만 나는 룰루를 순종적인 중국 아이로 키우겠다고 마음을 독하게 먹었다. 설사 내가 죽는 한이 있어도. 서양에서는 순종順從을 개와 카스트제도에 결부하지만, 중국 문화권에서 순종은 가장 고귀한 미덕으로 취급된다. 나는 단호하게 말했다.

"엄마 말을 안 듣는 애는 집 안에 있을 수 없어. 자, 착한 딸이 될래, 아니면 바깥으로 나갈래?"

룰루가 바깥으로 걸어 나갔다. 그러고 나서 나를 똑바로 보며 반항했다.

두려움이 슬금슬금 내 몸을 휘감았다. 룰루가 몸에 걸친 것은 기껏해야 스웨터에 주름치마, 타이츠뿐이었다. 이제 아이는 울음을 그친 상태였다. 이상할 정도로 차분하기까지 했다. 나는 얼른 말했다.

"그만 됐어……. 얌전하게 행동하기로 한 모양이구나. 이제 안으로 들어와."

룰루가 고개를 저었다. 나는 덜컥 겁이 났다.

"고집부리지 마, 룰루. 바깥은 추워. 그러다가 병에 걸릴 거야. 이제 들어와."

룰루는 이를 달그락달그락 부딪치며 오들오들 떨면서도 다시 고개를 저었다. 그 순간 나는 깨달았다. 룰루를 과소평가했을 뿐 아니라 룰루가 어떤 애인지 모르고 있다는 것을 말이다. 룰루는 항복하느니 차라리 얼어 죽을 기세였다.

나는 즉시 전술을 바꿨다. 이런 식으로는 이기기가 어려웠다. 잘못하면 아동가족부의 처벌을 받을 수도 있었다. 다급해진 나는 태도를 완전히 바꿔서 룰루를 집 안으로 들어오게 하기 위해 애원하고 구슬리고 꾀는 작전을 썼다. 제드와 소피아가 집에 돌아왔을 때, 룰루는 욕조 안 뜨거운 물에 몸을 담그고 마시멜로를 띄운 뜨거운 코코아에 브라우니를 적셔 먹고 있었다.

하지만 룰루 역시 나를 과소평가했다. 나는 일보 후퇴했을 뿐이었다. 전쟁 나팔 소리는 울렸는데, 룰루는 그것을 모르고 있었다.

추아 집안의 아이는
완벽해야 한다

내 성은 '추아'(베이징어로 발음하면 '차이')인데, 나는 그것이 마음에
든다. 친정 집안 사람들은 학자와 과학자를 많이 배출하는 것으로 유
명한 중국 남부 푸젠성에서 왔다. 아버지 쪽 조상들 중에는 명나라 만
력제의 천문학자였으며, 철학자이자 시인이었던 추아우넝이 있다. 우
넝은 다양한 재주를 지닌 덕분에 1644년 만주족이 명나라를 침략했을
때 장군으로 임명되었다. 우리 집안의 가장 값진(하나뿐이기도 한) 가보
는 우넝이 손수 기록한 2000쪽 분량의 『주역』이다. 변화에 대한 책이라
는 뜻의 그 책은 가장 오래된 중국 고서들 가운데 하나이다. 가죽으로
장정하고 표지에 '추아'를 뜻하는 한자가 씌어 있는 우넝의 책은 지금
우리 집 거실 커피 테이블 위에서 그 자태를 뽐내고 있다.

조부모님들은 푸젠성에서 태어났지만, 각각 1920년대와 1930년대에
좀 더 나은 기회를 찾아 필리핀행 배에 올랐다. 선량하고 온순한 교사
였던 외할아버지는 가족을 부양하기 위해 쌀 상인이 되었는데, 신앙심

이 깊지도 않았고 장사에 특별한 수완을 발휘하지도 못했다. 그의 아내이자 나의 외할머니는 대단한 미인이었고 독실한 불교 신자였다. 외할머니는 물질 만능주의를 멀리하라는 부처님의 가르침에도 불구하고 남편이 좀 더 성공하기를 바라는 희망을 버리지 않았다.

아버지의 아버지, 즉 친할아버지는 어묵을 파는 선량한 상인이었는데, 그 역시 신앙심이 깊지 않았고 성공한 장사꾼도 아니었다. 여장부였던 그의 아내, 즉 친할머니는 2차 세계대전 이후에 플라스틱 장사를 해서 번 돈을 황금과 다이아몬드에 투자했다. 할머니는 부자가 되고 나서(용기를 납품하는 거래처로 존슨앤드존슨을 지킨 것이 성공 요인이었다.) 마닐라에서 최고 부자 동네에 있는 드넓은 대농장으로 이사했다. 외할머니와 외삼촌들은 티파니 유리며 메리 커샛여성들의 삶을 잘 표현한 미국의 인상주의 여류 화가과 조르주 브라크프랑스의 입체파 화가의 그림이며 호놀룰루의 콘도미니엄을 사들였다. 그리고 개신교로 개종하고 젓가락 대신 포크와 숟가락을 사용하며 미국인처럼 생활하게 되었다.

어머니는 1936년 중국에서 태어나 두 살 때 가족들과 함께 필리핀에 도착했다. 일본이 필리핀을 통치하던 시기에 어머니는 어린 남동생을 잃었다. 그 시절에 관한 어머니의 이야기 중에 절대 잊지 못하는 것이 하나 있다. 일본인 병사가 작은외할아버지의 입을 강제로 벌리고 목구멍으로 물을 부어서 그의 배가 풍선처럼 부풀다가 터지자 웃음을 터뜨렸다는 이야기였다. 1945년 더글러스 맥아더 장군이 필리핀을 해방시켰을 때, 어머니는 미군들이 공짜로 던져 주는 스팸 캔을 받기 위해 지프차를 쫓아 달리며 환호했던 일을 지금도 기억하고 있다. 전쟁 후에 어머니는 도미니크 수도회 고등학교에 다니면서 가톨릭교로 개종했다. 그리고 산토토머스 대학을 최우수 학생으로 졸업하며 화학공학 학위를 땄다.

아버지는 미국 이민의 꿈을 키워 온 사람이었다. 수학을 잘하고 천문학과 철학을 사랑했던 아버지는 가업인 플라스틱 업계가 사기와 배신으로 얼룩진 것을 혐오해서 가족이 그를 위해 준비한 계획을 모두 마다했다. 아버지는 소년 시절부터 간절히 미국에 가고 싶어 하다가 매사추세츠 공대에 합격하면서 드디어 꿈을 이루었다. 1960년에 아버지는 어머니에게 청혼했고, 그해에 부모님은 미국에 대해 아무것도 알지 못한 채 보스턴에 도착했다. 오직 장학금으로만 생활을 꾸려야 했던 부모님은 처음 두 해 동안 난방을 하지 못해서 이불을 뒤집어쓰고 겨울을 나야 했다. 아버지는 이 년이 채 안 되어 박사 학위를 받았고 인디애나 주 웨스트라피엣에 있는 퍼듀 대학의 조교수가 되었다.

세 여동생과 나는 미국 중서부 지방에서 우리가 다른 사람들과 다르다는 것을 항상 느끼면서 컸다. 중국 음식을 보온병에 담아 학교에 가져가는 것은 그야말로 굴욕이었다. 다른 아이들처럼 볼로냐 샌드위치를 먹을 수 있기를 얼마나 바랐던지! 집 안에서는 중국어만 하도록 정해져 있었는데, 어쩌다 영어가 튀어나오면 벌로 한 단어에 한 대씩 젓가락으로 맞았다. 우리는 매일 오후 수학과 피아노에 몰두했고, 친구 집에서 자고 오는 것은 한 번도 허락되지 않았다. 아버지가 매일 저녁 일터에서 돌아오면, 나는 아버지의 신발과 양말을 벗겨 드리고 슬리퍼를 가져다드렸다. 우리의 성적표는 완벽해야 했다. 친구들은 B만 받아도 상을 받는데, 우리는 A-만 받아도 큰일이 났다. 중학교 2학년 때 내가 역사 경시대회에서 2등을 해서 가족을 시상식에 데려간 적이 있었다. 그때 키와니스 클럽^{1915년 디트로이트에서 결성된 국제 민간 봉사 단체}에서 최고의 학생에게 주는 상은 다른 친구가 받았다. 아버지는 나중에 말했다.

"다시는, 다시는 내게 이런 창피를 주지 마라."

내 친구들은 이런 이야기를 들으면 내가 끔찍한 어린 시절을 보냈을 것이라고 생각하곤 한다. 하지만 사실이 아니다. 나는 특이한 우리 가족에게서 힘과 자신감을 발견했다. 우리는 함께 아웃사이더로 출발했고, 함께 미국을 발견했으며, 그 과정에서 미국인이 되어 갔다. 내 기억에 아버지는 매일 새벽 3시까지 일을 했고, 우리가 방에 들어가도 모를 정도로 일에 집중했다. 하지만 아버지가 신이 나서 우리에게 슬라피조^{다진 고기와 토마토를 속으로 넣은 샌드위치}며 데어리퀸^{미국 아이스크림 프랜차이즈}, 없는 게 없는 뷔페식당, 썰매, 스키, 게 잡이, 캠핑에 관해 설명해 주던 일도 기억난다. 초등학교에 다닐 때 어떤 남자애가 레스토랑이라는 말을 할 때의 내 발음(레스트-오우-랑)을 흉내 내며 웃음을 터뜨렸던 적이 있다. 그 순간 나는 중국식 억양을 뿌리 뽑겠노라고 다짐했다. 걸스카우트와 홀라후프에 대한 기억도 난다. 롤러스케이트와 공립 도서관도 생각난다. 미국혁명여성회^{미국 독립 전쟁 참전인 후손들의 모임}가 주최한 글짓기 대회에서 상을 받았던 일이며, 부모님이 미국 시민권을 받고 자랑스러워하던 소중한 날도 기억한다.

1971년에 아버지는 캘리포니아 버클리 대학의 교수직 제안을 받아들였고, 우리는 짐을 싸서 서부로 이사했다. 그 무렵 아버지는 머리를 길게 기르고 평화의 상징 배지를 단 재킷을 입고 다녔다. 아버지는 와인 수집에 재미를 붙이더니, 와인을 1000병 정도 보관할 수 있는 지하 저장고를 손수 지었다. 아버지가 카오스이론에 대한 연구로 국제적 명성을 얻은 덕분에 우리는 전 세계를 여행하기 시작했다. 나는 고등학교 1학년을 영국 런던과 독일 뮌헨, 스위스 로잔에서 보냈고, 아버지는 우리를 북극권으로 데려갔다.

하지만 아버지는 가부장적인 중국인이기도 했다. 내가 대학 입학원서를 쓸 때, 아버지는 집에서 지내면서 버클리(내가 입학 허가를 받은 대학 중 한 곳)에 다니라고 명령했다. 그러면 대학 캠퍼스 생활은 물 건너간 것이나 마찬가지였기 때문에 그것은 내게 고통스러운 선택이었다. 아버지가 아버지 가족의 뜻을 거역한 것처럼, 나는 아버지의 뜻을 거역하고 그의 서명을 위조해 사람들에게서 주워들은 동부 해안의 한 대학에 몰래 지원했다. 내가 저지른 짓을(하버드대 입학 허가를 받았다는 사실까지) 털어놓았을 때, 아버지는 뜻밖의 반응을 나타냈다. 아버지의 노여움이 말 그대로 하룻밤 새에 기쁨으로 바뀌어 버린 것이다. 훗날 내가 하버드대 로스쿨을 졸업했을 때, 둘째 미셸이 예일대와 예일대 로스쿨을 졸업했을 때 아버지는 우리를 자랑스러워했다. 그리고 셋째 캐트린이 하버드대에 입학해 석사와 박사 학위를 따기 위해 집을 떠날 때 제일 자랑스러워했다.(조금은 가슴 아팠을지도 모르지만.)

미국은 사람을 바꿔 놓는다. 내가 네 살이었을 때 아버지는 말했다.

"중국인이 아닌 남자와 결혼할 생각은 아예 하지도 마라. 내 눈에 흙이 들어가기 전에는 어림도 없으니까."

하지만 나는 제드와 결혼했고, 내 남편과 아버지는 가장 친한 친구가 되었다. 내가 어렸을 때 우리 부모님은 장애인에게 별다른 동정심을 갖지 않았다. 동양에서는 많은 사람들이 장애를 수치로 생각하기 때문에, 막내 신디가 다운증후군으로 태어났을 때 어머니 눈에는 눈물이 마를 날이 없었고 어떤 친척들은 신디를 필리핀 장애인 시설로 보내라고 권유하기도 했다. 그러나 어머니는 특수학교 교사들이나 다른 장애 아동의 부모들과 교류하면서 이내 인내심을 가지고 신디와 퍼즐을 맞추게 되었고 신디에게 그림 그리기를 가르치기 시작했다. 신디가 초등학교에 입학했을 때 어머니는 그 애에게 읽는 법을 가르치고 구구단을 외우게 했다. 현재 신디는 국제 특수 올림픽^{1968년 창설된 심신장애자 국제 스포츠 대회} 수영 종목에서 금메달을 두 개나 땄다.

마음 한편에는 중국인과 결혼하지 않은 것에 대한 후회가 조금은 있다. 내가 사천 년을 이어 온 문명을 저버린 것은 아닌지 걱정하는 마음도 든다. 하지만 미국이 내게 자유와 창조의 기회를 준 것에 대해 감사한다. 내 딸들은 미국에서 이방인이 된 기분을 느끼지 않는다. 나는 가끔 그런 기분을 느끼기는 하지만 말이다. 하지만 그것은 내게 짐이라기보다는 특권이다.

억울하면 두 배로
더 열심히 하라

내가 가장 두려워하는 것 중 하나는 우리 가족의 몰락이다. 중국 옛
속담에 "부자는 삼대를 넘기지 못한다."라는 말이 있다. 누군가가 세대
에 걸친 가세家勢의 변화를 실증적으로 조사할 수만 있다면, 지난 오십
년간 중국계 미국 이민자들에게서 놀라우리만치 공통된 패턴을 발견
할 수 있으리라고 확신한다. 미국 대학원에서 공부를 하거나 전문직에
종사할 정도로 운이 좋은 이들은 다음과 같은 패턴을 보여 줄 것이다.

- (우리 부모님처럼) 이민 1세대는 가장 부지런한 노동자들이다.
  많은 이들이 거의 무일푼으로 미국에 건너와 바닥에서 시작하
  지만 쉬지 않고 일해서 기술자나 과학자, 의사, 학자, 사업가로
  성공한다. 이들은 대단히 엄격한 부모이며 광적일 정도로 검소
  하다.("남긴 음식 버리지 말아요! 주방 세제는 왜 그리 많이 쓰는 거
  예요? 미용실은 갈 필요 없어요. 내가 훨씬 더 솜씨가 좋으니까.") 이

들은 부동산에 투자한다. 술은 많이 마시지 않는다. 돈을 벌어
서 모두 자식들의 교육이나 미래를 위해 쓴다.

- 이민 2세대, 즉 (나처럼) 미국에서 태어난 첫 세대는 일반적으로
성취도가 높다. 대개 피아노나 바이올린을 연주하고, 아이비리
그나 전국 십 위권 대학 출신이다. 법률가나 의사, 은행가, 텔레
비전 아나운서 등 전문직 종사자가 많아서 부모보다 수입이 많
은데, 그것은 부모가 이들에게 대단히 많은 투자를 한 덕분이
다. 이들은 부모보다 덜 검소하다. 칵테일파티를 좋아한다. 여
자들은 종종 백인과 결혼한다. 남자든 여자든, 부모가 자기 자
신에게 했던 만큼 자기 자식에게 엄격하지 못하다.

- 내가 밤잠을 설치며 걱정하는 세대가 바로 이민 3세대다.(소피
아와 룰루가 해당된다.) 부모와 조부모 세대가 열심히 일한 덕분
에, 이들은 태어나면서부터 중상류층의 호사를 누린다. 어릴 때
이미 장정된 책들을 가진다.(이민자 세대의 부모 입장에서는 거의
분에 넘치는 사치다.) B+만 받아도 상을 받는 부잣집 아들딸과
사귄다. 사립학교에 다닐 수도 있고 아닐 수도 있지만, 어떤 경
우든 값비싼 브랜드 옷을 입는 것을 당연하게 여긴다. 마지막이
자 가장 큰 문제는, 이들이 미국 헌법이 개인의 권리를 보장한
다는 생각에 사로잡혀 부모의 말을 거역하거나 진로에 관한 조
언을 무시한다는 것이다. 한마디로, 이 모든 요소들은 이 세대
가 쇠퇴를 향해 내리막길을 걷고 있음을 가리킨다.

나는 아니야! 소피아가 태어난 날, 나는 귀엽고 영리한 그 애의 얼굴을 들여다보며 우리 아이에게는 절대 그런 일이 일어나지 않게 하리라고 다짐했다. 내 딸을 유약한 특권층 아이로 키우지 않으리라, 내 가족이 몰락하게 두지 않으리라.

내가 소피아와 룰루에게 클래식을 시킨 이유도 바로 이 때문이다. 가난한 이민자 가정의 아이들이 어떤 기분을 느낄지 우리 아이들에게 알려 줄 방법이 없었다. 우리가 크고 오래된 저택에 살고 근사한 자동차가 두 대이며 휴가 때마다 좋은 호텔에서 묵는다는 것은 부인할 수 없는 사실이었으니까. 하지만 나는 소피아와 룰루를 부모님과 나보다 더 깊이 있는 사람, 더 세련된 사람으로 키울 수 있다고 확신했다. 클래식 음악은 쇠퇴와는 거리가 멀다. 게으름과 상스러움, 건방짐과도 상반된다. 또한 내가 하지 못한 것을 내 아이들이 성취하는 길이자, 고급문화를 가까이하는 우리 집안의 가풍과도 일맥상통했다.

반쇠퇴 캠페인에는 다른 방침도 있었다. 부모님이 내게 그랬던 것처럼 나는 소피아와 룰루에게 중국어를 유창하게 구사할 것과 항상 A학점을 받는 학생이 될 것을 요구했다. 나는 아이들에게 말했다.

"시험을 볼 때는 항상 답을 세 번씩 확인해. 모르는 단어는 빠짐없이 사전을 찾아보고 정확한 정의를 외워."

나는 소피아와 룰루가 망해 가는 로마처럼 방종하고 타락하는 것을 막기 위해 육체노동도 시켰다.

"엄마는 열네 살 때 너희 외할아버지를 위해 곡괭이와 삽으로 직접 수영장을 팠어."

나는 딸들에게 이 말을 여러 번 했다. 사실이기도 했으니까. 깊이 1미터에 지름 3미터의 조립식 수영장이었지만, 아버지가 몇 년간 저축한 돈으로 산 타호 호수 근처의 오두막 뒷마당에 수영장을 만들기 위해 나는 직접 구덩이를 팠다. 그리고 입버릇처럼 이런 얘기도 해 줬다.

"매주 토요일 아침이면 여동생이랑 반씩 나눠서 청소기로 집 안을 청소했어. 화장실도 닦고, 마당 잔디밭에서 잡초도 뽑고, 나무도 벴지. 아버지를 위해 돌 정원을 짓고 나서 20킬로그램이 넘는 돌덩이들을 나르기도 했고. 그래서 엄마는 강인해졌어."

나는 딸들이 악기 연습을 가능한 한 많이 하기를 원했기 때문에 아이들에게 나무를 베거나 수영장을 파라고 시키지는 않았다. 하지만 기회가 생길 때마다 무거운 물건을 나르게 했다. 빨랫감이 가득한 바구니를 들고 계단을 오르내리게 하거나, 일요일에는 쓰레기를 내놓게 하거나, 가족 여행을 다닐 때에는 짐을 들게 했다. 흥미로운 것은, 제드가 본능적으로 나와 정반대되는 입장을 취했다는 점이다. 남편은 딸들이 무거운 물건을 내리는 것을 볼 때마다 언짢아하면서 아이들이 허리를 다칠까 봐 항상 걱정했다.

딸들에게 이런 가르침을 줄 때마다 언제나 부모님이 내게 했던 말을 떠올렸다. "정직해라. 겸손해라. 검소해라." 어머니는 항상 이 말을 입버릇처럼 하셨다. "마지막이 제일 먼저 온다." 물론 이 말은 "언제나 가장 먼저 가거라. 그래야 겸손할 기회를 얻는 법이야." 하는 뜻이었다. 아버지의 철칙 중 하나는 이것이었다. "불평하거나 변명하지 마라. 학교에서 억울한 일이 생기면 그냥 두 배로 더 열심히 공부하고 두 배로 더 착하게 행동해서 너 자신을 증명해라."

마지막으로 딸들에게 요구한 것은, 부모님이 내게 바랐듯이 아이들도 나를 존경하라는 것이었다. 이는 내가 가장 성공하지 못한 부분이다. 나는 부모님의 꾸지람을 무서워하면서 컸다. 하지만 소피아나 특히 룰루는 그렇지 않았다. 미국이라는 나라는 중국 문화권에 없는 뭔가를 아이들에게 전파하는 모양이다. 중국 문화권에서는 아이들이 의문을 제기하거나 부모에게 불복종하거나 말대답하는 일이 좀체 없다. 미국 문화권의 책이나 텔레비전 드라마, 영화에 등장하는 아이들은 딱딱하게 말대꾸를 하거나 독립적인 기질을 보인다. 그 이야기들은 오히려 부모가 아이에게서 인생의 교훈을 얻는 것으로 정형화되어 있다.

'신동'을 만들어 내는
교육 방식

처음에 만났던 소피아의 피아노 교사 세 사람은 우리와 맞지 않았다. 소피아가 세 살 때 만난 첫 피아노 선생님 엘리나는 불가리아에서 온 음울하고 나이가 많은 여자였는데, 우리 동네 사람이었다. 그녀는 엉성한 치마와 무릎까지 오는 스타킹 차림으로 온 세상의 슬픔을 어깨에 짊어지고 다니는 것 같았다. 엘리나가 생각하는 피아노 레슨은 그녀가 우리 집에 와서 한 시간가량 피아노를 연주하는 것이었고, 그동안 소피아와 나는 소파에 앉아 그녀의 쓰디쓴 고뇌를 경청해야 했다. 첫 수업이 끝났을 때 나는 머리에 쥐가 나는 것 같았고 소피아는 종이 인형 놀이를 하고 있었다. 나는 엘리나에게 이런 식으로는 안 되겠다는 말을 하고 싶었지만 그녀가 울부짖으며 난간 너머로 몸을 던질까 두려웠다. 그래서 다음 수업 시간이 몹시 기다려진다면서 곧 연락하겠다고만 말했다.

그다음에 구한 선생님 MJ는 몸집이 작고 머리가 짧고 동그란 금속

테 안경을 쓴 독특한 사람이었다. MJ는 군대에서 복무한 경력이 있었다. 성별을 밝힐 수는 없지만 MJ는 항상 제복과 나비넥타이 차림으로 다녔고, 나는 그 사람의 곧이곧대로인 스타일이 마음에 들었다. 우리와 처음 만난 날 MJ는 소피아가 음악적 재능을 타고났다고 말했다. 하지만 안타깝게도 MJ는 그로부터 세 주 후에 자취를 감췄다. 평소처럼 레슨을 받으러 MJ의 집에 도착했을 때 그의 흔적은 어디에도 없었다. 그 대신 집 안에는 처음 보는 사람들과 전혀 다른 가구들이 자리를 차지하고 있었다.

세 번째 선생님 리처드는 부드러운 말씨에 엉덩이가 큰 재즈 음악가였다. 그는 두 살 난 딸이 있다고 말했다. 우리와 처음 만난 날, 리처드는 현재에 충실하고 자기 자신을 위해 연주하는 것이 얼마나 중요한지에 대해 일장 연설을 했다. 전통적인 교사들과 달리 그는 다른 사람이 쓴 책을 왜 써야 하는지 모르겠다면서 즉흥연주와 자기표현을 강조했다. 리처드는 "음악에 규칙은 없다. 오직 느낌만이 존재한다. 아무에게도 다른 사람을 판단할 권리는 없다. 피아노계는 상업주의와 피 튀기는 경쟁으로 파괴되었다." 하고 말했다. 불쌍한 양반. 아마도 억울한 일을 많이 당한 모양이었다.

중국인 이민자 가정의 맏딸로서 나는 즉흥연주를 하거나 자기 자신만의 규율을 만들어 낼 여유가 없다. 나는 집안의 명예를 지켜야 하고, 연로한 부모님의 자랑거리가 되어야 한다. 그래서 뚜렷한 목표와 성공을 가늠할 수 있는 뚜렷한 방법을 좋아한다.

그래서 나는 스즈키 피아노 교본을 좋아한다. 스즈키 피아노 교본은 모두 일곱 권이며 누구나 1권부터 시작한다. 각 권마다 10~15곡 정도가 실려 있는데, 순서대로 연마해야 한다. 열심히 연습하는 아이들은 매주 새로운 곡을 익히는 반면, 열심히 하지 않는 아이들은 한 곡에 몇 주씩, 심지어 몇 달씩 머물러 있다가 지루함을 참지 못하고 결국 그만두기도 한다. 어쨌든 요점은, 어떤 아이들은 다른 아이들보다 **훨씬 더 빨리** 스즈키 교본을 배운다는 것이다. 따라서 열심히만 하면 네 살짜리가 여섯 살짜리를 앞설 수도 있고, 여섯 살짜리가 열여섯 살짜리를 훨씬 앞설 수도 있다. 스즈키 교육 시스템이 '신동'을 만들어 내는 것으로 유명한 이유도 바로 그 때문이다.

소피아에게도 그런 일이 일어났다. 소피아가 다섯 살이 되었을 때, 우리는 훌륭한 스즈키 교본 선생님 미셸과 인연을 맺었다. 미셸은 뉴헤이번에서 '네이버후드 뮤직 스쿨Neighborhood Music School'이라는 대형 피아노 학원을 운영했다. 참을성이 많고 통찰력이 뛰어난 그녀는 소피아를 맡아 가르치면서 소피아의 적성을 간파하고 그 애에게서 그 이상의 것을 봤다. 미셸은 소피아에게 음악에 대한 사랑을 심어 준 사람이다.

스즈키 교본을 활용한 훈련은 소피아에게 완벽하게 들어맞았다. 소피아는 대단히 빠르게 배웠고 오랫동안 집중력을 발휘했다. 게다가 우리 아이는 커다란 문화적 혜택을 받았다. 다른 학교 친구들은 부모가 대부분 자유주의적인 서양인들이었다. 그들은 훈련에 대해서는 의지가 약하거나 관대하다. 아직도 기억이 나는데, 오브리라는 일곱 살 여자아이는 일 년 동안 매일 일 분씩 연습하게 되어 있었다. 그 밖에 다른 아이들도 연습하는 대가로 특대 사이즈 아이스크림선디_{아이스크림에 시럽이나 견과류, 과일을 얹은 것}나 커다란 레고 장난감을 선물받았다. 그리고 레슨을 받는 날 빠지는 경우도 허다했다.

스즈키식 훈련의 핵심은, 부모가 레슨에 참석하고 아이가 집에서 연습하는 것을 감독하는 데 있다. 소피아가 피아노 앞에 앉아 있을 때 나는 늘 아이와 함께 있었고 함께 교육을 받았다. 나는 어릴 때 피아노를 배우긴 했지만 부모님에게 훌륭한 교사를 고용할 돈이 없었기 때문에 내 실력은 이웃 주민에게 배우다가 흐지부지된 정도에 머물렀다. 게다가 그 시절 내 피아노 수업은 선생님이 이웃사촌들과 벌이는 조촐한 파티와 겹치기 일쑤였다. 나는 소피아의 선생님에게서 음악 이론이며 역사까지 예전에는 알지 못했던 것들을 배우기 시작했다.

소피아는 내가 옆에 있는 가운데 주말에도 예외 없이 날마다 최소한 구십 분씩 피아노를 연습했다. 레슨을 받는 날에는 연습을 두 배로 했다. 의무 사항은 아니었지만 나는 소피아에게 모든 것을 외우게 했고 그 대가로 한 푼도 주지 않았다. 그렇게 우리는 스즈키 교본을 연마해 나갔다. 다른 부모들은 일 년에 한 권씩 끝내는 것을 목표로 삼았다. 소피아는 1권의 「작은 별」 변주로 시작해서 세 달 후에는 2권의 슈만을 연주했고, 여섯 달 후에는 3권의 클레멘티^{이탈리아에서 태어난 영국 피아니스트 겸 작곡가}의 소나티네를 연주했다. 그런데도 나는 우리가 너무 느리다고 느꼈다.

이쯤에서 속사정을 털어놓는 게 좋을 것 같다. 사실 소피아는 나 같은 엄마를 둔 것을 항상 좋아하지만은 않았다. 소피아에 따르면, 그 애의 피아노 연습을 감독하면서 내가 한 말은 세 부류로 나뉜다.

1. 아이고 세상에, 네 실력은 점점 형편없어지는구나.
2. 이제부터 셋까지 셀 테니까 **음악적 재능**을 발휘해 봐.
3. 다음에도 **완벽하게 치지** 못하면, 네 **인형을 모두 빼앗아서 다 불태**

워 버릴 거야.

돌이켜 보면, 이런 지도법은 너무 극단적인 것 같다. 그러나 효과는 대단히 좋다. 소피아와 나는 손발이 잘 맞는 모녀였다. 내게는 강한 신념과 앞만 보고 달리는 추진력이 있었고, 소피아에게는 내게 마땅히 있어야 했지만 없었던 성숙함과 인내심과 공감 능력이 있었다. 내가 가장 이롭다고 여기고 가기를 바라는 길을 소피아는 받아들였고, 내가 기분이 언짢거나 상처 주는 말을 했을 때는 나를 잠시 쉬게 했다.

소피아는 아홉 살 때 지역 피아노 대회에서 노르웨이 작곡가 에드바르 그리그의 「나비」라는 곡으로 우승했다. 「나비」는 그리그가 작곡한 예순여섯 개의 피아노 서정 소곡 중 한 곡이다. 각각의 소곡은 그리그가 특정한 분위기나 이미지를 떠올리도록 의도하며 작곡한 것들로, 가볍고 명랑한 분위기의 「나비」는 제대로 연주하려면 몇 시간이고 끝없이 연습에 연습을 거듭해야 하는 곡이다.

뭐든 잘하기 전까지는 아무것도 재미없다는 게 중국인 부모들의 사고방식이다. 뭔가를 잘하려면 노력해야 하는데 아이들은 스스로 노력을 잘 하지 않기 때문에 부모의 결정이 아이의 선호보다 우선해야 한다. 아이들은 반항하기 마련이므로, 부모가 불굴의 의지를 발휘해야 할 때도 있다. 항상 처음이 가장 어렵다. 서양인 부모들은 여기에서 포기하는 경우가 많다. 하지만 제대로 시작만 하면 중국식 교육은 선순환 효과를 내기 시작한다. 연습, 연습, 또 연습, 오직 끈질긴 연습만이 잘할 수 있는 지름길이다. 기계적인 반복은 미국에서 과소평가받고 있다. 그러나 일단 뭔가를 잘하기 시작하면, 그것이 수학이든 피아노든 야구

든 발레든, 아이는 칭찬을 받고 부러움의 대상이 되기 때문에 만족을 얻는다. 그때부터는 자신감이 생기고 한때 재미없었던 것도 재미있는 것으로 뒤바뀐다. 그러고 나면 부모가 더 열심히 하도록 아이를 채찍질하는 것이 훨씬 쉬워진다.

소피아가 참가한 입상자 콘서트에서 그 애의 손가락이 피아노 건반 위를 진짜 나비의 날개처럼 파드닥거리며 아래위로 움직이는 것을 바라보면서, 나는 자부심과 희열과 희망에 가슴이 벅차올랐다. 어서 소피아와 함께 연습을 더 하고 싶어서, 함께 음악을 더 배우고 싶어서, 내일까지 도저히 기다릴 수 없을 것 같았다.

나는 어떻게
로스쿨 교수가 되었는가

이십 대 후반에 다다른 아시아계 미국 여성들이 흔히 그렇듯이, 나도 엄마와 딸의 관계를 다룬 장편소설을 쓰고 싶다고 생각했다. 우리 집안 가족사를 참고해서 몇 세대에 걸친 이야기를 써 보고 싶었다. 소피아가 태어나기 전에 내가 뉴욕에 살 때였는데, 나는 월 가의 법률 회사에서 일하면서 스스로가 원하는 게 무엇인지 고민하고 있었다.

나는 정말 운이 좋은 사람이다. 평생 중요한 순간마다 부적절한 이유를 근거로 결정을 내려 왔기 때문이다. 하버드대에 들어간 후 순전히 부모님을 기쁘게 해 드리고 싶은 마음에 응용수학을 전공으로 택했다가 아버지가 겨울방학 동안 허우적대는 나를 보고 너무 무리하지 말라는 말을 해 준 덕분에 위기를 탈출할 수 있었다. 응용수학을 그만두고 나서는 단순히 과학적으로 보인다는 막연하고 기계적인 생각으로 전공을 경제학으로 바꿨다. 졸업논문은 맞벌이 가정의 출퇴근 패턴에 관해 썼는데, 주제가 너무 지루해서 결론이 무엇이었는지 지금은 전혀 기억나지 않는다.

그다음에는 의대에 가기 싫다는 이유로 로스쿨에 진학했다. 로스쿨에서는 미친 듯이 공부해서 그럭저럭 좋은 성적을 올렸다. 치열한 경쟁률을 뚫고 《하버드 로 리뷰》에 들어가는 데 성공했고, 그곳에서 제드를 만나고 편집장도 되었다. 하지만 늘 법이 천직이 아닌 것 같다는 걱정에 사로잡혀 있었다. 다른 사람들처럼 범죄자의 권리에 하등 관심도 없었고, 교수님이 내 이름을 부를 때마다 얼어붙었다. 게다가 나는 선천적으로 의심과 의문이 많은 사람도 아니었다. 그냥 교수님이 하는 말을 모두 필기하고 달달 외울 뿐이었다.

졸업 후에는 가장 무난한 선택이라는 이유로 월 가의 법률 회사에 취직했다. 회사에서는 단지 소송이 싫어서 기업 관련 업무를 맡았다. 나는 맡은 일을 그럭저럭 잘해 냈다. 오랜 업무 시간은 아무런 문제도 되지 않았다. 나는 고객이 원하는 바를 이해하고 그것을 법률 문서로 옮기는 데 능했다. 하지만 법률 회사에서 일했던 삼 년 내내 정장을 차려입고 우스꽝스러운 연극을 하는 것 같은 기분을 지울 수가 없었다. 투자은행가들과 밤새워 서류의 초안을 작성할 때, 다른 사람들이 수십억 달러짜리 거래의 세부 세항을 놓고 핏대를 세우는 동안, 서류 속 문장이 어떻게 되든 말든 내 마음은 어느새 저녁 먹을 생각을 하고 있었다.

여기 증명서에 포함되거나 혹은 포함되었다고 간주되는 서류 안에 들어 있는 모든 진술은 이 기채 설명서^{채권을 발행할 때 주간사 은행과 차입자가 공동으로 작성하는 설명서}의 목적에 따라 수정 또는 삭제될 것이며, 그에 따라 여기 포함된 진술 혹은 부수적으로 제기되어 여기 증명서에 속한 서류는 합당하게 수정 또는 삭제될 것이다.

나는 서두에 "회사가 아는 것은 기껏해야 이 정도."라는 말을 덧붙이고 싶은 심정이었다.

삐걱대는 나와는 달리 제드는 법률을 좋아해서 두각을 나타냈다. 그는 1980년대 후반에 경영권 인수를 전문으로 다루는 법률 회사에 들어가 소송서류를 쓰고 법정에서 논쟁하면서 승승장구해 나갔다. 그리고 나서 미국 연방 지방검찰청에 들어가 마피아를 기소하며 다녔는데 그 일도 좋아했다. 그는 재미로 프라이버시권에 관한 100쪽짜리 글을 쓰기도 했는데, 그냥 술술 써 내려간 그 글은 학생 때 우리가 일했던 《하버드 로 리뷰》에 실리기도 했다.(이 학술지는 교수가 아닌 사람의 글을 여간해서는 싣지 않는 것으로 유명하다.) 그 후에 그는 예일대 로스쿨 학장에게서 전화를 받았다. 학자가 되기를 원했던 것은 나였는데(아마도 아버지가 학자였기 때문에.) 오히려 그가 소피아가 태어나기 한 해 전에 예일대에서 법률을 가르치는 교수가 되었다. 제드는 그 일을 기가 막히게 잘했다. 그는 교수진 가운데 유일한 젊은이로, 그와 비슷하게 생각하는 명석한 동료들에게 둘러싸여 총애를 받았다.

나는 항상 스스로 아이디어가 풍부하고 창조적인 사람이라고 생각했지만, 제드의 동료들과 있으면 머리가 흐리멍덩해지는 기분이 들었다. 우리가 뉴헤이번으로 막 이사를 왔을 때(나는 소피아를 임신해서 출산휴가 중이었다.) 제드가 친구들에게 내가 교수직을 얻고 싶어 한다는 이야기를 꺼낸 적이 있었다. 하지만 그들이 내가 관심을 두고 있는 법률적인 쟁점에 대해 물었을 때, 나는 뇌출혈 환자가 된 듯한 기분이 들었다. 너무 초조한 나머지 아무런 생각도, 말도 할 수 없었다. 억지로 말을 해 봤지만 이상한 부분에 이상한 단어가 들어간 뒤죽박죽된 말만 나올 뿐이었다.

그 일을 계기로 나는 대하소설을 써야겠다는 결심을 했다. 그러나 불행히도 내게는 소설 쓰는 재주가 없었다. 제드는 내 원고를 읽으면서 정중하게 헛기침을 하며 웃음을 참는 것으로 대답을 대신했다. 게다가 맥신 홍 킹스턴, 에이미 탄, 정 창이 나보다 앞서 『여전사The Woman Warrior』, 『조이럭 클럽The Joy Luck Club』, 『대륙의 딸Wild Swans』을 출간한 것도 문제였다. 처음에는 괴롭고 화가 났지만, 곧 극복하고 생각을 바꿨다. 내 법학 학위와 우리 집안 가족사를 결합해서 개발도상국의 법과 민족성에 관한 글을 써 보기로 했다. 민족성은 내가 즐겨 말하던 단골 레퍼토리였다. 법과 경제성장은 그 당시에는 연구자가 거의 없던 터라 내 전문 분야가 되었다.

하늘의 별들이 나를 돕기로 나섰는지, 소피아가 태어난 직후에 라틴 아메리카와 동남아시아의 민영화와 국유화, 그리고 민족성에 관한 글을 썼는데《컬럼비아 로 리뷰》에서 출판을 수락했다. 나는 새로 쓴 글들을 내세워 전국의 법대에 지원서를 냈다. 예일대 고용위원회에서 면접 제의가 왔을 때, 나는 화들짝 놀라면서도 태연하게 그러겠다고 대답했다. 모리스Mory's라 불리는 예일대 건물에서 위원회 사람들을 만나 점심을 같이 먹었는데, 내가 어찌나 입을 굳게 다물고 있었던지 교수 두 사람은 먼저 자리를 떴고 나머지 두 시간은 뉴헤이번의 건축물에 미친 이탈리아의 영향에 대한 로스쿨 학장의 강론으로 채워졌다.

나는 예일대 로스쿨 전수 교수진과의 면담에 다시 초청받지 못했다.

그것은 내가 그날 점심을 망쳤음을 의미했다. 다시 말해서 제드의 동료들에게 거절당했던 것이다. 그 사건이 바람직하지 못한 결과로 이어져 나는 사람을 사귀는 데 다소 어려움을 겪게 되었다.

하지만 그 덕분에 나는 충분한 휴식 시간을 얻을 수 있었다. 소피아가 두 살이 되었을 때, 듀크대 로스쿨에서 교수 자리를 제안했다. 나는 황홀경에 취해 즉시 그 제안을 수락했고, 우리는 노스캐롤라이나 주의 더럼으로 이사했다.

힘들면 힘들수록
성취감은 커진다

나는 듀크대가 마음에 쏙 들었다. 동료들은 너그럽고 친절하며 똑똑했고, 우리는 친한 친구들을 많이 사귀었다. 한 가지 걸림돌은, 제드가 여전히 800킬로미터나 떨어진 예일대에서 일한다는 점이었다. 하지만 더럼과 뉴헤이번을 오가며, 그리고 대부분 제드가 먼 거리를 출퇴근하면서 그 난관을 헤쳐 나갔다.

소피아가 일곱 살, 룰루가 네 살이던 2000년에 나는 뉴욕대 로스쿨에서 방문 교수직을 제의하는 전화를 받았다. 듀크대를 떠나기 싫었지만 뉴욕이 뉴헤이번과 훨씬 가까웠기 때문에 우리는 짐을 싸서 이사를 했고 맨해튼에서 여섯 달 정도 살았다.

그 여섯 달은 스트레스로 점철된 나날이었다. 법학 분야의 방문 교수직은 정교수에 임용되기 전에 거치는 일종의 시험 단계다. 말하자면 한 학기짜리 인터뷰나 마찬가지인데, 그동안 당사자는 자기가 얼마나 똑똑한지를 모든 사람에게 과시하는 동시에 사람들의 비위도 맞춰야 한다.("그런데 좀 짚고 넘어가고 싶은 게 있어요, 버트럼. 당신의 패러다임 변화 모델은 당신이 생각한 것보다 훨씬 더 광범위한 의미를 함축하고 있는 것 아닌가요?" 혹은 이런 식으로. "당신의 글 「법과 라캉」에서 각주 81번이 완전히 이해가 가지 않아요. 그래서 위험할 것 같기는 하지만, 그것을 내 강의 시간에 과제로 낼 생각인데, 어때요?")

학교에 관한 한, 맨해튼은 과연 듣던 대로 머리털이 곤두서는 곳이었다. 제드와 내가 들어간 세상은, 초등학교 3학년이 SAT를 준비하고 걸음마를 막 시작한 아이가 신탁자금과 개인 사진 포트폴리오를 보유하는 곳이었다. 결국 소피아를 우리가 세 든 아파트 건너편에 있는 공립학교 P.S. 3에 보내기로 했다. 하지만 룰루는 유치원에 들어가기 위해 어려운 시험을 치러야 했다.

나는 점찍어 둔 유치원에 룰루를 데려갔다. 그 유치원은 스테인드글라스 창문들이 있는 아름다운 교회 안에 자리하고 있었다. 오 분 후에 입학 담당자가 룰루를 바깥으로 데리고 나오더니 룰루가 숫자를 셀 수 있는지 없는지 확인하고 싶다고 했다. 그게 문제가 되지는 않지만 그냥 확인하고 싶다는 것이었다. 나는 펄쩍 뛰며 소리쳤다.

"어머나, 세상에, 셀 수 있고말고요! 잠시 아이와 단둘이 있게 해 주세요."

나는 딸아이를 한쪽으로 끌고 갔다.

"룰루!"

나는 조용히 으르렁댔다.

"지금 **뭐 하는 거니**? 장난할 때가 아니야."

룰루가 얼굴을 찌푸렸다.

"난 그냥 머릿속에서 숫자를 셌어요."

"머릿속에서만 세면 안 돼. 저 아줌마가 알 수 있도록 크게 소리 내서 세란 말이야! 지금 너는 시험을 보는 거야. 셀 수 있다는 걸 보여 주지 못하면 넌 여기에 못 다녀."

"난 여기 다니기 싫어요."

앞에서도 언급했지만, 나는 아이들에게 뇌물을 쓰는 방법이 효과적이라고 생각하지 않는다. 유엔과 경제협력개발기구에서도 뇌물 추방을 위한 국제 회담을 열고 있다. 게다가 뇌물의 속성상 아이들은 부모에게 어떻게든 보답을 해야 한다. 하지만 그때 나는 발등에 불이 떨어져 있었다. 내가 속삭였다.

"룰루, 엄마가 시키는 대로 하면 막대 사탕도 사 주고 서점에도 데려가 줄게."

나는 다시 룰루를 끌고 와서 명랑하게 말했다.

"이제 준비됐어요."

이번에는 내가 시험실 안으로 따라 들어오는 것을 입학 담당자가 허락했다. 그녀는 책상 위에 블록 네 개를 놓고는 룰루에게 세어 보라고 했다.

룰루는 블록들을 흘끔 보더니 말했다.

"일곱, 여섯, 열, 넷."

나는 피가 거꾸로 솟는 것 같았다. 룰루를 안고 그대로 도망쳐 버릴까 하는 생각도 들었다. 그런데 입학 담당자가 원래의 블록 더미에 네 개를 추가했다.

"자, 이제 어떠니, 룰루……. 셀 수 있겠니?"

룰루는 이번에는 조금 더 오래 물끄러미 블록들을 보고 나서 세기 시작했다.

"여섯, 다섯, 하나, 셋, 영, 열둘, 둘, **여덟**."

더 이상 참을 수가 없었다.

"룰루! 그만해……."

"아뇨, 아뇨……. 가만히 계세요."

입학 담당자가 즐거운 표정으로 손을 들어 보이고는 룰루를 향해 돌아섰다.

"내가 보기에, 우리 룰루에게는, 룰루만의 방법이 있는 것 같구나. 그렇지?"

룰루가 슬쩍 내 눈치를 봤다. 그 애는 내가 못마땅해한다는 걸 알고 있었다. 룰루는 나를 흘끔거리더니 고개를 살짝 끄덕거렸다.

"모두 여덟 개야."

입학 담당자가 아무렇지 않다는 투로 계속 말했다.

"룰루가 맞았구나. 일반적인 방법을 쓰지는 않았지만 말이야. 너만의 방법을 찾다니 정말 대단하구나. 우리 유치원은 바로 그런 걸 권장하고 있단다."

나는 긴장을 풀고 안도의 한숨을 내쉬었다. 그녀가 룰루를 좋아하는 걸 느낄 수 있었다. 사실 많은 사람들이 룰루를 좋아했다. 룰루는 다른 사람에게 알랑거릴 줄 몰랐는데, 그런 점이 사람들의 마음을 끌었다. 나는 미국 독립 혁명 덕분에 반항 기질을 높이 평가하는 나라에서 살고 있다는 사실에 감사했다. 만약 중국이었다면 룰루는 집단농장에 갔을 것이다.

아이러니하게도 룰루가 뉴욕의 학교를 좋아한 반면, 항상 수줍은 편이었던 소피아는 룰루보다 더 힘든 시간을 보냈다. 학부모 면담 시간에 만난 소피아의 선생님은 소피아처럼 뛰어난 학생은 이제까지 본 적이 없다면서, 다만 사교성이 부족해서 걱정이라고 말했다. 소피아는 점심시간과 쉬는 시간 내내 혼자서 책을 들고 운동장을 어슬렁거린다고 했다. 제드와 나는 가슴이 철렁해서 소피아에게 학교생활에 대해 물었지만, 소피아는 학교생활이 재미있다는 말만 했다.

우리는 뉴욕에서 그 학기를 간신히 마쳤다. 나는 어떻게든 뉴욕대에서 교수직을 얻어 보려고 노력했고, 실제로 거의 성공할 뻔했다. 하지만 예상하지 못한 사건들이 연달아 터졌다. 나는 개발도상국의 민주화와 민족성에 관해 법률적으로 분석한 책을 출간했는데, 그것이 정책 입안자들 사이에서 많은 관심을 받았다. 그 책 덕분에 예일대가 내게 종신 교수 자리를 제안했다. 점심 식사 자리를 망친 지 칠 년 만에, 조금 쓸쓸하긴 했지만 나는 그 제안을 수락했다. 마침내 제드는 원거리 출퇴근 유목민 생활을 청산했고, 소피아와 룰루는 뉴헤이번의 초등학교에 정착했다.

그 무렵 룰루가 네이버후드 뮤직 스쿨에 가서 소피아의 선생님 미셸에게 피아노를 배우기 시작했다. 나로 말할 것 같으면, 마치 이중생활을 하는 기분이었다. 새벽 5시에 일어나 예일대 로스쿨 교수로서 글을 쓰고 행동하며 하루의 반을 보내다가 허겁지겁 집으로 돌아와 두 딸과 함께하는 악기 훈련에 날마다 돌입했다. 룰루와 나 사이에는 언제나 상호 위협과 협박, 갈취가 난무했다.

룰루는 절대음감을 지닌, 타고난 음악가였다. 하지만 불행히도 훈련을 싫어해서 연습 시간에 잘 집중하지 않았고 창밖의 새들이나 내 얼굴 주름에 대해 말하고 싶어 했다. 그런데도 룰루는 스즈키 피아노 교본을 빠르게 익혀서 대단히 연주를 잘하게 되었다. 룰루는 연주회에서 제 언니처럼 흠잡을 데 없는 실력을 뽐냈다. 기교와 정확성 면에서 다소 미흡하기는 했지만, 소피아가 그랬듯 룰루의 연주 스타일과 음악성은 모자란 부분을 채우고도 남았다.

그즈음 나는 룰루에게 다른 악기를 시켜야겠다는 생각을 굳혔다. 나보다 먼저 아이들을 키워 본 친구들이 두 딸이 서로 다른 관심사를 갖도록 하는 게 좋을 거라고 조언했다. 그래야 자매 사이에 경쟁심을 최소화할 수 있다고 말이다. 피아노에서 두각을 나타내기 시작한 소피아를 생각하면 일리 있는 말이었다. 소피아는 지역 대회에 나가서 상을 여러 번 탄 데다 교사들이나 교회, 지역단체에서 연주 요청을 받고 있었다. 룰루는 어디를 가나 언니에 대한 찬사를 들을 수밖에 없었다.

이제는 룰루에게 어떤 악기를 골라 줘야 하는지가 고민이었다. 진보적이고 지적인 시댁 식구들은 이에 대해 확고한 의견을 유지했다. 그들은 룰루가 고집이 세다는 것을 알았고 연습 시간에 우리의 비명과 고함이 빗발치는 것도 들은 적이 있었다. 그들은 압박이 덜한 악기를 택하는 게 좋겠다고 주장했다.

"리코더 어떠냐?"

시아버지인 사이가 제안했다. 제우스를 떠올리게 할 만큼 덩치가 큰 시아버지는 워싱턴에서 정신과 의사로 성공한 분이었는데, 음악을 대단히 좋아하고 목소리도 힘 있는 저음이었다. 제드의 누나 역시 목소리가 아름다운 것을 보면, 소피아와 룰루가 어느 쪽에서 음악적 재능을 물려받았는지는 분명했다.

"리코더라뇨? 지루하게."

시어머니인 플로렌스가 시아버지의 제안을 듣고 의구심에 찬 말투로 물었다. 시어머니는 뉴욕에서 예술 평론가로 활동하고 있었다. 그즈음에 그녀는 잭슨 폴록과 미국 추상표현주의를 발굴한 현대 예술 비평가 클레멘트 그린버그에 관한 전기를 책으로 펴냈다. 두 분은 이십 년 전에 이혼한 사이로, 시어머니는 시아버지가 하는 말이라면 일단 반대부터 했다.

"좀 더 재미난 게 어떻겠니? 예를 들어 가믈란이라든가. 걔가 공_{금속으}로 만든 원반형 타악기 치는 걸 배울 수 있을까?"

시어머니는 우아하고 모험심이 강하며 국제적인 사람이었다. 그녀는 몇 년 전에 인도네시아로 여행을 갔다가 자바 섬의 가믈란에 매료되었다. 가믈란은 연주자 15~20명 정도로 이루어진 작은 오케스트라인데, 사람들이 바닥에 가부좌를 틀고 앉아서 켐풀(각기 다른 음을 지닌 공들이 여러 개 매달려 있는 악기)이나 사론(커다란 금속 실로폰), 보낭(드럼처럼 치면 종에 가까운 소리를 내는 솥들이 달려 있는 악기) 같은 타악기를 연주한다.

흥미로운 사실은, 프랑스 작곡가 클로드 드뷔시도 가믈란을 보고 시어머니와 똑같은 반응을 보였다는 점이다. 시어머니에게 그랬던 것처럼 가믈란은 드뷔시에게 혁명이나 다름없었다. 드뷔시는 1895년에 친구에게 보낸 편지에서 자바 섬의 음악은 "미묘한 뜻까지, 심지어 말로 표현할 수 없는 면까지 모두 전달할 수 있다."라고 말했다. 그는 나중에 발표한 글에서 자바 섬 사람들을 이렇게 표현했다. "그들은 숨 쉬는 것처럼 음악을 수월하게 배운다. 그들의 학교는 바다의 영원한 리듬과 나뭇잎을 흔드는 바람 소리, 수천 개의 서로 다른 잡음으로 이루어져 있는데, 그들은 정성을 다해 그 소리에 귀를 기울이며 모호한 논문 따위는 전혀 들춰 보지도 않는다."

그 당시 드뷔시는 단지 이국적인 음악을 숭배하는 단계에 있었다고 생각한다. 똑같은 일이 드뷔시의 프랑스 친구들인 앙리 루소와 폴 고갱에게도 일어났고, 그 결과 그들은 폴리네시아 원주민을 그리기 시작했다. 이러한 현상의 혐오스러운 변종이 현대 캘리포니아에서도 얼마든지 발견된다. 황색 열병에 걸린 남자들. 그들은 오로지 동양 여성들과만 데이트를 하는데, 수십 명을 연속으로 갈아 치우기도 한다. 여자가 못생겼든 말든, 어떤 사람이든 상관하지 않는다. 참고로 제드는 나를 사귀기 전에 동양 여자와 만난 적이 전혀 없음을 밝혀 둔다.

나는 1992년에 인도네시아를 방문했을 때 가믈란 음악을 들었지만 감동받지는 못했다. 아마도 내가 고난과 성취를 숭배하기 때문일 것이다. 나는 수없이 룰루에게 소리쳤다.

"소중하고 값진 것은 모두 얻기 어려워! 엄마가 예일대에서 일자리를 얻기까지 어떤 일을 겪었는지 아니?"

가믈란 음악이 매력적인 이유는 매우 단순하고 비체계적이며 반복적이기 때문이다. 반대로 드뷔시의 명곡들은 복잡성과 야망, 정교함, 디자인, 의식적인 조화의 탐구를 반영한다. 물론, 가믈란 음악은 드뷔시의 일부 작품에 영향을 미쳤다. 두 음악의 차이는 제 나름대로 매력을 지닌 대나무 오두막과 베르사유궁전의 차이와 비슷하다.

어쨌든 나는 룰루가 배울 악기로 리코더도, 공도 모두 거절했다. 내

본능은 시댁 식구들의 생각과는 정반대를 가리키고 있었다. 룰루가 뛰어난 실력을 자랑하는 언니의 그늘을 벗어날 수 있는 길은 훨씬 더 어렵고 훨씬 더 기술이 필요한 악기를 연주하는 것뿐이라고 믿었다. 그래서 나는 바이올린을 선택했다. 룰루에게 묻지도 않았고 주변 사람들의 조언도 모두 무시했다. 그날의 결정은 내 운명을 바꿔 놓았다.

부모의 '비교'는
아이를 위한 자극제

중국 사람들의 행동 중에 거슬리는 점 하나는 대놓고 자식들을 비교한다는 것이다. 나는 어렸을 때 비교 대상 가운데에서 항상 우수한 편에 속했으므로 그런 점이 나쁘다고 생각한 적은 없었다. 여장부였던 친할머니는 여동생들 앞에서 눈에 띄게 나를 편애했다. 할머니는 내 여동생들 중 한 명을 가리키며 가족 모임의 분위기를 망치고는 했다.

"저 납작한 코 좀 봐라. 에이미는 안 그래. 콧대가 높고 예쁘지. 에이미는 우리 추아 집안 아이다워. 그런데 쟤는 제 어미를 닮아서 꼭 원숭이같이 생겼구나."

인정하건대, 친할머니는 극단적인 경우에 속한다. 하지만 중국 사람들은 정도의 차이만 있을 뿐 언제나 그런 식으로 비교를 잘한다. 얼마 전에 약재상에 간 적이 있었는데, 가게 주인이 내게 여섯 살 난 딸과 다섯 살 난 아들 이야기를 했다.

"우리 딸은 참 똑똑한데, 단점이 하나 있어요. **집중**을 잘 못하거든요.

아들은 똑똑하지 않아요. 딸은 똑똑한데."

내 친구 캐슬린이 테니스 경기를 보러 갔다가 딸의 경기를 보러 온 중국인 어머니와 이야기를 나눈 적이 있었다. 그 어머니는 자기 딸이 브라운대 학생인데 경기에 질 것 같다고 캐슬린에게 말했다. 그녀는 고개를 절레절레 흔들었다.

"우리 딸애는 너무 **나약해요**. 쟤 언니가 훨씬 낫죠. 하버드에 다니거든요."

이제 나는 부모의 편애가 해롭다는 것을 잘 안다. 하지만 두 가지 면에서 중국인들을 변호하고자 한다. 우선 부모의 편애는 모든 문화권에서 발견된다. 성경의 창세기를 보면, 이삭은 에서를 더 예뻐했지만 이삭의 아내 리브가는 야곱을 더 사랑했다. 그림동화에는 항상 세 형제가 등장하는데, 그들은 공평하게 대우받은 적이 한 번도 없다. 반대로 모든 중국인들이 편애를 하는 것도 아니다. "재주 많은 다섯 형제"^{똑같} _{이 생겼지만 재주가 각기 다른 다섯 형제가 슬기롭게 위험을 넘기는 이야기}라는 중국 이야기에서 형제의 어머니가 강철 같은 목을 가진 아들보다 바닷물을 삼킨 아들을 더 사랑했다는 증거는 없다.

둘째, 부모가 자식을 비교하는 것이 항상 불공평한 처사는 아니다. 제드는 내가 소피아와 룰루를 비교한다고 항상 나를 비난한다. 내가 룰루에게 비교하는 투로 말하는 것은 사실이다. "내가 무슨 일을 시키든 소피아는 즉시 반응을 해. 그래서 네 언니는 발전이 빠른 거야." 서양인들은 그 점을 오해한다. 나는 소피아를 더 좋아해서 그런 말을 하는 것이 아니다. 오히려 반대로 룰루에 대한 자신감을 표현하는 것이다. 룰루는 소피아가 할 수 있는 것이라면 무엇이든 할 수 있으며 그 사실에 대처할 수 있을 만큼 강한 아이라고 믿는다. 어차피 룰루는 소피아와 자기 자신을 비교하게 되어 있다. 가끔 룰루에게 가혹하게 행동하는 것도 다 그 때문이다. 나는 룰루가 의구심에 싸여 지내도록 내버려 둘 수 없다.

같은 이유로, 나는 룰루가 처음으로 바이올린 레슨을 받던 날 선생님을 만나기 전에 이렇게 말했다.

"룰루, 넌 이제 여섯 살이라는 걸 명심해. 소피아 언니는 아홉 살 때 처음으로 대회에 나가서 상을 탔어. 엄마는 네가 더 일찍 상을 탈 수 있을 거라고 생각해."

룰루는 경쟁하는 게 싫다면서 바이올린을 연주하고 싶지 않다고 거칠게 반응했다. 그리고 레슨을 받으러 가지 않겠다고 말했다. 나는 그랬다가는 엉덩이를 얻어맞고 저녁도 굶을 줄 알라는 말로 위협해서 아이를 네이버후드 뮤직 스쿨에 보내는 데 성공했다.(돌이켜 보면 그때만 해도 이 방법이 잘 먹혔다.) 룰루에게 스즈키 교본으로 바이올린을 가르쳐 줄 사람은 칼 슈가르트 선생님이었다.

슈가르트 선생님은 말끔하고 단정한 외모에 금발이 성근 오십 대 남성이었는데, 어른보다 아이와 관계가 더 좋은 부류에 속했다. 그는 학부모들과 거리를 두고 어색하게 대했다. 심지어 우리와 눈을 똑바로 맞추지도 않았다. 하지만 아이를 다루는 데는 천재적이었다. 느긋하고 재치와 영감이 넘치는 데다 재미도 있었다. 가르치는 학생이 룰루를 포함해 서른 명이나 되었는데, 아이들이 그가 가는 곳이라면 어디든 졸졸 따라다녀서 가히 네이버후드 뮤직 스쿨의 피리 부는 사나이라 할 만했다.

슈가르트 선생님의 비결은 기술적인 내용을 아이들이 이해할 수 있는 이야기로 풀어내거나 이미지로 바꾸는 것이었다. 그는 '레가토'나 '스타카토' 혹은 '아첼레란도' 같은 말을 가르랑거리는 고양이의 털 쓰다듬기, 진군하는 개미 군대, 외발자전거를 타고 언덕을 달려 내려가는 생쥐로 바꿔 말했다. 그가 드보르자크의 대표작 「유모레스크 7번」을 가르치는 방식에 감탄했던 기억이 난다. 전 세계 사람들이 무심결에 흥얼거리는, 귀에 쏙 들어오는 오프닝 테마 다음에 지나치리만큼 감상적인 두 번째 테마가 이어지는데, 그 부분에서는 비극적인 파토스^{일시적인} _{격정이나 열정 또는 주관적 감정 요소}를 한껏 부풀려서 연주해야 한다. 자, 여러분이라면 여섯 살짜리 아이에게 그것을 어떻게 설명하겠는가?

슈가르트 선생님은 룰루에게 그 두 번째 테마가 슬프지만 누군가가 죽어 갈 때처럼 슬프지는 않다면서 그 대신 다음과 같은 경우를 상상해 보라고 했다. 한 주 동안 매일 네 방 침대를 정리하면 엄마가 토핑을 두 개나 얹은 커다란 아이스크림을 주겠다고 약속했다. 그런데 그 주가 지났을 때 엄마가 아이스크림을 주지 않겠다고 한다. 그뿐만 아니라 엄마는 아무것도 한 일이 없는 언니에게 아이스크림을 사 준다. 그것이 룰루의 심금을 제대로 울린 게 분명했다. 룰루가 자신을 위해 쓰인 곡처럼 대단히 비통하게 「유모레스크 7번」을 연주했기 때문이다. 아직도 「유모레스크 7번」을 들으면(유튜브에 이츠하크 펄먼과 요요마의 연주 동영상이 있다.) 슈가르트 선생님이 곡조에 붙였던 이런 가사가 귓전을 맴돈다.

"난 나의 아이스크림을 원해. 오, 내 아이스크림을 주세요. 엄마가 나에게 약속한 아이스크림은 어디 있나요?"

룰루에게 바이올린을 안긴 것은 나였지만, 그 애가 바이올린에 대한 재능을 타고났다는 사실이 곧 드러났다. 룰루는 처음부터 자연스레 감정을 이입해 진심으로 음악을 느껴서 사람들을 계속 놀라게 했다. 슈가르트 선생님이 마련한 발표회에서 룰루가 항상 반짝반짝 두각을 나타내자 다른 학부모들은 우리가 음악가 집안인지, 룰루를 프로 바이올린 연주자로 키울 생각인지를 물었다. 그들은 연습 시간이면 전쟁터로 변하는 우리 집 사정을 까맣게 몰랐다. 룰루와 나는 정글의 야수처럼 (호랑이 대 멧돼지였다.) 싸웠다. 룰루가 저항하면 할수록 나는 더 강하게 맞섰다.

그 투쟁은 토요일에 절정에 달했다. 우리는 항상 서로 다른 악기 스무 개가 에너지와 소리를 뿜어내는 네이버후드 뮤직 스쿨에서 토요일 오전을 꼬박 보냈다. 룰루는 슈가르트 선생님과 개인 레슨을 마친 후 곧장 그가 지도하는 단체 스즈키 반에 들어갔다. 그 후에는 소피아와 함께 바이올린과 피아노 이중주 레슨을 받았다. (룰루는 피아노 레슨도 그만두지 않고 금요일마다 계속 받았다.) 나는 집에 돌아오면 방금 세 시간 연속 레슨을 끝내고 왔는데도 아이들이 복습하는 방에 몰래 들어가곤 했다. 다음 주에 실력이 껑충 뛰어 있을 것을 기대하는 것만큼 신나는 일은 없었다! 밤에 룰루가 잠들고 나면 바이올린 테크닉에 대한 논문을 읽고 아이작 스턴이나 이츠하크 펄먼, 미도리의 연주 음반을 들으며 그들이 어떻게 그리도 좋은 소리를 내는지 알아내려고 노력했다.

이 스케줄이 다소 무리하게 느껴질 수도 있다. 하지만 나는 시간과의 싸움이라는 생각이 들었다. 중국 아이들은 하루에 열 시간씩 훈련한다. 세라 장張永宙은 여덟 살 때 주빈 메타가 지휘하는 뉴욕 필하모닉 오케스트라와 협연하기 위해 오디션을 봤다. 매년 국제 콩쿠르에 라트비아나 크로아티아 출신의 일곱 살짜리 아이들이 등장해서 지독하게 어려운 차이코프스키의 바이올린 협주곡을 연주하고 상을 타는 판국이라, 나는 룰루도 그 대열에 동참하는 장면을 하루빨리 보고 싶었다. 게다가 불리한 점도 있었다. 내게는 어린 시절이 즐거워야 한다고 믿는 미국인 남편이 있었다. 제드는 언제나 딸들과 보드게임이나 미니 골프를 하고 싶어 했는데, 최악은 아이들을 차에 태워 위험한 미끄럼틀이 있는 물놀이 테마파크로 멀리 데려가는 것이었다. 나는 아이들에게 책을 읽어 주는 시간을 가장 좋아했다. 제드와 나는 매일 아이들에게 책을 읽어 줬는데, 하루 중에 가족 모두가 제일 좋아하는 시간이었다.

바이올린은 정말 어려웠다. 내 생각에 바이올린이 피아노보다 배우기가 훨씬 더 어렵다. 우선 바이올린은 악기를 제대로 잡아야 하는 문제가 있지만 피아노는 그런 어려움이 없다. 사람들이 대개 생각하는 것처럼 바이올린은 왼손으로 들고 있는 것이 아니다. 그렇게 보이는 것뿐이다. 유명한 바이올린 교사 칼 플레시는 저서 『바이올린 연주의 기술 The Art of Violin Playing』에서 바이올린을 "쇄골에 얹고 왼쪽 아래턱으로 고정해야" 왼손이 자유롭게 움직일 수 있다고 말했다.

쇄골과 아래턱으로 뭔가를 잡는 것이 불편할 거라고 생각한다면, 제대로 맞췄다. 게다가 나무 턱받침과 금속 조임쇠까지 목을 향해 튀어나와 있기 때문에, 바이올린이나 비올라 연주자 대부분은 턱 바로 아래에 '바이올린 부스럼'이라는 거칠거칠한 딱지가 앉는데, 때때로 보기 싫은 붉은 반점으로 남아서 영광의 배지로 여겨지기도 한다.

바이올린이 피아노보다 더 어렵다고 느끼는 또 다른 이유는 음을 정확하게 내는 일, 즉 '음조intonation' 때문이다. 초보자가 바이올린의 음을 정확하게 내는 것은 쉬운 일이 아니다. 피아노는 그냥 건반을 누르면 그 음이 무엇인지 알 수 있다. 하지만 바이올린은 손가락으로 지판의 정확한 지점을 눌러야만 한다. 일 밀리미터만 빗나가도 음조를 완벽하게 맞출 수 없다. 바이올린에는 줄이 네 개밖에 없지만 반음을 포함하면 총 쉰세 개의 다른 음을 낼 수 있다. 줄의 종류와 연주 기법에 따라 음색이 무한대로 늘어난다. 그래서 바이올린이 표현할 수 없는 감정은 없으며 인간의 목소리와 가장 흡사한 악기라고 말하는 사람도 있다.

피아노와 바이올린의 공통점은, 긴장을 풀지 않으면 뛰어난 연주를 할 수 없다는 것이다. 이는 많은 스포츠에도 적용된다. 팔에 힘을 빼지 않으면 테니스 선수는 위력적인 서브를 넣을 수 없고 야구 선수는 공을 멀리 던지지 못하는 것처럼, 바이올린 연주자가 활을 너무 꽉 움켜쥐거나 너무 세게 줄을 그어도 감미로운 음색을 낼 수 없다. 활을 줄에 대고 너무 짓누르면 손톱으로 긁는 듯한 끔찍한 소음이 난다. 슈가르트 선생님은 룰루에게 이렇게 말하곤 했다.

"네가 헝겊 인형이라고 상상해 봐. 힘을 빼고 느긋하게, 세상의 모든 걱정은 접어 둬. 너무나 느긋해서 네 팔이 그 자체만큼만 무겁게 느껴지도록…….. 중력이 알아서 하게 두렴…….. 좋아, 룰루, 좋아."

나는 집에서 소리를 꽥 질렀다.

"힘 빼! 슈가르트 선생님이 **헝겊 인형**이 되라고 했잖아!"

나는 항상 최선을 다해 슈가르트 선생님이 지적한 점을 강조했지만 그때마다 룰루와 한바탕 씨름을 벌여야 했다. 내가 옆에 있는 것 자체가 룰루를 자극해서 짜증 나게 만들었기 때문이다.

한번은 룰루가 연습을 하다가 말고 폭발한 적이 있었다.

"그만해요, 엄마. 그만 좀 하라고요."

"룰루, 난 아무 말도 안 했어. 단 한마디도."

"엄마의 생각이 거슬린단 말이에요. 엄마가 무슨 생각을 하는지 다 알아요."

"난 아무 생각도 안 했어."

나는 발끈했다. 사실 나는 룰루가 오른쪽 팔꿈치를 너무 높이 들어 올려서 역동성이 제대로 살지 않는다고 생각하던 참이었다. 그것만 고치면 표현력이 훨씬 더 좋아질 거라고 말이다. 룰루가 주문했다.

"그냥 신경 좀 꺼 주세요. 엄마가 신경 끄지 않으면 더 이상 연주하지 않겠어요."

룰루는 항상 내 성미를 건드렸다. 그 애가 말싸움을 벌이는 것은 연습을 하지 않기 위한 방편 중 하나였다. 하지만 나는 그때만큼은 미끼를 물지 않았다. 나는 조용히 말했다.

"알았어. 내가 어떻게 해 줄까?"

나는 가끔 칼자루를 룰루에게 쥐여 줘서 그 애의 마음을 가라앉히곤 했다.

룰루는 잠시 생각하다가 말했다.

"오 초 동안 코를 쥐고 있어요."

행운의 휴전. 나는 동의했고 연습은 재개되었다. 그때가 우리의 황금기였다.

룰루와 나는 양립할 수 없으면서도 끊을 수 없는 끈으로 연결되어 있었다. 딸들이 어렸을 때 나는 우리가 주고받은 재미있는 대화들을 컴퓨터에 적어 두곤 했다. 룰루가 일곱 살 때 나눈 대화를 잠시 들여다보자.

> 나: 룰루, 우리는 참 좋은 친구야, 이상한 방식으로.
> 룰루: 네⋯⋯. 이상하고 끔찍한 방식으로요.
> 나: !
> 룰루: 농담이에요.(나를 안아 준다.)
> 나: 지금 네가 한 말 다 적어 둘 거야.
> 룰루: 안 돼요! 그럼 내가 너무 못돼 보이잖아요!
> 나: 엄마를 안아 준 것도 같이 적어 줄게.

극단적인 양육 방식이 낳은 긍정적인 효과는, 소피아와 룰루가 아주 친밀해졌다는 것이다. 자매 사이에 자신들의 인내심을 시험하는 광적인 엄마에 대항해 투쟁하는 끈끈한 동지애가 생겼다.

"우리 엄마 미쳤나 봐."

어느 날 애들이 자기들끼리 속닥이며 낄낄대는 소리를 들은 적이 있다. 하지만 나는 개의치 않았다. 나는 마음 약한 서양인 부모들과 달랐다. 나는 딸들에게 자주 말했다.

"부모로서 내 목표는 너희를 나처럼 만드는 게 아니라 너희가 스스로 미래에 대비하도록 만드는 거야."

어느 해 봄, 네이버후드 뮤직 스쿨 원장이 베르디의 대작 오페라에서 아이다 역을 맡았던 소프라노 제시 노먼을 위한 갈라 콘서트에서 소피아와 룰루가 자매 이중주를 해 보면 어떻겠냐고 제의했다. 제드와 내가 결혼할 때 오페라 「아이다」의 「개선행진곡」이 울려 퍼졌을 정도로 우리 아버지가 가장 좋아하는 오페라가 「아이다」였기 때문에, 나는 부모님을 캘리포니아에서 모셔 왔다. 딸들은 드레스를 맞춰 입고 모차르트의 「바이올린과 피아노를 위한 소나타 마단조」를 연주했다. 바이올린과 피아노가 주거니 받거니 대화를 나누듯 번갈아 진행되어야 하는데 호흡이 썩 매끄럽지는 않았다. 하지만 아무도 그것을 눈치채지 못하는 것 같았고 우리 딸들은 대성공을 거뒀다. 콘서트가 끝나고 나서 제시 노먼이 내게 말했다.

"따님들이 재능을 타고났네요. 정말 행운아세요."

그렇게 나는 투쟁으로 가득한, 그러나 평생 가장 행복한 시절을 보내고 있었다.

중국인 부모와 서양인 부모는
어떻게 다른가

서양인 부모는 잘하지 못하지만 중국인 부모는 잘하는 것들이 있다.
내가 어렸을 때 한 번(아마도 한 번 이상이었을 것이다.) 어머니에게 심하
게 대든 적이 있다. 그때 아버지는 화가 나서 모국어인 푸젠어로 나를
"쓰레기."라고 불렀는데, 그것은 아주 강력한 효과를 발휘했다. 나는
그야말로 죽을 맛이었고 내가 한 짓이 정말 부끄러웠다. 그래도 자존
심이 상하거나 한 것은 아니었다. 아버지가 나를 얼마나 높이 평가하
는지 잘 알고 있었기 때문이다. 스스로 무가치하다거나 쓰레기 조각이
되었다는 생각은 들지 않았다.

어른이 되고 나서 똑같은 말을 딱 한 번 소피아에게 한 적이 있다.
심하게 대드는 소피아를 영어로 쓰레기라고 불렀다. 어느 만찬 자리에
서 그 일화를 얘기했다가 나는 즉시 왕따를 당하고 말았다. 마시라는
손님은 분을 참지 못하고 와락 울음을 터뜨리더니 일찍 그 자리를 떠
났다. 그 바람에 만찬 주최자인 내 친구 수전이 남아 있는 손님들에게

손상된 내 체면을 회복하느라 애를 먹었다.

"어머, 그건 그냥 오해예요. 에이미가 좀 과장한 거랍니다……. 그렇지, 에이미? 설마 진짜로 소피아를 '쓰레기'라고 불렀으려고."

"어, 음, 진짜로 그랬어요. 하지만 다 그럴 만해서 그런 거예요. 중국인 이민자들의 방식이라고나 할까요."

나는 설명하려고 노력했다. 그러자 누군가가 지적했다.

"하지만 당신은 중국인 이민자가 아니잖아요."

"좋은 지적이군요. 그래서 효과가 없었나 봐요."

내가 시인했다.

나는 그냥 경직된 분위기를 풀려고 그렇게 말했지만, 사실 그것은 소피아에게 대단히 큰 효과를 발휘했다.

중국인 부모는 서양인이 상상조차 할 수 없는 일들을 (법적 제재를 받을 수 있다 하더라도) 할 수 있다. 중국인 엄마는 딸에게 이렇게 말할 수도 있다. "어이, 돼지야, 제발 살 좀 빼." 반면 서양인 부모는 민감한 문제를 건드리지 않으려고 '건강' 운운해 가며 '뚱뚱하다'의 뚱 자도 꺼내지 못하고, 결국 아이들이 식이 장애나 부정적인 자아상 때문에 심리 치료를 받는 사태가 벌어진다. (한번은 어떤 서양인 아버지가 장성한 딸을 위해 축배를 들면서 '아름답고 대단히 유능한' 아이라고 부르는 장면을 본 적이 있다. 나중에 그 딸은 그때 쓰레기가 된 기분이었다고 내게 고백했다.) 중국인 부모는 자식들에게 계속 A 학점만 받아 오라고 명령하기도 한다. 서양인 부모는 아이들에게 그냥 최선을 다하라고 말할 뿐이다. 중국인 부모는 이렇게까지 말할 수 있다. "이 게으른 녀석아. 이러다가는 꼴찌를 못 면할 거다." 반면 서양인 부모는 성취욕과 싸우며 갈

등하다가 자기 아이가 변해 가는 모습에 실망하지 않으려고 애써 자위를 한다.

나는 중국인 부모가 그런 상황을 어떻게 잘 요리하는지에 대해 오랫동안 면밀히 숙고했다. 중국인 부모와 서양인 부모는 마음가짐에서 크게 세 가지가 다르다.

첫째, 서양인 부모는 자식의 자존심이 다칠 것을 지나치게 걱정한다. 아이가 뭔가에 실패했을 때 풀이 죽을까 봐 우려하기 때문에 시험이나 대회에서 중간 정도의 성적을 얻어도 잘했다는 말로 계속 아이를 안심시키려 한다. 말하자면 그들은 자식의 심리 상태에 너무 신경을 쓴다. 중국인 부모는 그렇지 않다. 그들은 나약함이 아니라 강인함을 당연시하기 때문에 태도 자체가 다르다.

예를 들어 보자. 아이가 시험 성적으로 A-를 받아 오면, 서양인 부모는 대부분 아이를 칭찬한다. 하지만 중국인 엄마는 깜짝 놀라면서 무슨 문제 있느냐고 물을 것이다. 아이가 B를 받아 오면, 서양인 부모 가운데 어떤 이들은 그래도 아이를 칭찬한다. 어떤 이들은 아이를 자리에 앉히고 나서 실망감을 표시하지만 아이가 기죽거나 불안해하지 않도록 "멍청해."라거나 "쓸모없어."라거나 "창피하구나."라고 하지는 않는다. 서양인 부모는 아이의 시험 성적이 나쁠까 봐, 어떤 과목이 아이의 적성에 맞지 않을까 봐, 교과과정이나 학교 자체에 문제가 있을까 봐 속으로 걱정한다. 아이의 성적이 오르지 않으면 교장에게 면담을 요청해서 뒤떨어진 과목의 수업 방식이나 교사의 자질에 대해 의문을 제기하기도 한다.

중국인 가정의 아이가 B를 받아 오면(좀체 일어나지 않는 일이기는 하다.) 그날 그 집에서는 비명이 터져 나오고 머리카락을 쥐어뜯는 사태가 발생한다. 발등에 불이 떨어진 중국인 엄마는 아이의 성적이 A로 올라갈 때까지 모의시험을 수십 번, 아니 수백 번도 불사하며 아이와 함께 '열공' 상태로 돌입한다. 그래도 성적이 오르지 않으면 중국인 부모는 아이의 노력이 충분하지 않다는 데서 그 원인을 찾는다. 그들이 기대에 못 미치는 성적을 끌어올리기 위해 아이를 꾸짖고 벌주고 창피 주는 이유이다. 중국인 부모는 자기 아이가 창피함을 이겨 내고 발전할 수 있을 만큼 강하다고 믿는다. (그리고 중국인 가정의 아이는 뛰어난 성과를 거두면 집에서 자긍심이 하늘을 찌를 정도로 큰 칭찬 세례를 받는다.)

둘째, 중국인 부모는 자식이 부모에게 빚을 지고 있다고 믿는다. 근거가 다소 불분명하기는 하지만, 아마도 유교의 효 사상과 부모가 자식을 위해 희생하고 많은 일을 한다는 사실이 복합적으로 작용한 결과인 듯하다. (중국인 엄마들이 자식을 가르치고 훈련하고 심문하고 몰래 관찰하느라 음지에서 오랫동안 인고의 세월을 보내는 것은 사실이다.) 어쨌든 중국 아이들은 평생 부모에게 순종하고 부모의 자랑거리가 되어서 부모에게 보답해야 마땅하다는 것이 내 생각이다. 반면 대부분의 서양인들에게는 자식이 부모에게 영원히 빚을 졌다는 시각이 없는 것 같다. 사실 제드는 정반대되는 견해를 밝혔다. 한번은 그가 내게 말했다.

"아이는 부모를 선택할 수 없어. 태어나는 것도 선택할 수 없고. 아이에게 생명을 부여한 것은 부모이기 때문에 부모가 아이를 부양하는 건 당연한 의무야. 아이는 부모에게 빚진 게 아무것도 없어. 그들이 의무를 다해야 할 대상은 그들의 자식일 뿐이야."

그 말은 내게 서양인 부모가 너무 억울한 거래를 하고 있다는 말로 들렸다.

　셋째, 중국인 부모는 아이에게 무엇이 최선인지는 자신들이 잘 안다고 믿기 때문에 아이의 모든 욕구와 선호 사항에 대해 결정권을 행사한다. 중국인 가정의 딸들이 고등학교 때 남자 친구를 사귀지 못하는 것도, 중국인 가정의 아이들이 캠프에 가서 잠을 자는 일이 없는 것도 바로 그 때문이다. 또한 중국인 가정의 아이가 엄마에게 "저 학교 연극에서 배역을 맡았어요! 마을 사람 6이에요. 이제부터 매일 방과 후에 3시부터 6시까지 남아서 연습해야 하니까 주말에는 차로 데려다 주셔야 해요." 하고 말할 엄두를 못 내는 이유이기도 하다. 감히 그럴 용기를 내는 중국인 아이가 있다면, 그 애에게 신의 가호가 있기를 빈다.

　부디 오해하지 마시길. 이는 중국인 부모가 자기 아이를 아끼지 않아서가 아니다. 오히려 그 반대다. 그들은 자식을 위해서라면 아까울 것이 없는 사람들이다. 그저 양육 방식이 완전히 다를 뿐이다. 나는 그것을 중국식이라고 생각하지만, 꼭 중국인이 아니더라도 한국이나 인도, 파키스탄 등 다른 나라에서 온 사람들 중에 사고방식이 비슷한 부모들이 많은 점을 고려하면, 이민자 가정과 관련이 있는 면인 것 같다. 아니면 이민과 특정 문화의 결합이 빚어낸 결과일 수도 있다.

　제드는 이와는 판이한 배경에서 자랐다. 시부모님은 모두 이민자가 아니었다. 시아버지 사이와 시어머니 플로렌스는 펜실베이니아 주 스크랜턴 근처의 엄격한 정통 유대인 거주지에서 태어나 성장했다. 두 분 다 어렸을 때 어머니를 잃었고 억압받고 불행한 어린 시절을 보냈다. 두 분은 결혼하자마자 최대한 빨리 펜실베이니아를 떠나 워싱턴에 정착했고 제드와 그의 형과 누나는 워싱턴에서 자랐다. 시부모님은 자신들이 어렸을 때 누리지 못했던 공간과 자유를 자기 아이들에게 주겠다고 결심했다. 그들은 개인의 선택권을 옹호하고 독립성과 창조력을 높이 평가하며 권위에 대해서는 의문을 품었다.

친정 부모님과 시부모님 사이에는 커다란 간극이 존재했다. 시부모님은 제드에게 바이올린을 배울 것이냐 말 것이냐에 대한 선택권을 줬고(그는 그때 배우기를 거부한 것을 지금 후회하고 있다.) 그를 주관이 있는 한 개인으로 대우했다. 우리 부모님은 내게 선택권을 전혀 주지 않았고 한 번도 내 의견을 물은 적도 없었다. 시부모님은 해마다 여름이 되면 제드가 형, 누나와 함께 크리스털 호수에서 여름 내내 빈둥거리게 두었다. 제드는 그 시절이 자기 일생에서 황금기였다고 말했고, 우리는 기회가 날 때마다 소피아와 룰루를 크리스털 호수에 데려가려고 노력한다. 반면 나는 여름에는 컴퓨터 프로그래밍 작업을 해야 했기 때문에 여름을 싫어했다. (여름을 싫어하기는 나보다 일곱 살 아래인 여동생 캐트린도 마찬가지였다. 내 단짝이기도 한 캐트린은 컴퓨터 프로그래밍 작업을 하면서 문법 책을 읽고 영어 문법구조를 독학했다.) 시부모님은 예술을 보는 안목이 높아서 예술품을 수집했지만, 우리 부모님은 그렇지 않았다. 시부모님은 제드의 학비를 일부분 지불했지만 전부를 지원하지는 않았다. 우리 부모님은 언제나 모든 비용을 댔지만 나중에 늙었을 때 자식들이 자신들을 보살펴 주고 존경과 헌신으로 대접해 주기를 바랐다. 시부모님은 그런 기대를 한 적이 한 번도 없었다.

시부모님은 때때로 자식들을 떼어 놓고 부부끼리 휴가를 떠나기도 했다. 그들은 친구들과 과테말라(납치당할 위기를 넘김.), 짐바브웨(사파리 탐험), 인도네시아 보로부두르(가믈란 음악을 접함.) 같은 위험한 지역을 여행했다. 우리 부모님은 자식 넷을 두고 휴가를 떠난 적이 단 한 번도 없다. 그래서 우리는 언제나 싸구려 호텔에 묵어야 했다. 부모님은 개발도상국에서 성장했기 때문에 누가 돈을 준다고 해도 과테말라나 짐바브웨, 보로부두르 같은 곳은 절대 여행하지 않았을 것이다. 그 대신에 부모님은 우리를 정부 기관이 있는 안전한 유럽으로 데려갔다.

제드와 내가 공개적으로 협상한 적은 없지만, 결과적으로 우리 가정에는 중국식 양육 모델이 뿌리를 내렸다. 여기에는 몇몇 이유가 있다. 첫째, 많은 엄마들과 마찬가지로 아이를 돌보는 일을 주로 내가 맡았기 때문에 자연스럽게 내 양육 방식이 정착되었다. 제드와 나는 같은 분야에서 일했고 예일대에서 나도 제드만큼이나 바빴지만, 딸들의 숙제며 중국어 공부, 피아노와 바이올린 연습을 관리 감독한 것은 나였다. 둘째, 제드는 내 사고방식과는 별개로 아이들을 엄격하게 키우는 것을 좋아했다. 그는 부모가 아이에게 안 된다고 말하는 법이 없는(심지어 안 된다고 말해 놓고 그냥 방치하는) 가정을 못마땅해했다. 하지만 그는 딸들에게 안 된다는 말은 잘하면서도 그 대안을 제시하지 않았다. 딸들이 거부하면 피아노든 바이올린이든 강요하는 법이 없었다. 그에게는 자기가 아이들을 위해 올바른 선택을 할 수 있다는 확신이 없었다. 그때가 바로 내가 나설 차례였다.

그러나 우리가 중국식 모델을 고집한 가장 큰 요인은, 도저히 반박할 수 없는 성과가 처음부터 나타났기 때문이다. 다른 부모들은 도대체 비결이 뭐냐고 끊임없이 묻는다. 소피아와 룰루는 다른 아이들에게 귀감이 되었다. 딸들은 다른 사람들 앞에서 예의 바르고 재미있으며 협조적이고 말도 잘했다. 줄곧 A만 받는 학생이었고, 소피아는 수학에

72

서 반 친구들보다 두 학년은 앞서 나갔다. 딸들은 베이징어를 유창하게 구사했다. 모두들 클래식을 연주하는 우리 딸들을 보며 감탄을 금하지 못했다. 한마디로 우리 아이들은 중국 아이들과 똑같았다.

물론 다른 점도 있었다. 1999년에 우리는 딸들을 데리고 첫 중국 나들이에 나섰다. 소피아와 룰루는 둘 다 머리카락과 눈동자가 갈색이고 이목구비는 동양인 같다. 그리고 중국어를 구사한다. 소피아는 오리 물갈퀴, 돼지 귀, 민달팽이 등 고기라면 먹지 못하는 것이 없었는데, 이는 중국인의 주요 습성 중 하나이다. 하지만 중국 어디를 가든, 국제도시인 상하이에서마저도, 우리 딸들은 그 지역 사람들의 호기심을 자극했다. 사람들은 '중국어를 하는 두 꼬마 외국인'을 가리키고 빤히 쳐다보며 낄낄 웃었다. 우리가 쓰촨 성의 청두 판다 공원에서 갓 태어난 자이언트판다 새끼들 사진을 찍고 있을 때, 중국인 관광객들은 소피아와 룰루의 사진을 찍고 있었다.

뉴헤이번으로 돌아오고 나서 몇 달 후, 내가 지나가는 말로 소피아를 중국인이라고 했을 때 소피아가 내 말에 끼어들었다.

"엄마……. 전 중국인이 아니에요."

"아니, 맞아."

"아니에요, 엄마……. 그렇게 생각하는 사람은 엄마밖에 없어요. 중국에서 아무도 저를 중국인이라고 생각하지 않았고, 미국에서도 그렇게 생각하는 사람은 없어요."

나는 그 말에 와락 화가 치밀었지만 그냥 이렇게만 말했다.

"음, 그렇다면 그들이 틀린 거야. 넌 중국인이야."

소피아는 2003년에 열 살이 되었을 때 첫 음악적 성취의 순간을 맞왔다. '그레이터 뉴헤이번 협주곡 대회'에 나가 우승하면서 예일대 바텔 채플에서 피아노 독주자로 뉴헤이번의 한 청년 오케스트라와 협연할 기회를 얻은 것이다. 그야말로 신바람이 난 나는 지역신문에 난 소피아의 기사를 확대해서 액자에 보관했다. 그리고 소피아의 연주회에 백 명이 넘는 사람들을 초대하고 성대한 뒤풀이 행사를 계획했다. 소피아에게는 처음으로 치렁치렁한 드레스와 새 신발을 사 줬다. 할아버지, 할머니 네 분도 모두 왔다. 연주회 전날 우리 집 부엌에서 친정 어머니가 중국식 고기 경단(끈적한 쌀가루를 묻힌 돼지고기 미트볼)을 수백 개씩 만드는 동안, 시어머니는 4~5킬로그램 분량의 그라블락스(바다 소금으로 간하고 벽돌로 눌러 만든 연어)를 만들었다.

그러다가 그만 연주회 당일이 되자 우리는 과열 상태에 빠졌다. 소피아는 모차르트의 가장 쾌활한 곡들 가운데 하나인 「피아노와 오케스트라를 위한 론도 라장조」를 연주할 예정이었다. 모차르트는 연주하기 까다로운 것으로 악명이 높다. 모차르트의 음악은 톡톡 튀고 기발하고 활기차고 가벼운, 그래서 음악가들 대부분의 가슴에 공포심을 불러일으키는 것으로 유명하다. 젊은이나 노인만이 모차르트를 잘 연주할 수 있다는 말도 있다. 젊은이는 무지하기 때문이고 노인은 더 이상 잘난 체를 하지 않기 때문이라는 것이다. 소피아가 연주할 론도는 그런 모차르트의 전형적인 작품이었다. 소피아의 선생님인 미셸이 소피아에게 말했다.

"런^{빠르게 연주하기}이나 트릴^{두 음을 빠르게 반복하는 기법} 부분에서는 샴페인이나 이탈리아 소다를 생각해. 병 입구에서 거품이 솟아나는 장면을 상상해 보라고."

소피아는 무엇에든 도전할 각오가 되어 있었다. 그 애는 놀라우리만치 빨리 배웠고 손가락도 번개처럼 빨랐다. 무엇보다 가장 마음에 드는 점은 내 말에 무조건 순종한다는 것이었다.

그 무렵 나는 훈련 교관이 되어 있었다. 나는 그 론도를 때로는 마디별로, 때로는 목적별로 분해했다. 우리는 한 시간 동안 정확성에만(정확한 음 치기) 초점을 맞췄다가 그다음 한 시간은 속도에(메트로놈을 이용했다.) 그다음 한 시간은 역동성에(세차게, 부드럽게, 크레셴도, 데크레셴도) 그다음에는 프레이징에(의미별로 악구를 나누는 일) 시간을 할애했다. 우리는 몇 주 동안 매일 밤 늦게까지 연습에 매달렸다. 나는 독한 말도 서슴지 않았고, 소피아의 눈에 눈물이 고이면 오히려 고삐를 더 바짝 죄었다.

드디어 결전의 날이 밝았을 때, 나는 갑자기 마비 상태에 빠져 버렸다. 나는 한 번도 연주자로서 무대에 서 본 적이 없었다. 하지만 소피아는 마냥 신이 나는 모양이었다. 독주자로서 인사를 하기 위해 바텔 채플의 무대 위로 걸어 나가는 그 애의 얼굴에 커다란 미소가 걸려 있었다. 내 딸이 행복해하고 있었다. 소피아가 웅장하고 어두운 강당 안에서 자그마한 몸으로 용감하게 피아노 앞에 앉아 그 곡을 연주하는 모습을 지켜보고 있으려니 뭐라고 형언할 수 없는 고통이 가슴속으로 밀려왔다.

연주회가 끝나자 제드와 나를 축하하기 위해 친구들이며 모르는 사람들까지 몰려왔다. 그들은 소피아의 연주가 경이롭고 우아하며 고상하다고 말했다. 미셸은 소피아가 모차르트와 잘 어울리는 연주자임이 분명하다면서 이번처럼 신선하고 톡톡 튀는 론도는 들어 본 적이 없다고 말했다.

"소피아는 연주를 즐기고 있더군요. 연주자가 진심으로 즐겁지 않다면 그런 소리가 나올 수 없죠."

성격이 활기찬 네이버후드 뮤직 스쿨의 운영자 래리가 말했다.

나는 래리의 말을 듣고 몇 년 전 소피아가 피아노를 막 시작했을 때 있었던 일을 떠올렸다. 그때 나는 이미 훈련용 채찍을 휘두르고 있었다. 제드가 우리 집 피아노의 중간 도 음 건반에서 이상한 자국을 발견하고는 그게 무엇인지 소피아에게 물었더니, 소피아가 죄책감을 느끼는 듯한 표정을 지었다. 그러고는 우물쭈물하며 되물었다.

"뭐라고 하셨어요?"

제드는 몸을 숙여 건반을 자세히 살펴보았다.

"소피아, 이거 혹시 잇자국이니?"

진짜 잇자국이 맞았다. 당시 여섯 살이었던 소피아는 이어지는 질문에 가끔 피아노를 이로 갉았다고 털어놓았다. 그 시절 피아노는 우리 집 가구 중에 가장 비싼 물건이었다. 소피아는 다시는 그러지 않겠다고 약속했다. 나는 래리의 말에 왠지 그때의 일이 생각났다.

아이가 포기하도록
내버려 두지 말라

강압적인 중국식 양육 방법을 옹호하는 이야기를 하나 해 볼까 한다. 일곱 살 룰루가 두 가지 악기를 병행하면서 프랑스 작곡가 자크 이베르의 피아노 곡 「하얀 당나귀 *Le Petit Âne blanc* 」를 연습할 때 이야기다. 「하얀 당나귀」는 대단히 귀여운 작품이지만 두 손이 각각 다른 리듬으로 따로 움직여야 하기 때문에 어린애가 연주하기에는 상당히 까다로운 곡이다.

룰루가 그 곡을 연주하지 못했기 때문에 우리는 일주일 내내 쉬지 않고 그것만 연습했다. 룰루는 한 손씩 따로 반복해서 연습했다. 하지만 두 손을 동시에 연주하려고 시도할 때마다 한 손이 다른 손을 따라가는 바람에 모든 것이 엉망이 되고 말았다. 결국 룰루는 레슨 전날 분통을 터뜨리며 포기를 선언하고는 뛰쳐나갔다. 나는 명령했다.

"당장 피아노 앞으로 돌아와."

"엄마 말 안 들을래요."

"어디 안 듣나 두고 보자."

룰루는 피아노 앞으로 돌아와서는 내 마음을 찢어 놓았다. 그 애는 몸부림을 치고 버둥대며 주먹을 휘두르고 발길질을 해 댔다. 그러고는 악보를 움켜잡더니 쫙쫙 찢어 버렸다. 나는 그 악보를 테이프로 도로 붙인 다음 다시는 찢지 못하도록 비닐 케이스에 넣었다. 그리고 룰루의 인형의 집 장난감을 자동차에 싣고 나서 내일까지 「하얀 당나귀」를 완벽하게 연주하지 못하면 그것을 하나하나 분해해서 구세군에 기부하겠다고 말했다. 그러자 룰루가 말했다.

"난 지금쯤 엄마가 구세군으로 가고 있을 줄 알았는데, 아직 안 가셨어요?"

나는 내년에도 내후년에도 그다음 해에도 그다음 다음 해에도 점심도, 저녁도, 크리스마스나 하누카 선물도, 생일 파티도 없을 줄 알라고 위협했다. 그리고 나서도 룰루가 계속 틀리게 연주하기에 내가 말했다. 너는 못 해낼 것 같은 두려움 때문에 스스로를 극도의 흥분 속으로 몰아넣고 있다고. 그렇게 나태하고 비겁하고 자기 연민에 취한 한심한 태도는 집어치우라고.

제드가 나를 한쪽으로 데려가더니 룰루를 그만 모욕하라고 했다. 하지만 나는 룰루를 모욕하려는 게 아니라 그 애에게 의욕을 불어넣으려는 것뿐이었다. 제드는 룰루를 위협한다고 도움이 될 게 없다면서 룰루에게 아직 그 정도 조정력이 없어서 그 테크닉이 무리일 가능성은 고려해 보지 않았느냐고 물었다. 내가 쏘아붙였다.

"당신은 룰루의 능력을 믿지 못하는 거야."

"말도 안 되는 소리. 물론 난 룰루의 능력을 믿어."

제드가 비난 조로 말했다.

"소피아도 똑같은 나이에 이 곡을 연주했어."

"하지만 룰루와 소피아는 달라."

제드가 지적했다.

"아, 또 그 소리."

나는 못 말리겠다는 듯 눈알을 굴렸다. 나는 그의 말투를 흉내 내며 비꼬았다.

"모두들 자신만의 특별한 방법으로 특별하지. 실패자들도 자신만의 특별한 방법으로 특별하고. 걱정 마, 당신은 손가락 하나 까닥하지 않아도 되니까. 난 얼마가 걸리든 포기하지 않을 거야. 기꺼이 악역을 맡겠어. 그러면 당신은 팬케이크를 만들어 주고 뉴욕 양키스 경기에 데려가는 사랑하는 아빠 역만 할 수 있을 거야."

나는 팔을 걷어붙이고 룰루에게 돌아갔다. 나는 온갖 수단과 방법을 다 동원했다. 우리는 저녁도 거르고 밤늦게까지 연습했고, 나는 룰루가 어떤 이유에서든 자리에서 일어나지 못하게 했다. 룰루는 물을 마시러 갈 수도, 화장실에 갈 수도 없었다. 집 안은 전쟁터로 변했고 나는 목이 쉬도록 소리를 질렀지만, 룰루의 연주는 오히려 더 나빠지는 것 같아서 나는 회의감이 들기 시작했다.

그러다가 별안간 룰루가 제대로 연주를 했다. 아이의 두 손이 갑자기 조화를 이뤘다. 오른손과 왼손이 각자 차분하게 자기 일을 해내고 있었다.

내가 그것을 깨달은 순간, 룰루도 알아차렸다. 나는 숨을 죽였다. 룰루가 주저하면서 다시 연주를 시도했다. 이번에는 먼저보다 더 확신에 차서 더 빠르게 연주했는데, 리듬이 제대로 들어맞았다. 잠시 후, 룰루가 활짝 웃어 보였다.

"엄마, 봐요……. 쉬워요!"

룰루는 그 곡을 연주하고 또 연주하더니 아예 피아노 앞을 떠날 줄을 몰랐다. 그날 밤, 룰루는 내 침대로 왔고 우리는 서로를 끌어안고 간질이며 웃음을 터뜨렸다. 몇 주 후에 그 애가 연주회에 나가서 그 「하얀 당나귀」를 연주했을 때 어떤 부부가 내게 다가와서 말했다.

"정말 룰루와 딱 맞는 곡이군요. 톡톡 튀는 곡조가 꼭 **룰루** 같아요."

제드도 그 일에 관해서는 내 공로를 인정했다. 서양인 부모는 자식이 자존심을 다칠까 봐 지나치게 걱정한다. 하지만 부모로서 자식의 자존심을 가장 상하게 하는 행위 중 하나는 아이가 포기하도록 내버려 두는 것이다. 뒤집어 생각해 보면, 할 수 없다고 여겼던 것을 해냈을 때보다 더 신나는 순간도 없다.

동양인 엄마들을 계획적이고 냉담하며 아이의 진짜 관심사에는 무심한 극성쟁이로 그린 책들이 세상에 쏟아지고 있다. 중국인 입장에서 보면, 자식이 무능해도 만족하는 듯한 서양인보다는 자식을 위해서라면 훨씬 더 희생할 각오가 되어 있는 자신들이 아이를 더 아끼는 것이다. 내 생각에는 양쪽 모두 오해하는 면이 없지 않다. 현명한 부모라면 자식에게 최선의 것을 주려고 하기 마련이다. 중국인들의 방식은 단지 개념이 완전히 다를 뿐이다.

서양인 부모는 자기 아이의 개성을 존중하고 아이가 진정한 열정의 대상을 찾도록 인도하며 그 애가 선택한 길을 지원하고 긍정적 강화 효과와 풍요로운 환경을 제공한다. 반면 중국인들은 아이가 미래를 준비하고 자신의 능력을 확인하며 아무도 빼앗아 갈 수 없는 기술과 일하는 습관과 자긍심으로 무장하게 만드는 것이 진정으로 아이를 위하는 최선책이라고 믿는다.

지나치게 '자유로운' 처사야말로
아이에게는 벌이다

룰루가 한숨을 쉬었다. 나는 아이들을 학교에서 차에 태워 집으로 데려가는 중이었는데, 기분이 언짢았다. 소피아가 6학년들의 '중세 축제Medieval Festival'가 다가온다고 일깨워 줬기 때문이다. 사립학교들이 내세우는 온갖 축제며 프로젝트는 내가 가장 질색하는 것이다. 사립학교들이 책을 통한 학습을 등한시하고 이른바 놀이학습을 추구하는 바람에 그것은 고스란히 부모의 몫으로 돌아온다.

나는 룰루의 '세계 일주 여권' 프로젝트 때문에 에콰도르 음식을 준비하고(빅사 오렐라나 가루를 넣어 네 시간 동안 끓인 닭고기 스튜에 튀긴 바나나를 곁들인 요리) 에콰도르 공예품을 사들이고(라마 나무조각 인형은 볼리비아산이지만 아무도 그 차이를 구분하지 못한다.) 룰루가 인터뷰할 진짜 에콰도르 사람(내가 고용한 대학원생)을 수배해야 했다. 룰루가 할 일은 여권(네 번 접어 '여권'이라는 라벨을 붙인 종이)을 만들고 세계 음식 축제에 참가하면 끝이었지만, 그 축제에 나올 백 개국 음식은 부모들이 준비해야 했다.

하지만 그것은 6학년의 핵심 행사인 중세 축제에 비하면 아무것도 아니었다. 모든 학생은 그 축제를 위해 중세 의상을 집에서 손수 만들어 가야 했는데, 그 옷은 몰래 빌려 오거나 너무 비싸 보여서는 안 됐다. 또한 학생들은 순전히 중세의 전통 요리법으로 만든 요리를 가져가야 했다. 마지막으로 중세의 집도 지어야 했다.

그날 잔뜩 짜증 난 상태에서 건축가로 누구를 고용할지(다른 학생의 부모를 고르는 불상사는 피해야 하므로.) 고민하고 있는데 룰루가 땅이 꺼져라 다시 한숨을 쉬었다. 룰루가 부럽다는 듯이 말했다.

"내 친구 마야는 얼마나 좋을까요. 걔는 애완동물이 정말 많아요. 앵무새 두 마리에 개 한 마리, 금붕어 한 마리."

나는 대답하지 않았다. 이미 소피아와 수없이 겪은 일이었다.

"게다가 기니피그도 두 마리나 되거든요."

"그래서 걔가 아직 바이올린 1권을 못 뗀 거야. 애완동물을 돌보느라 얼마나 바쁘겠니."

"나도 한 마리만 키워 봤으면."

"넌 이미 애완동물이 있어. 바이올린이 네 애완동물이야."

내가 딱딱거렸다.

나는 특별히 동물을 좋아하는 사람이 아니었고 어릴 때 애완동물을 키운 적도 없었다. 실태 조사를 엄밀히 한 적은 없지만 미국에 사는 중국계 이민자 가정은 대부분 애완동물을 키우지 않는 것 같다. 중국인 부모는 자기 아이를 닦달할 시간도 모자라기 때문에 애완동물을 키울 여력이 없다. 게다가 대개 형편도 넉넉지 못한 편이라(아버지는 구두 한

켤레로 팔 년을 버텼다.) 애완동물을 기르는 것은 사치다. 그 결과 중국인들은 동물, 특히 개에 대해 태도가 완전히 다르다.

개는 서양에서는 충실한 반려 동물 지위를 오랫동안 누려 온 반면 중국에서는 식탁에 오른다. 너무나 끔찍한 소리라서 특정 민족에 대한 음해처럼 들리지만 불행히도 사실이다. 개고기, 특히 강아지 고기는 중국에서 진미로 인정받고 있으며, 이는 한국에서도 마찬가지다. 나는 래시 ^{개와 소년의 우정을 다룬 영화 「래시」의 주인공 개}를 사랑했던 사람으로서 절대 개고기를 먹을 생각이 없다. 내가 좋아하는 소설 속 주인공 중에 『캐디 우드론 *Caddie Woodlawn* 』^{19세기 서부 개척기를 배경으로 말괄량이 소녀 캐디의 이야기를 다룬 소설}에 나오는, 보스턴에서 위스콘신까지 용케 길을 찾아서 돌아온 똑똑하고 충직한 개 네로도 있다. 하지만 개를 먹는 것과 기르는 것 사이에는 큰 차이가 있다. 나는 우리 집에서 개를 키워 볼 생각을 한 적이 한 번도 없었다. 그럴 필요를 못 느꼈으니까.

한편 룰루와 함께하는 바이올린 연습은 점차 가시밭길로 변해 갔다. 룰루는 이렇게 말하곤 했다.

"그만 좀 따라다니세요. 엄마는 꼭 볼드모트 ^{「해리 포터」 시리즈의 악인} 같아요. 엄마가 이렇게 딱 붙어 있으니까 연주를 할 수가 없잖아요."

나는 서양인 부모와는 다르게 내 자식이 나를 볼드모트 취급을 해도 개의치 않았다. 그저 집중하려고 노력했을 뿐이다. 그런 말을 들을 때마다 나는 이성적으로 대답했다.

"엄마가 작은 부탁 하나만 할 테니 들어주렴, 룰루. 아주 작은 거야. 그 소절을 다시 연주해 봐. 하지만 이번에는 비브라토가 완벽하게 균일하도록 하는 거야. 그리고 1포지션에서 3포지션으로 부드럽게 넘어가도록 해. 활을 모두 쓰는 걸 명심하고. 그 부분은 포르티시모로 연주하다가 활의 속도를 약간만 더 빠르게 해서 끝내야 하거든. 그리고 오른손 엄지는 구부리고 왼손 약지를 뻗지 않게 조심해. 자, 해 봐……. 시작."

룰루는 내 주문을 하나도 지키지 않는 것으로 응수했다. 내가 발끈해서 성을 내면 룰루는 이렇게 말했다.

"뭐라고 했어요? 다시 한 번 말씀해 주실래요?"

내가 지시를 내리면 룰루가 밴조^{미국 민속 음악이나 재즈에 쓰는 현악기}를 연주하는 것처럼 바이올린 줄을 잡아당겨 퉁 하고 튕길 때도 있었다. 더 심할 때는 밧줄을 던지는 것처럼 바이올린을 휘두르는 바람에 내가 기겁하며 비명을 지른 적도 있었다. 몸을 똑바로 펴고 바이올린을 더 들어 올리라는 내 말에, 룰루는 바닥에 풀썩 쓰러져서 혀를 쭉 내밀고 죽은 척하기도 했다. 그리고 "아직 끝나려면 멀었어요?" 하는 말을 입버릇처럼 했다.

하지만 그럴 때를 제외하면 룰루는 바이올린을 좋아하는 것 같았다. 나와 함께 연습을 끝내고 나서 혼자 더 연주하기도 했고, 힘든 시간을 모두 잊은 것처럼 온 집 안을 아름다운 바이올린 선율로 채우기도 했다. 내게 바이올린을 학교에 가져다 달라고 한 날에는 수업 시간에 바이올린을 연주하고 나서 상기되고 기쁜 얼굴로 돌아오기도 했다. 때로는 컴퓨터 앞에 앉아 있는 내게 달려와서 품에 와락 안기며 말했다.

"엄마, 그 바흐 곡에서 내가 가장 좋아하는 마디가 어디인지 맞춰 보세요!"

내가 답을 말하면(내 정답 확률은 70퍼센트 정도였다.) 룰루는 "어떻게 알았어요?" 하거나 "아뇨, 바로 이 부분이에요……. 멋지지 않아요?" 하고 말했다.

그런 시간이 없었다면 아마 나는 포기했을 것이다. 뭐, 아닐 수도 있지만. 어쨌든 나는 소피아와 피아노의 경우에서처럼 룰루와 바이올린에 대해서도 기대치를 최대한 높였다. 나는 룰루가 '그레이터 뉴헤이번 협주곡 대회'에 나가서 우승을 하고 바텔 채플에서 독주자로 연주하기를 바랐다. 가장 좋은 청년 오케스트라의 콘서트마스터^{제일바이올린의 수}^{석 주자}, 우리 주^州에서 가장 뛰어난 바이올린 연주자가 되기를 바랐다. 그리고 거기에서 멈추지 않기를 바랐다. 나는 룰루가 행복할 수 있는 길은 오직 그것뿐이라는 것을 알았다. 그래서 룰루가 나와 입씨름을 벌이고 건성으로 연주하고 익살을 부리느라 시간을 낭비하면 할수록 나는 그만큼 연습 시간을 더 늘렸다. 나는 룰루에게 말했다.

"시간이 아무리 오래 걸려도 이 곡을 제대로 연주해야 해. 모두 너에게 달렸어. 필요하다면 한밤중까지 여기 있어야 해."

그러다가 진짜 한밤중이 되는 날도 있었다.

어느 날 룰루가 말했다.

"내 친구 다니엘라는 내가 얼마나 연습을 많이 하는지 알고 깜짝 놀랐어요. 믿을 수가 없대요. 내가 하루에 여섯 시간씩 연습한다고 했더니 걔가……."

여기서 룰루는 입이 딱 벌어진 다니엘라를 흉내 냈다.

"그냥 여섯 시간이라고만 말하면 안 돼, 룰루. 그러면 걔가 오해할거야. 넌 그 여섯 시간 중에 다섯 시간은 딴짓을 하잖아."

룰루는 내 말에 아랑곳하지 않았다.

"다니엘라는 내가 정말 불쌍하대요. 시간이 나면 뭘 하냐고 묻기에 놀 시간이 전혀 없다고 했어요. 왜냐하면 나는 중국인이니까요."

나는 입술을 깨물며 아무 말도 하지 않았다. 룰루는 언제나 동맹군을 모으고 군대를 소집했다. 하지만 나는 개의치 않았다. 미국에서는 모든 사람이 그 애 편이었다. 또래 집단의 압력peer pressure 따위에 흔들릴 내가 아니었다. 물론 드물게 그런 일에 흔들릴 때도 있었고, 그러고 나면 꼭 후회했다.

내가 소피아에게 친구 집에서 자고 오는 것을 허락했을 때도 그랬다. 그것은 예외적인 일이었다. 내가 어렸을 때 어머니는 이렇게 말하곤 했다.

"왜 남의 집에 가서 자려고 하니? 우리 집에 무슨 문제라도 있어?"

나는 부모가 되고 나서 그 점에 대해 같은 입장을 견지했지만, 그때는 소피아가 어찌나 애원하고 또 애원하는지 나답지 않게 마음이 약해져서 항복하고 말았다. 그런데 다음 날 아침 소피아가 지친 데다 심통이 나서 집에 돌아왔다. 알고 보면 모든 아이들이 친구 집에서 재미있게 놀다가 자고 오는 것은 아니다. 부모들의 자유분방한 처사가 자칫 아이들에게 벌주는 것과 같은 결과를 낳을 수도 있다. 나는 소피아에게 캐물은 결과 다음과 같은 사실을 알아냈다. A와 B와 C가 D를 따돌렸다. B는 E가 다른 방에 있을 때 E에 대해 심한 욕을 했다. 열두 살인 F는 밤새 자신의 성적性的 업적에 대해 늘어놓았다. 굳이 소피아를 서양 사회의 가장 어두운 면에 노출시킬 필요는 없었다. 나는 "아이들은 탐험을 해야 한다."라느니 "아이들은 실수하면서 큰다." 같은 진부한 말에 현혹되어 갈팡질팡할 생각이 없었다.

중국인이 서양인과 다르게 행동하는 점은 많다. 예를 들어 가산점을 받는 문제만 봐도 그렇다. 한번은 룰루가 학교에서 돌아와 방금 보고 온 수학 시험에 대해 말했다. 룰루는 시험을 정말 잘 친 것 같아서 가산점을 딸 필요가 없었다고 말했다.

나는 이해가 되지 않아서 잠시 입을 다물고 있다가 물었다.

"왜 필요 없다는 거니? 왜 가산점이 필요하지 않아?"

"쉬는 시간을 놓치고 싶지 않았어요."

항상 가산점을 따는 것은 중국인의 신조이다.

내가 그렇게 설명하자 룰루가 물었다.

"왜요?"

내게 그 질문은 왜 숨을 쉬냐고 묻는 것과 같았다.

"내 친구들은 아무도 안 그래요."

"그건 사실이 아니야. 엄마는 에이미와 주노가 가산점을 딴다고 100퍼센트 확신해."

에이미와 주노는 룰루와 같은 반인 동양계 아이들이었다. 내 말은 사실이었고 룰루도 그것을 인정했다.

"그런데 라샤드와 이언도 가산점을 땄지만 걔들은 동양인이 아니잖아요."

"아하! 네 친구들 중에는 가산점을 **따는** 아이가 정말 많구나! 그리고 엄마는 오직 동양인 애들만 가산점을 딴다고 말하지 않았어. 훌륭한 부모를 둔 사람이라면 네가 가산점을 따야 한다고 생각할 거야. 엄마는 정말 충격 받았어, 룰루. 선생님이 너를 어떻게 생각하시겠니, 응? **가산점**을 따지 않고 **놀러** 간 너를?"

나는 눈물을 글썽였다.

"가산점은 **추가**로 받는 게 아니야. 그냥 **점수**지. 좋은 학생과 나쁜 학생을 구분 짓는 기준이기도 하고."

"음……. 쉬는 시간이 너무 재미있단 말이에요."

룰루가 마지막 반격을 가했다. 하지만 그때부터 룰루는 소피아처럼 항상 가산점을 땄다. 가끔 여자애들은 원래 시험 성적보다 더 많은 가산점을 따기도 하는데, 이런 불합리한 일이 중국에서는 일어나지 않는다. 가산점은 동양 아이들이 미국에서 성적이 좋다는 소문이 퍼지는 이유들 가운데 하나이다.

그 이유 중에는 무조건 외우기도 있다. 소피아가 5학년 때 금요일마다 선생님이 내는 곱셈 빨리하기 시험에서 2등을 한 적이 있는데, 그때 1등은 윤석이라는 한국 학생이었다. 나는 그다음 주 내내 매일 밤 초시계를 들고 시간을 재며 소피아에게 모의시험을(한 번에 문제 100개씩) 보게 했다. 그 후로 소피아는 1등을 놓치지 않았다. 불쌍한 윤석이. 그 아이는 가족과 함께 한국으로 돌아갔지만 곱셈 시험 때문은 아니었을 것이다.

누구보다 더 많이 연습하는 것 역시 동양 아이들이 정상급 음악 학교에서 이름을 날리는 이유이다. 룰루가 토요일마다 놀라운 발전 속도로 슈가르트 선생님을 계속 감동시킬 수 있었던 것도 바로 그 때문이었다. 선생님은 이런 말을 자주 했다.

"정말 빨리 배우는구나. 넌 위대한 바이올린 연주자가 될 거야."

2005년 가을, 룰루가 아홉 살 때 슈가르트 선생님이 말했다.

"룰루, 이제 협주곡을 연주해도 될 것 같구나. 스즈키 교본은 잠시 쉬는 게 어떻겠니?"

선생님이 룰루에게 골라 준 곡은 비오티[이탈리아의 바이올린 연주자 겸 작곡가]의 「협주곡 23번 사장조」였다.

"정말 열심히 하면, 룰루, 장담하건대 이번 겨울 발표회에서 그 곡을 연주할 수 있을 거야. 다만 문제는……."

슈가르트 선생님이 신중하게 덧붙였다.

"이 곡에는 어려운 카덴차가 있어."

선생님은 꾀가 많은 데다 룰루가 어떤 아이인지 잘 알았다. 카덴차는 대개 협주곡 마지막에 독주자가 홀로 연주하는 부분이다.

"네가 실력을 마음껏 뽐낼 수 있는 기회가 될 거야. 하지만 대단히 긴 데다 어려워. 네 또래 아이들은 연주하지 못할 정도로."

룰루가 흥미를 보였다.

"얼마나 긴데요?"

"카덴차? 아, 아주 길지. 한 쪽 정도."

"할 수 있을 것 같아요."

룰루는 자신감에 차 있었고 내가 억지로 시키지 않은 이상 도전을 좋아했다.

우리는 비오티에 몰입했고 전쟁은 한층 더 격렬해졌다.

"진정하세요, 엄마. 엄마의 히스테리랑 온갖 이상한 소리가 다시 시작됐단 말이에요. 연습할 시간은 아직 한 달이나 남았어요."

룰루가 쏘아붙였다. 하지만 내 머릿속은 앞으로 할 일에 대한 생각으로 가득했다. 그 곡은 비오티 가운데 비교적 쉬운 편에 속했지만 룰루가 그동안 접했던 곡들보다는 난이도가 훨씬 높았다. 카덴차 부분에 줄 사이를 빠르게 가로지르는 것은 물론이고 이른바 '더블 스톱' 혹은 '트리플 스톱'(다른 줄을 두세 개씩 동시에 연주하는, 피아노의 화음에 해당하는 기교)이 많아서 정확한 음을 내기가 어려웠다.

룰루가 그 카덴차를 훌륭하게 해내기를 바라는 내 바람은 집착으로 발전했다. 그 비오티 곡의 나머지 부분은 (다소 현학적인 부분이 있기는 해도) 대체로 괜찮았다. 하지만 슈가르트 선생님 말대로 그 곡의 백미는 카덴차였다. 발표회를 한 주 남겨 놓고 룰루는 카덴차를 탁월하게 연주할 가능성을 보이기 시작했다. 멜로디 부분을 훌륭하게 연주해 낸 것이다. 그 부분이 룰루의 감성을 자극하는 모양이었다. 반면 정확한 기교를 요구하는 부분은 그에 미치지 못했다. 특히 연속 더블 스톱으로 줄 사이를 가로지르는 드라마틱한 마지막 부분이 약했다. 그 부분이 잘되고 안 되고는 날마다 달라서 종잡을 수가 없었다. 룰루가 기분이 좋고 집중력이 좋을 때는 완벽해졌다가, 기분이 나쁘거나 산만할 때는 밋밋해졌다. 가장 어려운 점은 내가 아이의 기분을 통제할 수 없다는 것이었다.

그때 번뜩이는 묘안이 하늘의 계시처럼 뇌리를 스쳤다.

"룰루, 엄마가 제안할 게 있어."

"어휴, 또 시작이네."

룰루가 투덜댔다.

"이건 좋은 거야, 룰루. 너도 좋아할 거야."

"뭔데요? 두 시간 연속으로 연습하기 전에는 계속 서 있기, 뭐 이런 거요? 고맙지만 사양할게요, 엄마."

"룰루, 일단 들어 봐. 다음 주 토요일에 그 카덴차를 진짜 잘 연주하면, 이제까지의 네 연주를 훌쩍 뛰어넘을 정도로 잘하면 말이다, 네가 입이 딱 벌어질 만한 걸 줄게. 이걸 받으면 **넌 아마 너무 좋아서 팔짝팔짝 뛸걸.**"

룰루가 코웃음을 쳤다.

"과자 같은 거요? 아니면 오 분 동안 컴퓨터게임 하기요?"

나는 고개를 저었다.

"너무 근사해서 도저히 거절할 수 없는 거."

"엄마 아빠랑 놀러 가기?"

나는 고개를 저었다.

"초콜릿?"

나는 다시 고개를 저었다. 이제 내가 코웃음 칠 차례였다.

"어디 네가 **초콜릿** 하나로 넘어갈 애야? 나는 그보다는 널 더 잘 알아, 룰루. 엄마가 뭘 생각하고 있는지 넌 죽었다 깨어나도 모를 거야."

내 생각은 적중했다. 룰루는 그것이 뭔지 맞추지 못했다. 주어진 사실만으로 추측하기에는 가능성의 범위가 너무 넓었기 때문이다.

결국 내가 룰루에게 정답을 말했다.

"애완동물. 개. 다음 주 토요일에 카덴차를 멋지게 해내면, 우리 집에 개가 생기는 거야."

룰루는 난생처음으로 놀라서 말을 다 더듬었다.

"어……. 개요?"

룰루가 되묻고는 의심스럽다는 듯이 덧붙였다.

"살아 있는 개요?"

"응. 강아지. 개 종류는 너랑 소피아가 정하렴."

내 꾀에 내가 넘어가는 순간이었다. 그때 나는 그로 인해 우리 인생이 완전히 바뀌리라는 것을 전혀 예상하지 못했다.

2부

~

타이거 마더가 되라

"호랑이과 사람들은 언제나 긴장을 늦추지 않고 서두른다.
자신만만한 그들은 때로 자신감이 너무 넘쳐흐르기도 한다.
이들은 복종받는 것을 좋아하며 그 외의 다른 길을 알지 못한다.
호랑이과 사람들에게 적합한 직업은
광고 대행업자, 사무 관리직, 여행사 직원,
배우, 작가, 비행기 조종사, 승무원,
음악가, 코미디언, 운수업체 경영자 등이 있다."

애완동물 '중국식'으로
길들이기

우리 집 개 코코는 나에게는 첫 애완동물이지만 제드에게는 아니다. 제드는 어렸을 때 프리스키라는 잡종 개를 키운 적이 있는데, 평소 잘 짖어 댔던 프리스키는 제드의 가족이 휴가를 간 사이 사악한 이웃들 손에 끌려가 저세상으로 갔다. 그 후로 제드는 의심이 많아졌다. 물론 어쩌면 프리스키는 길을 잃고 헤매다가 워싱턴의 어떤 화목한 가정에 입양되었을 수도 있다.

엄밀히 말하면 코코는 소피아와 룰루의 첫 애완동물도 아니다. 예전에 잠깐이나마 애완동물을 기르며 골치를 썩은 적이 있기 때문이다. 딸들이 아주 어렸을 때, 제드가 휘기와 토리라는 애완용 토끼 한 쌍을 아이들에게 사 준 적이 있다. 나는 처음부터 그 토끼들이 싫었기 때문에 아예 신경을 끊어 버렸다. 그 토끼들은 영리하지도 않았고 사람들의 말과는 전혀 달랐다. 애완동물 가게 사람은 제드에게 걔들이 네덜란드 드워프dwarf 토끼라서 앙증맞은 모습을 유지할 거라고 했지만, 거짓말이었다. 토끼들은 불과 몇 주 만에 거대한 뚱보가 되어 버렸다. 개들은 스모 선수처럼 뒤뚱거리면서 비좁은 가로세로 60×90센티미터 우리 안을 간신히 돌아다녔다. 게다가 두 마리 모두 수컷이었는데도 계속 서로에게 짝짓기를 시도하는 바람에 제드는 입장이 난처해졌다. "쟤들 뭐 하는 거예요, 아빠?" 하고 딸들이 자꾸 물었기 때문이다. 결국 그 토끼들은 쥐도 새도 모르게 도망쳐 버렸다.

코코는 하얀 털이 북슬북슬한 사모예드 종 암컷으로 몸집은 시베리아허스키와 비슷하고 눈은 암갈색이다. 사모예드는 웃는 얼굴과 등 위로 말려 올라간 탐스러운 꼬리로 유명하다. 코코는 사모예드 특유의 미소와 눈부시게 새하얀 털을 가지고 있다. 어떤 이유에서인지 코코의 꼬리는 다소 짧은 편이라 길다기보다는 동그란 털 뭉치에 더 가깝지만 그래도 여전히 매혹적이고 아름답다. 과학적으로 증명된 사실은 아니지만 사모예드는 늑대의 후손이면서도 늑대와는 성격이 정반대라고 한다. 그들은 애교가 많고 점잖으며 다정하고 사랑스러운 성격 때문에 집 지키는 개로는 적합하지 않다. 원산지는 시베리아이며, 낮에는 썰매를 끌고 밤에는 이불이 되어 주인의 몸을 덥혀 준다. 우리 코코도 겨울 동안 똑같은 방식으로 가족들의 몸을 따뜻하게 해 준다. 사모예드의 또 다른 장점은 개 특유의 체취가 없다는 것이다. 코코에게는 깨끗하고 신선한 지푸라기 냄새가 난다.

코코는 2006년 1월에 태어났다. 한 배에서 난 새끼들 중에서 제일 꼬맹이였기 때문에 유달리 소심했다. 태어난 지 세 달 만에 우리 집으로 오던 날, 코코는 오들오들 떠는 하얀 털 뭉치 같았다.(사모예드 새끼는 북극곰 새끼와 흡사하게 생겼는데, 세상에서 제일 귀엽다.) 코코는 집으로 오는 자동차 안에서 개 우리 구석에 몸을 웅크린 채 달달 떨었다. 집에 와서는 너무 겁에 질린 나머지 아무것도 먹지 못했다. 그때까지만 해도 코코는 또래 사모예드 새끼들에 비해 몸이 10퍼센트 정도 더 작았다. 게다가 천둥소리며 화난 목소리, 고양이, 작고 앙칼진 개까지 무서워했고, 집 뒤쪽에 있는 좁은 계단도 내려가려고 하지 않았다. 한마디로 코코는 무리의 우두머리와는 거리가 멀었다.

그런 상황에서, 개를 키우는 일에 대해 아무것도 몰랐던 나는 코코를 중국식으로 키워야겠다는 직감이 들었다. 숫자를 세고 응급처치를 할 줄 아는 개에 관해 들어 본 적이 있는 데다 코코를 분양한 사람이 사모예드가 대단히 영리한 개라고 말했기 때문이다. 게다가 나는 유명한 사모예드에 대한 이야기를 많이 들어서 알고 있었다. 카이파스와 수겐은 1895년 탐험가 프리드쇼프 난센이 북극에 도착했을 때 앞장선 개들이었다. 1911년 세계 최초로 성공한 남극 탐험대와 함께한 개들의 우두머리 역시 사모예드 종이었다. 나는 놀라우리만치 재빠르고 민첩한 코코에게서 발전 가능성을 봤다. 제드가 코코는 성취욕이 많은 성격이 아니며 애완견은 가장 높은 단계까지 꼭 올라가지 않아도 된다고 점잖게 지적할수록, 반대로 나는 코코에게 숨은 재능이 있다는 확신이 들었다.

나는 광범위한 조사에 착수했다. 책을 엄청나게 사들였는데, 특히 뉴스킷 수도원의 수도사들이 쓴 『뉴스킷 수도원의 강아지들 _The Art of Raising a Puppy_』이 마음에 들었다. 개를 기르는 이웃들과 친해진 덕분에 개들을 위한 공원과 개들의 활동에 관한 유용한 조언도 얻을 수 있었다. 나는 한 훈련소를 찾아내서 고급 훈련 단계로 가기 전에 거쳐야 하는 초급

반에 등록했다.

하지만 대소변을 가리는 기본적인 문제에서부터 난관에 봉착했다. 내가 생각했던 것보다 쉬운 일이 아니어서 그 문제를 해결하는 데만 몇 달이 걸렸다. 결국 우리는 성공했다. 코코가 급할 때마다 문 앞으로 달려가서 신호를 보내는 모습은 그야말로 기적처럼 보였다.

그 무렵 나와 다른 가족들 사이에 의견 충돌이 발생했다. 코코가 완전히 배운 것은 화장실에 들어가서 깔개를 밟지 않는 것뿐이었는데도 제드와 소피아, 룰루는 훈련은 그만하면 충분하다고 생각하는 듯했다. 그들이 원하는 것은 코코를 껴안고 쓰다듬고 우리 집 마당에서 함께 노는 일뿐이었다. 내가 납득하지 못하겠다는 표정을 지으면, 제드는 코코가 이미 앉으라는 말도 잘 알아듣고 공도 물어 오고 프리스비 놀이도 잘한다는 점을 지적했다.

그러나 안타깝게도 코코가 할 줄 아는 것은 그게 전부였다. 코코는 불러도 오지 않았다. 게다가 제드가 명령하지 않는 이상 "안 돼."라고 저지해도 말을 듣지 않았고 연필이며 디브이디, 예쁜 내 신발을 모두 씹어 놓았다. 우리 집에서 만찬이 열리는 날에는 부엌에서 잠자는 척하다가 전채 요리가 거실로 나오는 순간 쏜살같이 달려와서 파테^{고기나 생} ^{선을 곱게 갈아 빵에 발라 먹는 것} 그릇을 덥석 물고 달아났다. 코코가 펄쩍펄쩍 뛰고 뱅글뱅글 도는 동안 파테는 사방으로 튀다가 그것을 우적우적 먹어 치우는 녀석의 배 속으로 급격히 빨려 들어갔다. 녀석이 어찌나 빠른지 잡을 수도 없었다.

코코는 걸어 다니지도 않았다. 무조건 전속력으로 질주했다. 코코를 산책시키는 사람은 언제나 나였기 때문에 그것은 큰 문제였다. 나는 시속 80킬로미터로 끌려가다가 종종 나무줄기나(녀석이 다람쥐를 쫓을 때) 어느 집 차고 문에(역시나 다람쥐를 쫓을 때) 곤두박질치기도 했다. 나는 그 사실을 가족들에게 지적했지만 아무도 신경 쓰는 것 같지 않았다.

"전 시간 없어요……. 피아노 연습해야 해요."

소피아가 말했다.

"코코가 왜 산책을 해야 하는데요?"

룰루가 물었다.

어느 날 내가 '산책'을 나갔다가 팔뚝을 여기저기 긁히고 무릎에 풀물이 들어서 돌아왔을 때 제드가 말했다.

"그건 사모예드의 천성이기 때문에 어쩔 수 없어. 코코는 당신이 썰매인 줄 알고 당신을 끌려고 하는 거야. 녀석에게 걷는 법을 가르칠 생각일랑 그냥 접으라고. 썰매를 하나 구하는 게 어때? 당신이 썰매에 앉으면 코코가 당신을 끌고 다닐 수 있잖아?"

하지만 나는 개가 끄는 썰매나 타는 이웃이 되고 싶지 않았다. 그리고 포기할 생각도 없었다. 다른 집 개들은 걸어 다니는데 우리 개는 왜 안 돼? 그래서 나는 홀로 도전을 감행했다. 코코를 데리고 우리 집 진입로를 왕복하면서 코코가 줄을 끌어당기지 않으면 그 대가로 육포 조각을 주었다. 녀석이 복종하지 않으면 낮지만 사납게 으르렁대는 소리를 냈고, 말을 들으면 코코가 좋아하는 높은 목소리를 냈다. 녀석을 데리고 산책을 나가면 목줄이 팽팽해질 때마다 걸음을 멈추고 30까지 셌기 때문에 반 구역 정도를 걷는 데 하루 종일 걸렸다. 결국 모든 노력이 수포로 돌아갔고, 나는 사모예드를 키우는 어떤 사람의 조언을 받아들여 개가 줄을 당기면 가슴을 압박하는 줄을 사서 코코에게 채웠다.

그 무렵, 나의 매력적인 친구 알렉시스와 조든이 보스턴에서 우아한 검정개 밀리와 배스처를 데리고 우리 집에 놀러 왔다. 밀리와 배스처는 한 배에서 태어난 자매로 오스트레일리아 셰퍼드 종이었는데, 코코와 나이가 같았지만 몸집은 더 작고 날씬했다. 밀리와 배스처는 정말 영민했다. 양치기 개답게 자기들끼리 똘똘 뭉쳐서는 코코를 양몰이 하려고 했다. 코코는 생긴 것도 양과 비슷한 데다 밀리와 배스처 옆에서는 행동하는 것이 양이나 다름없었다. 밀리와 배스처는 항상 꾀를 썼다. 문을 열거나 스파게티 상자를 여는 등 코코가 한 번도 한 적이 없는 일들을 척척 해냈다.

그날 저녁 나는 술을 한잔하면서 알렉시스에게 말했다.

"세상에, 밀리와 배스처가 우리 집 마당 수도꼭지를 틀어 호스에서 물을 받아먹었다는 게 아직도 믿기지 않아. 정말 대단해."

알렉시스가 대답했다.

"오스트레일리아 셰퍼드는 보더 콜리와 비슷해. 원래 양치기 개였기 때문에 대단히 영리한 것 같아. 완전히 믿을 수는 없지만 인터넷에 떠도는 순위가 아주 높더라고."

"순위? 무슨 순위?"

내가 와인을 한 잔 더 따르면서 물었다.

"사모예드는 몇 위인데?"

"음……. 그건 기억이 안 나는데. 지능만으로 개들의 순위를 매긴다는 건 좀 바보 같은 일이야. 난 그런 거 신경 안 써."

알렉시스가 불편하다는 듯이 말했다.

알렉시스와 조든이 떠나자마자 나는 컴퓨터로 달려가 인터넷에서 '개 지능과 순위'를 검색했다. 대부분 브리티시 컬럼비아 대학의 신경 심리학자 스탠리 코렌 박사가 만든 '가장 똑똑한 개 10'이라는 목록이 었다. 나는 초조하게 '사모예드'가 나타나기만을 기대하면서 그 목록을 훑어봤다. 없었다. 나는 그 밖의 순위가 포함된 목록을 찾아냈다. 사모예드는 일흔아홉 종 중에서 33위로, 최소한 가장 우둔한 개는 아니었지만(꼴찌의 영광은 아프간하운드가 차지했다.) 누가 봐도 평균에 불과했다.

이런 낭패가 있나. 나는 사모예드에 초점을 맞춰 조사를 더 해 보았다. 천만다행으로 그것은 오해에 불과했다. 사모예드 전문가들이 자신들의 홈페이지에서 밝힌 바에 따르면, 사모예드는 지능이 대단히 높았다. 그들이 개 지능검사에서 두각을 나타내지 못하는 이유는 테스트 자체가 훈련성에 기반을 두고 있기 때문이었다. 사모예드는 훈련하기 어렵기로 명성이 자자했다. 그 이유는? **유달리 밝은** 성격 때문에 말을 잘 듣지 않는 성향이 강하기 때문이다. 이에 관해 마이클 D. 존스는 아주 명쾌하게 설명하고 있다.

이들은 지능은 높지만 성격이 독립적이어서 훈련이 어려운 견종이다. 예를 들어 골드 레트리버는 주인을 위해 일하지만, 사모예드는 주인과 '함께' 일하거나 그렇지 않으면 아예 일하지 않는다. 이 개를 훈련하려면 먼저 개에게 존경을 받아야 한다. 이들은 빨리 배운다. 관건은 이들이 지루함을 느끼기 전에 얌전히 행동하도록 가르치는 것이다. 사모예드는 이런 성격 때문에 '기존의 복종 개념을 벗어난 개'라는 별명을 얻었다.

다른 사실도 알아냈다. 유명한 노르웨이 탐험가이자 노벨 평화상 수상자인 프리드쇼프 난센은 1895년 북극 문턱까지 도달했던 탐험을 떠나기에 앞서 개를 대상으로 광범위한 비교 연구를 시행했다. 그가 발견한 사실에 따르면 "**사모예드는** 어떤 상황에서든 **다른 어느 견종보다** 의지력과 집중력, 인내심, 일하고자 하는 본능적 욕구가 **강하다.**"

말하자면 스탠리 코렌 '박사'의 '연구'와는 반대로, 사모예드는 지능이 탁월하고 근면하며 다른 견종보다 집중력과 의지력이 더 좋다는 것이다. 나는 사기가 올랐다. 내가 좋아하는 성격을 모두 골라 모아 놓은 것 같았다. 고집만 세고 반항적이었다면 속수무책이었을 텐데 말이다.

어느 저녁 여느 때처럼 딸들과 고성이 오가는 음악 훈련을 끝내고 나서 제드와 말다툼을 벌였다. 제드는 언제나 나를 지지했지만 내가 너무 몰아붙인다면서 집 안에 긴장감이 너무 심하게 돌고 숨 쉴 여유가 없다고 걱정했다. 나는 그가 너무 이기적이고 오로지 자기 생각만 한다고 응수했다. 내가 공격했다.

"당신 머릿속엔 책 쓰는 일과 당신 미래밖에 없잖아. 당신이 꿈꾸는 소피아의 미래는 뭐지? 룰루의 미래는? 그에 대해 생각한 적이 있기나 해? 코코를 위한 꿈은?"

제드의 얼굴에 이상한 표정이 스치더니, 잠시 후 그가 웃음을 터뜨리며 내 정수리에 애정을 담아 입을 맞췄다. 그가 다정하게 말했다.

"코코를 위한 꿈이라……. 그거 진짜 이상하게 들려, 에이미. 걱정 마. 우리는 어떻게든 해낼 거야."

나는 그 말이 뭐가 그리 이상하다는 건지 이해가 되지 않았지만 우리가 말다툼을 끝냈다는 사실에 마음이 놓였다.

연습, 연습,
그리고 또 연습

아마 나는 설교하는 성향이 다소 강한 것 같다. 많은 설교자들이 그렇듯 좋아하는 몇몇 주제를 몇 번이고 반복한다. 예를 들면 내 반지방주의 강의 시리즈가 그중 하나다. 나는 그 문제를 생각만 해도 울컥한다.

나는 소피아나 룰루가 외국인의 이름을 듣고(그것이 프레크 드 호르트이든 곽검이든) 깔깔거릴 때마다 버럭 성을 내며 쏘아붙인다.

"지금 네가 얼마나 무식하고 편협해 보이는지 알아? 자스민더와 파르민더는 인도에서 흔한 이름이야. 그리고 너희는 우리 집안 출신이란 말이다! 이렇게 망신스러울 때가 있나. 엄마의 외할아버지는 이름이 '고가용'이었어. 그것도 웃기니? 네게 그런 이름을 붙여 줄 걸 그랬구나. 절대 이름으로 사람을 평가하지 마."

딸들이 외국인 말투가 이상하다고 누군가를 놀렸을 것이라고 생각하지는 않지만, 만약 내가 개입하지 않았다면 그런 일이 벌어지지 않왔다고 장담할 수 없다. 아이들은 끔찍할 정도로 잔인해질 수 있다. 나는 그 애들에게 여러 번 훈계했다.

"외국인 말투를 절대 절대 놀리지 마. 외국인 말투가 뭘 의미하는지 알아? 바로 용기를 상징해. 그들은 바다를 건너 이 나라에 온 사람들이야. 네 외할아버지와 외할머니 말투도 외국인 같았어. 엄마도 그랬고. 엄마는 유치원에 들어갔을 때 영어를 한마디도 못했어. 그래서 초등학교 3학년 때까지 반 아이들에게 놀림을 받았지. 그 애들이 지금 어떻게 됐는 줄 알아? 수위가 됐어."

"엄마가 어떻게 아세요?"

소피아가 물었다.

"그건 중요한 게 아니야. 그보다는, 소피아, 네가 중국으로 이사를 가면 기분이 어떨지 한번 생각해 보렴. 네 말투가 얼마나 완벽할 것 같니? 나는 네가 편협한 미국인이 되지 않기를 바라. 너는 미국인들이 얼마나 뚱뚱한지 알아? 본토 중국인들은 삼천 년 동안 날씬했다가 최근에 갑자기 뚱뚱해지기 시작했어. 왜냐하면 켄터키 프라이드치킨을 먹고 있기 때문이지."

"잠깐만요. 엄마가 어렸을 때 너무 뚱뚱해서 가게에서 파는 옷이 아무것도 맞지 않아 할머니가 엄마 옷을 지어 줬다고 말씀하셨잖아요?"

"맞아."

"그런데 엄마는 할머니가 만든 국수며 만두를 너무 많이 먹어서 그렇게 뚱뚱해진 거라고 하셨잖아요. **만두를 마흔다섯 개나 먹은 적도 있었다면서요?**"

"그랬지. 할아버지는 엄마를 대견해하셨어. 엄마가 할아버지보다 만두를 열 개나 더 먹었으니까. 그리고 이모 미셸보다 세 배나 더 많이 먹었고. 이모는 비쩍 말랐더랬어."

"그렇다면 엄마는 중국 음식을 먹고 뚱뚱해졌다는 말이잖아요."

소피아가 강조했다.

내 말에 논리성이 부족했던 것 같다. 하지만 나는 요점은 그게 아니라고 설명했다. 나는 세계주의를 중시하고 딸들이 다양한 문화를 접하도록 노력한다. 제드와 나는 어디를 여행하든 항상 딸들을 데려갔다. 그래서 딸들이 어렸을 때는 비용 때문에 모두 한 침대에서 잔 적도 있었다. 그 결과 딸들은 각각 열두 살, 아홉 살이 되었을 무렵에는 런던, 파리, 니스, 로마, 베네치아, 밀라노, 암스테르담, 헤이그, 바르셀로나, 마드리드, 말라가, 리히텐슈타인, 모나코, 뮌헨, 더블린, 브뤼셀, 브뤼주, 스트라스부르, 베이징, 상하이, 도쿄, 홍콩, 마닐라, 이스탄불, 멕시코시티, 칸쿤, 부에노스아이레스, 산티아고, 리오데자네이루, 상파울루, 라파스, 수크레, 코차밤바, 자메이카, 탕헤르, 페스, 요하네스버그, 케이프타운, 지브롤터 암벽을 다녀왔다.

우리 네 사람은 일 년 내내 여행에 대한 기대감에 차 있었다. 가끔은 친정 부모님과 신디의 해외여행과 겹치도록 일정을 조정했고, 우리 일곱 사람은 제드가 운전하는 커다란 밴을 타고 함께 여행하기도 했다. 우리는 행인들이 우리의 이상한 인종 조합에 고개를 갸웃거리며 빤히 쳐다보는 것을 보면서 낄낄거리기도 했다.(제드는 동양인 가족에게 입양된 백인 아들? 아니면 나머지 사람들을 노예로 팔아넘기려는 인신매매범?) 부모님은 나를 키울 때와는 달리 소피아와 룰루에게 터무니없이 너그럽게 맹목적인 애정을 퍼부었고, 소피아와 룰루는 그런 외할아버지와 외할머니를 무척이나 따랐다.

딸들은 특히 외할아버지에게 매료되었다. 아이들은 이제까지 우리 아버지 같은 사람을 만나 본 적이 없었다. 아버지는 골목 안으로 사라졌다가 상하이에서는 만둣국을, 니스에서는 소카^{매운 향신료를 넣은 프랑스 케이크} 같은 그 고장 특산품을 한 아름 안고 불쑥 돌아왔다.(아버지는 뭐든 일단 시도했다. 서양 식당에 가면 종종 주요리를 두 가지 주문했다.) 황당한 상황들이 우리 앞에 끊임없이 이어졌다. 산꼭대기 길을 가다가 기름이 떨어지기도 했고, 모로코 밀수업자들과 같은 기차 칸에 탄 적도 있었다. 우리는 짜릿한 모험을 즐겼고, 그 시절은 우리 모두의 소중한 추억이 되었다.

딱 한 가지가 문제였다. 연습.

딸들은 집에 있을 때는 단 하루도 피아노나 바이올린 연습을 거르지 않았다. 심지어 생일에도, 아플 때에도(애드빌^{진통 소염제}), 치과에서 치료를 받고 온 날에도(코데인이 들어 있는 타이레놀3) 예외가 아니었다. 나는 여행을 한다고 해서 연습을 빼먹을 이유는 없다고 생각했다. 부모님이 반대해도 내 생각은 변함없었다. 부모님은 고개를 절레절레 흔들며 이렇게 말하곤 했다.

"미쳤구나. 애들이 마음껏 휴가를 즐기게 놔둬. 며칠 연습을 안 한다고 큰일 나진 않아."

하지만 진지한 음악가에게 그런 식은 통하지 않는다. 룰루의 바이올린 스승 슈가르트 선생님은 이런 말을 한 적이 있다.

"연습을 하루 하지 않을 때마다 실력이 그 하루만큼 나빠진단다."

나 역시 딸들에게 이렇게 지적했다.

"우리가 휴가를 즐기고 있을 때 김 씨네 아이들은 뭘 하는 줄 아니? 연습이야. 김 씨네 가족은 휴가를 떠나지 않거든. 그들이 우리보다 앞서 나갔으면 좋겠니?"

룰루의 경우에는 악기를 휴대하기가 편했다. 바이올린을 룰루의 여행 가방 안에 넣어 비행기 좌석 위 짐칸에 올리면 딱 맞았다. 소피아는 문제가 더 복잡했다. 미국 안에서 여행할 때는 장거리전화 두세 통으로 대개 문제를 해결할 수 있었다. 미국 호텔에는 어디를 가나 피아노가 있는 것 같았다. 일반적으로 호텔 로비의 바에 한 대, 그리고 회의장에 적어도 두 대가 있었다. 나는 미리 호텔의 안내 직원에게 전화를 걸어서 시카고 마리오트 호텔 그랜드 볼룸을 아침 6시부터 8시까지, 혹은 패서디나 랭햄 호텔 웬트워스 룸을 밤 10시부터 자정까지 예약하곤 했다. 하지만 이따금 돌발 사고가 일어나기도 했다. 마우이에 갔을 때, 그랜드 와일레아 호텔 안내 직원이 소피아에게 발케이노 바의 전자 키보드를 빌려 줬는데, 그 키보드는 옥타브가 두 개밖에 되지 않아서 쇼팽의 「폴로네즈 올림 다단조」를 연주하기에는 음역이 모자랐다. 그래서 소피아는 지하 창고에서 수리 중인 소형 그랜드피아노로 연습할 수밖에 없었다.

미국 밖에서는 소피아를 위해 피아노를 수배하는 일이 훨씬 더 힘들어서 기지를 발휘해야 할 때도 있었다. 모든 나라 중에서도 런던은 놀라우리만치 피아노를 구하기가 어려운 곳이었다. 우리가 런던에서 나흘을 머문 것은 제드가 그곳에서 『살인의 해석 *The Interpretation of Murder*』으로 상을 받게 되었기 때문이었다. 『살인의 해석』은 지그문트 프로이트가 1909년 미국을 단 한 차례 방문했을 때 일을 바탕으로 쓴 역사추리소설이다. 그 책이 한동안 영국에서 베스트셀러 1위를 차지한 덕분에 런던을 방문했을 때 제드는 유명 인사 대접을 받았다. 그렇다고 해서 내가 그 덕을 본 것은 없다. 적어도 음악에 관련해서는 말이다. 제드의 출판사가 마련해 준 작은 첼시 호텔의 안내 직원에게 호텔 도서실의 피아노로 연습을 할 수 있겠냐고 부탁하자, 여직원은 내가 호텔을 라오스 난민 캠프로 개조하자는 말을 하기라도 한 것처럼 어이없다는 표정을 지었다.

"도서실요? 어머나, 세상에, 안 돼요. 죄송하지만 그렇게는 안 됩니다."

그날, 청소부가 상관에게 룰루가 우리 방에서 바이올린을 연습한다고 보고했는지 연습을 중단해 달라는 요청이 들어왔다. 다행히 나는 시간당 비용을 약간 지불하면 사용할 수 있는 런던의 피아노 연습실을 인터넷에서 발견했다. 매일 제드가 라디오와 텔레비전 인터뷰를 하는 동안, 딸들과 나는 호텔 바깥으로 나가서 버스를 타고 그 연습실로 갔다. 두 팔라필^{조미한 야채를 넣어 말아서 만든 중동식 빵} 가게 사이에 끼어 있는 그곳은 장례식장과 흡사했다. 우리는 구십 분 동안 연습하고 나서 버스를 타고 호텔로 돌아오곤 했다.

우리는 어디를 가나 그런 식의 행군을 멈추지 않았다. 벨기에 루뱅에서는 공개회의장에서 연습을 했다. 지금은 이름이 기억나지 않는 어느 도시에 있을 때, 소피아는 내가 찾아낸 어느 스페인 식당에서 저녁 영업을 위해 직원들이 바닥을 닦고 테이블을 정리하는 동안 오후 3시부터 5시까지 식당 피아노로 연습했다. 내가 여행을 와서까지 가족들을 쉬지 못하게 한다고 제드는 가끔 화를 냈다. 그가 비꼬듯이 말했다.

"그럼 오늘 오후에는 콜로세움을 구경하러 갈 거야, 아니면 또 그 피아노 가게로 갈 거야?"

소피아도 내게 화를 냈다. 소피아는 내가 호텔 직원들 앞에서 그 애를 '프로 피아니스트'라고 부르는 것을 싫어했다.

"그렇게 말하지 말라니까요, 엄마! 사실도 아니고 창피하다고요."

나는 그 말에 절대 동의할 수 없었다.

"넌 피아니스트야. 그리고 연주회도 했어, 소피아. 그러니까 프로 피아니스트가 맞아."

결국 룰루와 내가 지루하고 점점 강도가 심해지는 말다툼을 벌이느라 시간을 너무 많이 허비하는 바람에, 박물관 개관 시간을 놓치거나 예약한 저녁 식사를 취소하는 사태가 빈번하게 발생했다.

하지만 그럴 만한 가치가 있었다. 뉴헤이번으로 돌아왔을 때 소피아와 룰루는 이전에 비해 비약적으로 향상된 실력으로 음악 선생님들의 입을 딱 벌어지게 만들었다. 중국 시안에서 돌아온 직후에 소피아는 모차르트의 「협주곡 15번 내림 나장조」로 '그레이터 뉴헤이번 협주곡 대회'에서 두 번째 우승을 차지했다. 한편 룰루에게는 삼중주단이며 사중주단의 제일바이올린으로 연주해 달라는 요청이 쇄도했고, 어느새 우리는 신동을 찾아 항상 촉각을 곤두세우고 있는 다른 바이올린 교사들에게 둘러싸여 있었다.

물론 인정하건대, 때로 힘든 날도 있었다. 부모님과 함께 그리스로 휴가를 떠났을 때 일이 떠오른다. 우리는 아테네를 구경한 후에(아크로폴리스와 포세이돈 신전을 방문하는 사이에 연습을 간단히 했다.) 소형 비행기를 타고 크레타 섬으로 갔다. 그날 오후 3시쯤 잠자리와 아침 식사를 제공하는 숙소에 도착했고, 아버지는 곧바로 외출하자고 했다. 아버지는 손녀들에게 크노소스 궁전을 빨리 보여 주고 싶어서 조바심을 냈다. 신화에 따르면 크레타의 왕 미노스는 인간의 몸에 황소의 머리를 가진 괴물 미노타우로스를 미로의 지하에 가두어 길렀다.

"좋아요, 아빠. 그 대신 룰루와 저는 먼저 십 분 동안 연습을 해야겠어요."

모두들 놀라서 서로 눈빛을 주고받았다.

"연습은 저녁 먹고 나서 하는 게 어떻겠니?"

어머니가 제안했다. 나는 단호하게 말했다.

"안 돼요, 엄마. 어제 연습을 일찍 마치는 대신에 오늘 보충하겠다고 룰루가 약속했거든요. 애가 협조만 잘하면 십 분이면 끝날 거예요. 오늘 할 부분은 쉽거든요."

내가 의도한 바는 아니었지만 그 연습 때문에 다들 비참한 처지에 몰렸다. 제드, 소피아, 룰루와 나는 숨 막힐 것 같은 비좁은 방에 다닥다닥 붙어 있었다. 제드는 침대 이불 위에 시무룩하게 누워 날짜 지난 《인터내셔널 헤럴드 트리뷴》에 집중하려고 애썼고, 소피아는 욕실에 숨어 책을 읽었다. 로비에서 기다리던 부모님은 룰루와 내가 말다툼하고 소리치고 서로를 자극하는 소리가 다른 손님들에게 들릴까 봐 걱정하고 있었다.("그 음도 반음 내림이야, 룰루." "아니에요, 반음 높임이에요, 엄마. 엄만 아무것도 모르면서.") 십 분이 지났지만 나는 연습을 멈출 수가 없었다. 룰루가 음계 연습조차 제대로 하려 들지 않았기 때문이다. 연습이 끝났을 때 룰루는 눈물로 얼룩진 얼굴로 화가 나서 씩씩댔고, 제드는 입을 꾹 다물고 있었고, 부모님은 졸고 있었다. 그리고 크노소스 궁전은 이미 문을 닫은 후였다.

내 딸들이 이십 년 후에 그 시절을 어떻게 추억할지 모르겠다. 자기 아이들에게 혹시 이렇게 말할까?

"우리 엄마는 인도에 가서도 뭄바이와 뉴델리를 구경하기 전에 우리에게 악기 연습을 시킨 미치광이 독재자였단다."

아니면 좀 더 좋았던 추억을 떠올릴까? 어쩌면 룰루는 인도의 아그라에 갔을 때 타지마할이 바로 보이는 호텔 아치형 창문 앞에서 브루흐독일의 작곡가이자 지휘자의 바이올린 협주곡 첫 소절을 아름답게 연주했던 순간을 기억할지도 모른다. 우리는 어째서였는지 모르겠지만 그날은 싸우지 않았다. 아마 시차 적응 때문이었을 것이다. 소피아는 바르셀로나에서 손가락을 충분히 벌리지 않는다는 이유로 피아노 앞에서 내게 야단맞았던 일을 가슴 아프게 기억할까? 만약 그렇다면 우리가 프랑스의 절벽에 자리 잡은 마을 호크브훈에 갔을 때의 일도 기억하기를 바란다. 그때 우리가 묵었던 호텔의 매니저는 소피아의 연주를 듣고 그날 저녁 식당에서 연주해 달라고 그 애를 초청했다. 유리창 너머로 지중해가 내려다보이는 방에서 소피아는 멘델스존의 「론도 카프리치오소」를 연주했고, 모든 손님들에게서 열렬한 갈채와 포옹을 받았다.

서양인 가정이
더 행복하다는 환상을 버리라

2006년 1월, 시어머니가 맨해튼의 아파트에서 전화를 했다. 그녀는 이상한 목소리로 다소 분한 듯이 말했다.

"방금 의사한테 전화를 받았어. 내가 급성 **백혈병**이라는구나."

그로부터 두 달 전에 시어머니는 유방암 초기 진단을 받았지만 씩씩한 성격답게 불평 한마디 없이 수술과 방사선치료를 견뎌 냈다. 그 후 내가 그녀에게서 마지막으로 들은 말은 이제 다 나았으니 뉴욕 예술계로 돌아가서 두 번째 책을 써야겠다는 것이었다.

나는 가슴이 철렁 내려앉았다. 시어머니는 일흔다섯을 앞두고 있었지만 육십 대로밖에 보이지 않았다.

"그럴 리가 없어요, 어머님, 뭔가 실수가 있었을 거예요."

나는 멍청하게 큰 소리로 말했다.

"제드 바꿔 드릴게요. 제드가 뭐가 어떻게 된 건지 알아낼 거예요. 걱정 마세요. 다 잘될 테니까요."

내 예상은 빗나갔다. 시어머니는 우리와 통화하고 나서 일주일 후에 뉴욕 장로교 병원에 입원해서 화학 치료를 받기 시작했다. 제드는 오랫동안 자료 조사를 하고 주위의 의견을 세 번, 네 번 고려하는 힘겨운 시간을 보낸 끝에 몸에 무리가 덜 가는 비소素 치료를 권했고 시어머니는 그것을 받아들였다. 시어머니는 언제나 제드의 의견을 따르는 편이었다. 그녀는 제드가 미숙아로 한 달 먼저 태어나던 순간부터 그를 사랑했다고 소피아와 룰루에게 입버릇처럼 말했다.

"제드는 황달에 걸려 온몸이 노랗고 쪼글쪼글한 늙은이 같았지."

제드와 시어머니는 여러 면에서 공통점이 많았다. 제드는 시어머니를 닮아 미적 감수성이 풍부하고 균형 감각이 뛰어났다. 모두들 칭찬하는 의미로 제드가 어머니를 빼닮았다고 말하곤 했다.

시어머니는 젊었을 때 그야말로 멋진 여인이었다. 졸업 앨범에 실려 있는 그녀의 사진은 영화배우 리타 헤이워스와 비슷했다. 내가 시어머니를 처음 만났을 때 그녀는 오십 대였는데도 파티에 가면 사람들이 고개를 돌려 쳐다볼 정도였다. 재치가 넘치고 매력적이었지만, 독선적이기도 했다. 어떤 복장이 형편없는지, 어떤 음식이 너무 기름진지, 어떤 사람들이 열정이 너무 지나친지에 대한 그녀의 생각을 누구나 훤히 알 수 있었다. 한번은 내가 아래층으로 내려갔을 때 시어머니가 환한 얼굴로 다정하게 말했다.

"좋아 보이는구나, 에이미. 네가 요즘처럼 제정신으로 사는 적도 없는 것 같아."

시어머니는 독특한 면들이 섞여 있는 사람이었다. 기묘한 것들에 매료되었고 항상 '예쁘기만 한' 것들은 지루하다고 말했다. 안목도 높아서 1970년대에 비교적 덜 알려진 현대 예술가들에게 투자한 덕분에 돈을 벌기도 했다. 로버트 아네슨과 샘 길리엄을 포함한 예술가들은 발굴되어 결국 유명해졌고, 시어머니가 사들인 작품들은 하늘 높은 줄 모르고 가치가 치솟았다. 그녀는 누구도 질투하는 법이 없었지만 자신을 질투하는 사람들에게는 이상하게 민감했다. 또 혼자 지내는 것을 개의치 않았다. 독립성을 소중하게 생각해서 부자들이나 성공한 남자들의 수많은 청혼을 마다하고 재혼하지 않았다. 멋지게 차려입는 것과 화랑 행사들을 좋아했지만 뭐니 뭐니 해도 크리스털 호수(그녀가 어린 시절 해마다 여름을 보낸 곳)에서 수영을 하고 옛 친구들에게 저녁을 차려 주는 것을 세상에서 가장 좋아했다. 시어머니는 특히 손녀인 소피아, 룰루와 함께 있는 것을 좋아했는데, 소피아와 룰루가 자신을 '포포'라고 부르게 했다.

시어머니는 여섯 주 동안 화학 치료를 받고 나서 3월쯤에 병세가 다소 호전되었다. 그 무렵 그녀는 앙상하게 말라 있었다. 병원 베개에 기대어 있던 시어머니가 아직도 기억난다. 어찌나 작아 보이던지 원래의 몸을 75퍼센트 정도로 축소해 놓은 것 같았다. 하지만 시어머니의 머리카락과 식욕, 쾌활한 성격은 변함이 없었고 그녀는 퇴원할 거라는 기대감에 부풀어 있었다.

제드와 나는 시어머니의 병세가 일시적으로 호전되었음을 알고 있었다. 의사들은 예후가 나쁘다고 여러 차례 경고했다. 그녀의 백혈병이 워낙 기세등등해서 여섯 달에서 일 년 사이에 재발할 가능성이 아주 높다고 했다. 시어머니는 나이가 많아서 골수를 이식받을 수도 없었기 때문에 완치 가능성은 전혀 없었다. 하지만 그녀는 자신의 병을 이해하지 못했고 얼마나 가망이 없는 상태인지도 전혀 알지 못했다. 제드가 그런 상황을 설명하려고 몇 번 시도해 봤지만 그럴 때마다 시어머니는 무디고 낙천적인 태도로 일관하며 아무것도 받아들이지 않았다.

"아, 얘야……. 여기를 나가면 아예 체육관에서 살아야겠어. 근육이 다 없어졌지 뭐니."

현실성 없는 말이었다.

그 소강상태 기간에 우리는 시어머니를 어떻게 해야 할지 결정을 내려야 했다. 그 상태로 혼자 지내는 것은 불가능했다. 그녀는 너무 약해져서 제대로 걸을 수도 없는 데다 수혈도 자주 받아야 했다. 게다가 의지할 가족도 별로 없었다. 그동안 이혼한 시아버지와는 스스로 원해서 연락을 끊고 지냈고 딸도 멀리 떨어져 살았다.

나는 그 상황에서 당연하다고 생각하는 해결책을 제시했다. 시어머니는 뉴헤이번에서 우리와 함께 살아야 했다. 나는 어렸을 때 연로하신 외조부모님과 인디애나에서 함께 산 적이 있었다. 친할머니는 여든일곱의 나이로 돌아가실 때까지 시카고에서 삼촌과 함께 살았다. 나는 필요하다면 우리 부모님도 기꺼이 모셔야 한다고 생각했다. 그것이 중국식이니까.

놀랍게도 오히려 제드가 망설였다. 어머니에 대한 그의 애정은 의심할 여지가 없었다. 그는 내가 종종 시어머니와 마찰을 일으키고 그녀에게 화를 냈던 사실을 일깨우면서 시어머니와 나는 자식을 키우는 방식에 대해 관점이 완전히 다르다고 말했다. 그리고 우리 두 사람 모두 개성이 강한 데다 시어머니가 자기 의견을 감추지 않을 가능성이 높기 때문에 사태가 나빠질 수 있다고 했다. 그는 룰루와 내가 분통을 터뜨리고 육탄전을 벌이며 싸울 때 시어머니가 손녀를 위해 나선다면 어떻게 될지 상상해 보라고 했다.

제드의 말이 물론 옳았다. 시어머니와 나는 한동안 사이가 좋았다. 나는 시어머니 덕분에 현대 예술의 세계에 눈떴고 그녀를 따라 박물관이며 화랑 행사에 다니기를 좋아했다. 하지만 소피아가 태어난 후로 우리 사이에 마찰이 생기기 시작했다. 사실 나는 시어머니와 의견 충돌을 일으키면서 중국식 양육과 서양식 양육 사이에 커다란 차이가 있음을 처음으로 깨달았다. 무엇보다 시어머니는 자기 취향이 확고했다. 예술과 음식과 와인을 평가하는 전문가였고 값비싼 옷감과 다크 초콜릿을 좋아했다. 함께 여행을 갔다가 돌아오면 시어머니는 언제나 우리 딸들에게 여행 중에 접했던 것들의 색깔이나 냄새에 대해 묻곤 했다. 그녀가 확고한 취향을 가지고 있었던 대상 중에는 어린 시절도 있었다. 시어머니는 어린 시절이 자발성과 자유, 발견과 경험으로 가득해야 한다고 믿었다.

크리스털 호수에 갔을 때, 시어머니는 손녀들이 수영하고 걷고 자신이 원하는 곳이라면 어디든 탐험할 수 있어야 한다고 생각했다. 이와는 반대로 나는 딸들에게 납치될 위험이 있으니 현관 바깥으로 나가지 말라고 했다. 호수의 깊은 곳에 사람을 공격하고 무는 물고기가 있다고도 말했다. 다소 지나친 감이 없지 않아 있었지만, 때로는 방심하다가 큰코다치는 수가 있다. 한번은 시어머니에게 소피아를 맡겨 놓고 어디를 갔다가 돌아와 보니 두 살배기 소피아가 자기 몸집만 한 정원용 가위를 들고 바깥에서 혼자 뛰어놀고 있었다. 나는 가위를 얼른 빼앗았다. 시어머니가 시무룩하게 말했다.

"소피아는 야생화를 꺾고 있었어."

사실 나는 인생을 즐기는 일에 서툴다. 그런 것에는 소질이 없다. 나는 줄기차게 할 일을 목록으로 만들어 놓는 사람이며 마사지나 해변으로 떠나는 휴가를 좋아하지 않는다. 시어머니는 어린 시절을 후딱 지나가는, 그래서 즐겨야 하는 시기라고 생각했다. 반면 나는 훈련 기간, 즉 인격을 쌓고 미래를 위해 투자하는 시간으로 봤다. 시어머니는 손녀들과 한 명씩 온전히 하루 동안 같이 있고 싶어 했고 내게 그럴 기회를 달라고 간청했다. 하지만 나는 아이들과의 하루를 온전히 내줄 여유가 없었다. 딸들은 숙제를 하고, 가정교사와 중국어 공부를 하고, 악기를 연습할 시간도 빠듯했다.

시어머니는 반항적인 기질과 도덕적 딜레마를 좋아했다. 그리고 심리적 복잡성도 좋아했다. 나도 마찬가지였지만 그것을 내 딸들에게 적용하는 것은 싫었다. 한번은 룰루가 태어난 지 얼마 안 되었을 때 시어머니가 깔깔 웃으며 말했다.

"소피아가 새로 생긴 여동생에게 **몹시 샘을 내는구나.** 룰루를 배에 태워 데려온 곳으로 도로 보내고 싶대."

"아뇨, 그렇지 않아요. 소피아는 새로 생긴 여동생을 사랑해요."

나는 딱 잘라 말했다. 나는 시어머니가 자매간의 경쟁심을 찾으며 유도하고 있다고 느꼈다. 중국에는 존재하지 않는 온갖 종류의 심리 장애들이 서양에는 넘쳐 난다.

나는 중국인이므로 드러내 놓고 시어머니를 적대시한 적은 없었다. 앞서 "시어머니와 의견 충돌을 일으켰다."라고 말한 것은 그녀가 없는 곳에서 제드에게 시어머니를 욕하고 비난한 일 때문이다. 시어머니가 여러 조언을 할 때마다 나는 진심은 아니었지만 공손하게 굴었고 되도록 수용했다. 따라서 그 갈등 때문에 마음이 불편했던 제드가 망설이는 것은 당연했다.

하지만 그런 것은 내게 전혀 중요하지 않았다. 그녀는 제드의 어머니였으니까. 중국인에게 부모란 타협할 여지가 없는 대상이다. 부모는 그저 부모이며, 자식은 부모에게 모든 것을(별로 가진 것이 없다고 해도) 빚지고 있기 때문에 부모를 위해서는 무엇이든(그것이 자신의 삶을 파괴한다고 해도) 해야 한다.

4월 초에 제드는 시어머니를 퇴원시켜서 뉴헤이번의 우리 집 2층으로 모셔 왔다. 그녀는 다 같이 리조트로 놀러 온 것처럼 놀랍도록 활기찼고 행복해했다. 시어머니는 손녀들의 침실 바로 옆, 우리 부부 침실의 복도 맞은편에 있는 손님방에서 지냈다. 우리가 고용한 간병인이 그녀를 보살피고 식사를 챙겨 주었고 물리치료사들이 계속 다녀갔다. 제드와 딸들과 나는 거의 매일 그녀와 함께 저녁을 먹었다. 시어머니가 아래층으로 내려오지 못했기 때문에 처음 두 주 동안은 계속 그녀의 방에서 밥을 먹었다. 한번은 내가 시어머니의 친구 몇 분을 초대해 그녀의 방에서 와인과 치즈 파티를 연 적이 있었다. 시어머니는 내가 고른 치즈를 보더니 버럭 화를 내며 다른 치즈를 사 오라고 했다. 나는 화가 나기보다는 '우리 어머님이 여전하시구나, 이 훌륭한 취향이 우리 딸들의 핏속에도 흐르겠구나.' 하는 생각에 오히려 기뻤다. 그리고 사지 말아야 할 치즈 목록을 적어 뒀다.

제드가 시어머니를 차에 태우고 뉴헤이번의 병원으로 달려가야 하는 급박한 상황이 일주일에 적어도 두 번은 발생했지만, 그녀는 우리 집에서 기적적으로 회복하는 듯했다. 시어머니는 왕성한 식욕을 보였고 급속도로 체중이 불어났다. 5월 3일, 시어머니의 생일에는 다 같이 근사한 식당으로 외출을 했다. 우리들의 친구 헨리와 마리나가 동행했는데, 지금 그 자리에 있는 사람이 여섯 주 전에 병원에서 봤던 그녀가 맞는지 자기들 눈을 의심했다. 이세이 미야케의 옷깃이 높은 비대칭 재킷을 입은 시어머니는 예전처럼 근사했고 심지어 아픈 사람처럼 보이지도 않았다.

그로부터 며칠 후 5월 7일에 우리 집에서 소피아의 바트 미츠바^{유대인 소녀의 성인식}가 열렸다. 그날 아침에 시어머니에게 위기가 다시 찾아와서 제드는 수혈을 위해 그녀를 데리고 급히 병원으로 달려가야 했다. 하지만 두 사람은 제시간에 맞춰 돌아왔고, 여든 명의 손님이 도착할 즈음 시어머니는 멀쩡해 보였다. 성인식이 끝나고, 화창한 파란 하늘 아래 하얀 튤립이 놓인 테이블 위에, 소피아와 포포 할머니가 직접 짠 식단인 프렌치토스트와 딸기와 딤섬을 대접했다. 제드와 나는 간편하면서도 허세를 부리지 않기 위한 식단에 얼마나 돈이 많이 드는지를 보고 놀랐다.

일주일 후, 시어머니는 간병인이 함께 간다는 전제 아래 뉴욕의 자기 아파트로 돌아가도 될 만큼 건강을 회복했다는 결론을 내렸다. 그녀는 5월 21일 자신의 아파트에서 죽었다. 뇌졸중을 일으켜 즉시 숨을 거둔 것으로 판명되었다. 시어머니가 그날 저녁에 술을 한잔하러 나가려고 계획했던 것으로 보아 자신의 시간이 다했음을 알지 못했던 것 같다.

장례식에서 소피아와 룰루는 직접 쓴 짧은 추도사를 읽었다. 룰루가 쓴 글의 일부분을 소개한다.

포포 할머니가 우리 집에서 함께 살았던 지난 한 달 동안 저는 할머니와 많은 시간을 보냈습니다. 함께 점심도 먹고, 카드놀이도 하고, 얘기도 했습니다. 우리는 이틀 밤을 단둘이 보내기도 했습니다. 서로를 보살펴 주면서요. 할머니는 아프고 잘 걷지도 못하셨지만, 저는 그런 할머니가 조금도 무섭지 않았습니다. 할머니는 대단히 강한 분이었습니다. 포포 할머니를 생각하면 할머니가 행복해하면서 웃는 모습이 떠오릅니다. 할머니는 행복해지고 싶어 하셨고, 그런 할머니 덕분에 저도 덩달아 행복해지곤 했습니다. 포포 할머니가 정말 많이 보고 싶을 것 같습니다.

이것은 소피아가 한 말의 일부이다.

포포 할머니는 언제나 지적인 자극과 충만한 행복을 원하셨습니다. 매 순간 최상의 활력과 생각을 끌어내기 위해서였습니다. 저는 할머니가 마지막 순간까지 그것을 얻으셨다고 생각합니다. 언젠가는 저에게도 그런 날이 오기를 바랍니다.

소피아와 룰루에게서 이 말을 들었을 때 나는 이런저런 생각을 했다. 제드와 내가 중국식으로 시어머니를 우리 집에 받아들였으며, 딸들이 그것을 봤다는 사실이 자랑스럽고 기뻤다. 소피아와 룰루가 그녀를 돌보는 일을 거들었다는 것도 자랑스럽고 기뻤다. 하지만 "행복해지고 싶어 했다."라거나 "충만한 행복"이라는 말들이 계속 머릿속을 떠나지 않았고, 만약 내가 아프면 과연 딸들이 나를 자기 집으로 데려가서 나처럼 할 것인지, 아니면 행복과 자유를 선택할 것인지 궁금했다.

행복은 내 전문 분야가 아니다. 중국식 양육법은 행복을 전면에 내세우지 않는다. 언제나 그 점이 마음에 걸렸다. 피아노와 바이올린이 딸들의 손가락 끝에 남긴 굳은살이나 피아노 건반의 잇자국을 보면, 가끔씩 의구심이 고개를 드는 것도 사실이다.

그렇지만 생각해 보자. 내 주변의 무너진 서양인 가정을 볼 때마다 (그 가정의 아들딸은 다 자란 후에는 부모와 함께 있거나 얘기하는 것조차 꺼린다.) 서양식 양육법이 행복도 면에서 더 낫다고 주장하는 의견에 동의할 수 없다. 놀랍게도 나는 나이가 지긋한 서양인 부모들이 고개를 절레절레 흔들며 서글프게 하는 말을 너무나 많이 들었다.

"부모로는 절대 성공하지 못해요. 부모가 무슨 짓을 해도 자식들은 크고 나면 부모를 싫어하거든."

반면 내가 만난 동양계 가정의 아이들 중에는, 부모가 강압적이고 엄격하며 잔인하도록 요구 사항이 많다는 것을 인정하면서도 부모에게 기꺼이 헌신하며 전혀 비통해하거나 분노하지 않고 크게 고마워하는 아이들이 헤아릴 수 없을 만큼 많다.

그 이유가 무엇인지는 확실치 않다. 세뇌된 것일 수도 있고, 스톡홀름 증후군_{인질이 인질범에게 동화되어 그들에게 동조하는 비이성적 현상} 때문일 수도 있다. 하지만 이것만은 확실하다. 서양인 가정의 아이들은 중국인 가정의 아이들보다 결코 더 행복하지 않다.

부모의 기대치가 높으면
아이의 성과도 좋아진다

장례식에 참석한 모든 사람들이 소피아와 룰루의 말을 듣고 감동받
았다. 시어머니의 가장 친한 친구였던 실비어는 나중에 슬픈 목소리로
말했다.

"플로렌스가 그 말을 들었더라면, 더할 나위 없이 기뻐했을 텐데."

다른 친구들은 각각 열세 살과 열 살인 아이들이 할머니를 어쩌면
그렇게 완벽하게 파악할 수 있느냐고 묻기도 했다.

거기에는 사연이 있다.

몇 년 전, 딸들이 아직 상당히 어렸을 때, 일곱 살과 네 살로 추측되
는 때로 거슬러 올라간다. 그날 제드가 깜빡하고 더 좋은 식당을 예약
하지 않는 바람에 우리는 평범한 이탈리아 식당에서 내 생일을 축하하
고 있었다.

제드는 죄책감 때문에 더 활기차게 행동하려고 애썼다.

"오케이! 엄마를 위해서 신나는 파티를 열어 보자꾸나! 알았지, 우

리 딸들? 너희들, 엄마를 위해서 작은 깜짝 선물은 준비했겠지, 응, 애들아?"

나는 종업원이 내온 작은 올리브기름 접시에 딱딱한 포카치아 ^올리브기름과 허브로 맛을 낸 납작한 이탈리아식 빵^를 적시고 있었다. 제드의 재촉에 룰루가 '깜짝 선물'을 내밀었다. 카드였다. 더 정확히 말하면 반으로 접힌 꼬깃꼬깃한 종이였는데, 앞면에 활짝 웃는 얼굴이 그려져 있었다. 안에는 역시 웃는 얼굴 밑에 "생일 축하해요, 엄마! 사랑해요, 룰루가."라는 글씨가 크레용으로 쓰여 있었다. 룰루가 그 카드를 만드는 데 이십 초도 걸리지 않았을 것 같았다.

제드의 다음 행동은 안 봐도 훤했다.

"와, 대단하구나…….. 고맙다, 아가."

제드는 이렇게 말하고는 룰루의 이마에 쪽 하고 뽀뽀를 할 게 뻔했다. 그러고 나서 별로 배가 고프지 않으니 그냥 수프나 먹어야겠다라거나, 생각해 보니까 자기는 그냥 빵과 물이면 충분하지만 나머지 우리는 먹고 싶은 걸 마음껏 시켜라 이런 식으로 말했을 것이다.

나는 그 카드를 룰루에게 돌려줬다.

"이거 안 받을래. 엄마는 좀 더 좋은 거, 네 생각과 노력이 들어 있는 선물을 받고 싶어. 이건 내가 너랑 소피아에게서 받은 카드를 모아 두는 상자 안에 못 넣겠어."

"네?"

룰루가 믿지 못하겠다는 듯이 말했다. 제드의 이마에 식은땀이 맺히기 시작하는 게 보였다.

나는 그 카드를 다시 펼치고는 가방에서 펜을 꺼내 "생일 축하해, 까불이 룰루!"라고 쓰고 나서 찡그린 얼굴을 크게 그렸다.

"네 생일에 엄마가 이런 걸 주면 어떻겠니, 룰루? 좋을 거 같아? 하지만 엄마는 그런 짓 안 해, 룰루. 절대. 수백 달러를 들여서 마법사랑 큰 미끄럼틀을 사 주겠지. 펭귄 모양 아이스크림 케이크도 사 줄 거고. 다들 내다 버리는 말도 안 되는 스티커며 지우개를 사 대느라 엄마 월급의 절반이 날아갔어. 엄마는 네게 행복한 생일을 만들어 주려고 열심히 일해! 엄마는 이것보다는 더 나은 선물을 받을 자격이 있어. 이건 **탈락**이야."

나는 그 카드를 도로 던졌다.

"저 잠깐 나갔다 와도 돼요? 할 일이 좀 있어요."

그때 소피아가 기어들어 가는 목소리로 말했다.

"내게 보여 줘, 소피아. 그거 이리 내."

소피아는 겁에 질려 커다래진 눈으로 자기 카드를 천천히 꺼냈다. 빨간 색종이로 만든 것으로, 룰루의 것보다 더 큰 데다 좀 더 감사하는 마음이 담겨 있었지만 여전히 공허하기는 마찬가지였다. 소피아는 꽃 몇 송이를 그려 넣고 이렇게 써 놓았다. "엄마, 사랑해요! 세상에서 가장 멋진 우리 1등 엄마, 생일 축하해요!"

"뭐 그런 대로 괜찮구나, 소피아."

내가 차갑게 말했다.

"하지만 네 것도 충분하지 않아. 엄마가 네 나이였을 때는 생신을 맞으신 할머니를 위해 시를 지었어. 일찍 일어나서 집 안을 청소하고 아침을 지어 드렸지. 창의력을 발휘해 '하루 공짜 세차권' 같은 쿠폰도 만들어서 드렸고."

"저도 뭔가 더 나은 걸 만들고 싶었지만, 엄마가 피아노 연습을 하라고 하셨잖아요."

소피아가 발끈하며 항의했다.

"그렇다면 더 일찍 일어났어야지."

그날 밤 나는 훨씬 더 멋지고 마음에 드는 생일 카드를 받았고, 아직도 그것들을 가지고 있다.

얼마 후에 나는 시어머니에게 그 이야기를 들려줬다. 시어머니는 놀라며 웃음을 터뜨렸지만 내 예상과는 달리 나를 나무라지는 않았다. 시어머니가 생각에 잠기며 말했다.

"나도 우리 애들에게 진작 그런 방법을 쓸걸. 하지만 요구해서 받아낸 게 무슨 가치가 있겠니."

"저는 아이들이 스스로 알아서 잘하기를 기대하는 것이 지나치게 이상주의적이라고 생각해요. 아이들에게 제가 원하는 걸 그냥 시키면 화낼 필요도 없고요."

"그럼 아이들이 네게 화를 내겠지."

몇 년이 흘러 시어머니의 장례식이 열리던 날, 나는 그때 우리가 나눴던 대화를 떠올렸다. 유대 법률에 따라서 매장은 사망 후 최대한 빨리, 가능한 한 이십사 시간 안에 이루어져야 했다. 시어머니가 예고도 없이 갑작스럽게 세상을 뜨는 바람에 제드는 하루 만에 장례 절차를 짜고 랍비와 장례식장을 수배하고 장례식을 준비해야 했다. 제드는 언제나 그렇듯이 모든 일을 신속하고 효율적으로 처리했고 감정을 내비치지 않았지만, 나는 그가 온몸을 덜덜 떨 정도로 참기 어려운 극심한 슬픔에 잠겨 있음을 느낄 수 있었다.

그날 아침 딸들은 자기들 방에서 서로를 꼭 껴안고 있었다. 둘 다 놀라고 겁을 먹은 듯 보였다. 그때까지 아이들과 가깝게 지내던 사람이 죽은 적이 한 번도 없었다. 아이들은 장례식에 참석한 적도 없었다. 게다가 포포 할머니는 지난주까지만 해도 옆방에서 하하 웃고 있던 사람이었다.

나는 딸들에게 각자 포포 할머니에 관한 짧은 글을 써서 그날 오후에 장례식에서 낭독해야 한다고 말했다.

"싫어요, 제발, 엄마. 그런 거 시키지 마세요. 나 그런 거 정말 하기 싫어요."

소피아가 눈물이 그렁그렁한 눈으로 말했다.

"난 못 해요. 나가요."

룰루도 훌쩍거렸다.

"해야 해. 너희 둘 다. 포포 할머니가 바라시는 일이야."

내가 명령했다.

소피아가 처음 쓴 글은 두서가 없고 피상적이어서 형편없었다. 룰루의 것도 별로이긴 마찬가지였지만, 맏딸에 대한 기대감이 더 컸던 나는 화가 머리끝까지 치솟아서 종이를 소피아에게 내던졌다. 나는 맹렬하게 다그쳤다.

"어떻게 이럴 수가 있니, 소피아? 이건 말도 안 돼. 통찰력도 없고 깊이도 없잖아. 이게 포포 할머니가 싫어하셨던 홀마크 카드랑 다를 게 뭐가 있니. 정말 이기적이구나. 포포 할머니가 너를 얼마나 사랑하셨는데…… 너는…… **이따위로**…… 글을 쓰다니!"

소피아는 걷잡을 수 없이 울음을 터뜨리며 맞받아 소리쳤다. 룰루나 나와는 달리 소피아는 제드처럼 대개 화를 속으로 삭이는 편이지 좀체 폭발하는 성격이 아니었기 때문에 나는 깜짝 놀랐다.

"엄마에게는 포포 할머니가 무엇을 원하실지 말할 권리가 없어요! 심지어 포포 할머니를 좋아하지도 않았잖아요! 엄마는 중국식 가치와 노인을 공경하는 차원에서 이것에 집착하지만, 이건 전부 할머니를 모욕하는 거예요. 엄마는 할머니가 무슨 일만 하면, **쿠스쿠스**야채와 양고기를 넣고 찐 북아프리카 음식**를 만드는** 것조차도, 부도덕하게 봤잖아요. 엄마는 왜 이렇게…… 이중적이에요? 왜 항상 모든 걸 흑백논리로 보는 거예요?"

'모욕하려는 게 아니야.' 하고 속으로 화를 내며 생각했다. 나는 그저 실패할 게 뻔한 공상적인 양육법으로부터 딸들을 보호하려는 것뿐이었다. 게다가 항상 손녀들을 보며 살고 싶다는 시어머니의 소원을 들어주려고 나선 것도 바로 나였다. 시어머니에게 가장 큰 행복의 원천이자 자랑거리인 아름답고 예의 바르고 재주 많은 손녀들을 안겨 주지 않았는가. 그렇게 똑똑한 소피아가, **이중적**이라는 말의 뜻을 잘 아는 애가, 어떻게 그런 걸 몰라주고 나를 공격할 수 있지?

나는 겉으로는 소피아가 대들며 한 말을 무시했다. 그러고 나서 글의 방향을 약간 제시했다. 포포 할머니라면 할 만한 말들. 크리스털 호수 얘기나 할머니와 함께 박물관에 갔던 일에 대해 써 보라고 했다.

소피아는 내 제안을 전혀 수용하지 않았다. 내가 방을 나서자 소피아는 문을 쾅 닫고 잠그더니 제 방에 틀어박혀 글을 다시 썼다. 소피아는 그것을 내게 보여 주지 않았고, 화가 가라앉고 나서 검정 드레스와 검정 타이츠를 신을 때에도 내게 눈길 한번 주지 않았다. 그 후에 소피아가 위엄 있고 차분한 표정으로 장례식장 연단에 올랐을 때, 나는 추도사에서 의미심장한 구절을 놓치지 않았다.

포포 할머니는 아무것이나 무조건 받아들이지 않으셨습니다. 거짓 대화나 원작에 충실하지 않은 영화, 다소 빗나간 감정 표현을 거부하셨습니다. 포포 할머니는 사람들이 제게 어떤 말이든 강요하는 것을 용납하지 않으셨습니다.

훌륭한 연설이었다. 룰루의 연설도 마찬가지였다. 룰루는 열 살짜리 아이 치고는 대단한 통찰력과 배짱으로 연설을 마쳤다. "가슴이 벅차구나." 하고 말하며 활짝 웃는 시어머니의 모습이 내 눈에 보이는 것 같았다.

한편으로는 시어머니의 말이 옳았다. 아이들은 내게 화가 단단히 나 있었다. 하지만 나는 중국인 엄마로서 그런 것쯤은 머릿속에서 깨끗이 지워 버렸다.

한 단계 더 높은
세계를 향한 전진

우리는 시어머니를 보내고 나서 힘든 여름을 맞았다. 우선 소피아가 내가 모는 자동차에 발을 치였다. 내가 아직 후진하고 있는데, 자동차에서 폴짝 뛰어내린 소피아가 테니스 라켓을 잡으려다가 왼쪽 발목을 앞바퀴에 치이고 말았다. 소피아와 나는 둘 다 넋이 나갔다. 소피아는 결국 전신마취를 하고 큰 나사못을 두 개 박는 수술을 받았다. 그리고 그해 여름 내내 커다란 부츠를 신은 채 목발을 짚고 다녀야 했다. 그것 때문에 소피아의 기분이 엉망이 되긴 했지만 그 덕분에 피아노를 연습할 시간은 충분히 얻었다.

날이 갈수록 점점 더 귀여워지는 코코가 우리 삶의 활력소가 되었다. 코코는 우리 네 사람 모두에게 이상한 영향을 미쳤다. 우리는 녀석을 보기만 해도 위안을 얻었다. 코코에게 품었던 내 모든 야심은 단 하나의 힘 앞에 무릎을 꿇었다. 코코가 동그란 암갈색 눈으로 간절하게 나를 보기만 해도, 나는 녀석이 원하는 것은 무엇이든 들어주게 되었다. 코코는 비가 오나 눈이 오나 맑으나 밖으로 나가서 6.5킬로미터씩 달리고 싶어 했다. 코코는 내 마음을 알아주는 것으로 그에 보답했다. 녀석은 내가 딸들에게 소리 지르는 것을 싫어하면서도 나를 심판하지 않았고 내가 좋은 엄마가 되려고 애쓴다는 것도 알았다.

코코에 대한 내 꿈을 수정했지만 화가 나지는 않았다. 코코에게 바라는 것은 그저 행복하라는 것뿐이었다. 결국 나는 코코가 소피아와 룰루에 비해 본디 잠재력이 훨씬 부족한 동물이라는 점을 받아들였다. 폭발물 제거반이나 마약 수색대에서 활약하는 개들도 일부 있지만, 대부분은 일하지 않거나 특별한 기술이 없어도 잘 산다.

그 무렵 나는 친구이자 동료인 피터와 중대한 대화를 나누게 되었다. 피터는 산스크리트어와 고대 그리스어를 포함해 여섯 개 언어를 말하고 열한 개 언어를 읽을 수 있는 수재다. 십 대에 재능 있는 피아니스트로 뉴욕에서 데뷔한 피터는 네이버후드 뮤직 스쿨에서 열린 소피아의 발표회에 온 적이 있었다.

발표회 후에 피터는 소피아의 연주가 대단히 특출하다고 하면서 이렇게 덧붙였다.

"참견하고 싶지는 않지만, 혹시 예일대 음대를 고려하신 적이 있습니까? 소피아가 거기 피아노과 교수들 중 한 명에게 오디션을 보면 좋을 것 같습니다만."

"말하자면…… 선생님을 바꾸라는 말씀인가요?"

나는 가슴이 벌렁거렸다. 네이버후드 뮤직 스쿨은 내가 십 년 가까이 드나든 정든 곳이었다.

"음, 맞아요. 네이버후드 뮤직 스쿨이 훌륭한 곳이라는 건 확실하지만, 소피아는 여기 다른 학생들과는 차원이 다릅니다. 물론 당신의 목표가 무엇이냐에 달려 있겠지요. 그냥 취미로 피아노를 시키는 거라면 그럴 필요 없고요."

나는 그 말에 깜짝 놀랐다. 아이들에게 음악을 취미로 시킨다고 해서 나를 비난한 사람은 없었다. 그런데 공교롭게도 얼마 전에 다른 친구와 통화를 하면서 룰루에 대해 비슷한 질문을 받은 적이 있었던 것이다.

그날 밤 나는 중요한 이메일 두 통을 보냈다. 첫 번째 이메일은 최근에 예일대 음대를 졸업한 바이올리니스트 남기원에게 보낸 것으로, 가끔 룰루의 레슨을 맡아 줄 수 있겠느냐는 부탁이었다. 두 번째 이메일은 명성이 자자한 예일대 음대 교수진에 바로 그 무렵 합류한 양웨이이 교수에게 보내는 것이었다. 그는 피아노 천재로 불리며 세간에 화제가 되고 있는 사람이었다.

예상보다 일이 더 빠르게 진척되었다. 하늘이 도왔는지, 양 교수는 소피아에 대해 알고 있었다. 기금 마련을 위한 행사에서 모차르트 피아노 사중주를 연주하던 소피아를 인상 깊게 본 적이 있다는 것이었다. 8월 말쯤에 그가 여름 연주 일정을 끝내고 돌아오는 대로 우리는 점심을 함께하기로 약속했다.

희소식은 룰루에게도 있었다. 링컨 센터에서 열두 살에 독주 연주자로 데뷔했던 기원이 예전 자신의 스승이었던 앨미타 베이머스 부인에게 룰루를 소개해 주었다. 베이머스 부인과 그녀의 남편 롤런드는 바이올린 지도자로서는 세계에서 손꼽히는 사람들이었다. 그들은 백악관에 여섯 번이나 초청받았고, 그들이 길러 낸 제자들 중에는 레이철

바턴을 비롯해 권위 있는 국제 대회 우승자들이 즐비했다. 그들은 시카고에 살면서 재능이 특출한 학생들만 가르치고 있었는데, 그 학생들 중에는 동양계 아이들이 많았다.

우리는 베이머스 부인에게서 답장이 오기만을 초초하게 기다렸다. 일주일 후, 이메일이 왔다. 베이머스 부인은 그해 여름을 뉴욕 북부에서 나고 있었는데, 그곳의 셔토쿼 협회에 와서 연주를 해 달라고 룰루를 초청했다. 베이머스 부인이 정한 날짜는 7월 29일이었고, 그때까지 우리에게 주어진 시간은 세 주밖에 없었다.

그때부터 이십 일 동안 룰루는 바이올린 연습에만 매달렸다. 나는 룰루에게서 실력 향상을 최대한 짜내기 위해, 비용을 지불하고 기원을 하루에 두 번, 때로는 세 번씩 집으로 와 달라고 요청했다. 제드는 현금으로 지불한 수표책을 보고 자기 눈을 못 믿겠다는 표정을 지었다. 나는 그해 여름에는 외식을 하지 않고 새 옷도 사지 않는 것으로 벌충하겠다고 말했다. 그리고 희망적으로 덧붙였다.

"당신 소설로 받은 선인세도 있잖아."

"당장 후속 편에라도 착수해야지 안 되겠는걸."

제드가 투덜거리자 나는 이렇게 말했다.

"애들을 위해 돈을 쓰는 것보다 더 좋은 일은 없어."

제드에게 황당한 사건은 또 일어났다. 나는 베이머스 부인이 있는 곳까지 자동차로 세 시간에서 길어야 네 시간이면 갈 수 있을 거라고 생각하고 제드에게 그렇게 말해 두었다. 그 전날 제드는 인터넷 지도 웹 사이트에 접속하고 나서 말했다.

"거기가 어디라고 했지?"

맙소사, 나는 뉴욕 주가 그렇게 큰 줄 미처 몰랐다. 셔토쿼 협회는 이리 호수_{미국과 캐나다 접경지대에 있는 미국의 오대호 가운데 하나} 근처에 있었는데, 캐나다와도 그리 멀지 않았다.

"에이미, 거기는 세 시간이 아니라 아홉 시간 거리야. 거기서 얼마나 머물러야 하는 거야?"

제드가 버럭 성을 냈다.

"하룻밤. 소피아가 목발을 짚고 있는 동안 재미를 붙여 보라고 그 애를 컴퓨터 애니메이션 강좌에 등록시켰는데, 그 수업이 월요일에 시작해. 하지만 내 생각엔 틀림없이 일곱 시간 정도면 도착할 수……."

"그럼 코코는 어떡하고?"

제드가 끼어들었다. 그때 코코는 대소변을 가리기 시작한 지 두 달밖에 안 된 데다 한 번도 여행을 해 본 적이 없었다.

"코코도 데려가면 재미있을 거 같아. 처음으로 다 함께 휴가를 떠나 보자고."

"이틀 동안 열여덟 시간 운전하는 게 무슨 휴가야."

제드가 지적했다. 나는 그런 제드의 말이 약간 야속하게 들렸다.

"소피아의 부러진 다리는 또 어쩌고? 다리를 계속 올리고 있어야 할 거 아니야? 한 차에 다 어떻게 타지?"

우리 차는 오래된 지프 체로키였다. 나는 소피아가 뒷좌석에서 룰루의 무릎을 베고 누워 다리를 쿠션 위에 올리면 어떻겠느냐고 제안했다. 코코는 여행 가방과 바이올린들과 함께 맨 뒤에 태우면 됐다.(바이올린들? 맞다. 나는 바이올린'들'이라고 했다. 그 이유는 나중에 설명하겠다.) 그러고 나서 내가 덧붙였다.

"하나 더. 기원에게 우리와 동행해 달라고 부탁했어. 이동 시간을 포함해서 시간당 비용을 지불하겠다고."

"뭐?"

제드가 기가 막히다는 듯 물었다.

"비용이 300달러나 될 텐데. 게다가 그녀를 우리 차에 어떻게 태운다는 거야? 코코랑 뒤에 태울 수는 없잖아?"

"기원은 자기 차를 가져올 거야. 기름 값도 내가 대겠다고 했어. 그런데도 그녀는 이번 여행을 망설였어. 다른 학생의 레슨을 취소해야 하니까. 그래서 그녀를 설득하기 위해 그녀의 새 남자 친구 에런도 함께 가자고 했어. 비용은 내가 댈 테니까 둘이 근사한 호텔에서 사흘 밤을 묵는 게 어떻겠냐고 꼬였어. 윌리엄 수어드 인Inn이라는 괜찮은 호텔 특급 이 인실을 두 개 예약해 두었지."

"사흘 밤이라. 설마 농담이겠지."

"당신이 원한다면, 당신이랑 나는 절약할 겸 더 싼 곳에 묵지, 뭐."

"난 그러기 싫어."

나는 제드 설득 작전에 돌입했다.

"에런은 멋진 남자야. 당신도 그를 보면 좋아할 거야. 그는 프렌치 호른 연주자인데, 개도 좋아해. 우리가 베이머스 부인과 함께 있는 사흘 동안 코코를 봐 주겠다고 했어."

우리는 새벽에 출발했다. 기원과 에런이 탄 하얀 혼다 승용차가 우리의 하얀 지프차를 따라왔다. 유쾌한 여행은 아니었다. 나는 남자답게 군답시고 계속 운전대를 잡겠다고 고집 피우는 제드가 신경에 거슬렸다. 소피아도 혈액순환이 안 된다고 줄기차게 고통을 호소했다.

"다시 한 번 설명해 보세요, 엄마……. 제가 왜 이 여행에 동행해야 하는지를요."

소피아가 자기는 무슨 죄냐는 식으로 물었다.

나는 대답했다.

"왜냐하면 가족이라면 항상 함께해야 하니까. 게다가 이번 일은 룰루에게 아주 중요해. 언니로서 동생을 지원해 줘야지."

나는 조수석에 꼿꼿하게 책상다리를 하고 앉아서 아홉 시간을 버텼다. 원래 내 다리가 차지했어야 할 공간에는 코코의 먹이며 장난감, 털깔개가 있었다. 내 머리는 유리창에 딱 붙어 있는 소피아의 목발 두 개 사이에 끼어 있었다.

그 와중에 룰루는 세상일에 초연한 듯이 행동하고 있었다. 내가 아는 한, 그것은 룰루가 겁에 질려 있다는 증거였다.

엄마는 아이의 모든 것을
알고 있어야 한다

"뭐? 방금 내가 들은 말, 잘못 들은 거라고 해, 제발."

우리가 셔토쿼로 여행을 떠나기 한 달 전이었다.

"나 연금을 헐어서 쓸까 생각 중이야. 전부 말고, 클리어리 것만."

클리어리, 고틀리브, 스틴, 해밀턴. 내가 소피아를 낳기 전에 다녔던 법률 회사의 이름들이다.

제드가 말했다.

"그건 정말 말도 안 되는 소리야. 연금을 헐면 총액의 반은 세금으로 날아갈 거야. 무엇보다 중요한 건, 우리는 은퇴했을 때 그 돈이 필요해. 연금은 그때 쓰라고 있는 거야. 진보와 문명의 일부로서."

"사고 싶은 게 있단 말이야."

"그게 뭐야, 에이미? 당신이 정말 필요한 게 있다면 내가 어떻게든 구할 방법을 찾아볼게."

나는 남편 하나는 정말 잘 뒀다. 제드는 미남에다 재미있고 똑똑하며 내 악취미와 불같은 성미를 잘 참아 준다. 나는 사실 물건을 잘 사들이는 편이 아니다. 쇼핑을 즐기는 것도 아니다. 얼굴 마사지와 손톱 관리도 받지 않으며 보석도 사지 않는다. 하지만 어쩌다 한 번씩 내가 걷잡을 수 없는 소유욕에 불타오를 때마다(중국산 700킬로그램짜리 점토 말 인형도 그중 하나였는데, 이듬해 겨울에 산산조각 나 버렸다.) 제드는 언제나 그것을 구해 주려고 노력한다. 그때 내가 갖고 싶어서 몸살을 앓은 것은, 룰루를 위한 진짜 좋은 바이올린이었다.

나는 유명한 바이올린 상인들을 추천받아 접촉을 시도했다. 뉴욕에서 두 사람, 보스턴에서 한 사람, 필라델피아에서 한 사람. 나는 룰루가 쓸 바이올린이 필요하니 특정한 가격대의 후보들을 세 대씩 보내 달라고 말했다. 그들은 특정 가격대에 속하는 바이올린 세 대에 "손님이 찾는 가격대를 약간(가격이 두 배) 벗어나지만 손님이 찾는 것일 수도 있는 특별한 악기"를 하나 더해 항상 네 대를 보냈다. 그런 점에서 보면 바이올린 상인들은 우즈베키스탄의 양탄자 상인들과 비슷하다. 새로운 가격대의 악기를 접한 나는 훌륭한 바이올린은 예술 작품이나 부동산과 다름없는 투자 대상이라고 제드를 설득했다.

"그럼 우리가 돈을 더 많이 쓸수록 돈을 더 번다는 뜻이야?"

제드가 무덤덤하게 대답했다.

반면 룰루와 나는 그야말로 흥분의 도가니에 빠졌다. 커다란 택배 상자가 새로 도착할 때마다 어서 열어 보고 싶어서 안달했다. 각기 다른 바이올린을 켜 보는 것은 재미있는 놀이였다. 우리는 바이올린의 목재와 각기 다른 음색을 비교해 보고 각기 다른 제작 역사에 관한 글을 읽으며 서로 다른 특성을 탐구했다. 우리가 시험해 본 새로운 악기들은 주로 1930년대 이전에 제작된 오래된 바이올린이었는데, 그중에는 영국제, 프랑스제, 독일제도 있었지만 대부분은 이탈리아제였고 크레모나제, 제노바제, 나폴리제가 많았다. 룰루와 나는 각각의 바이올린이 어떤 소리를 내는지, 바이올린을 눈으로 보지 않고도 선호도가 그대로 유지되는지를 알기 위해 전 가족을 대상으로 블라인드 테스트^{소리}만 들려주고 누구의 연주인지 맞추는 퀴즈를 실시했다.

룰루와 나는 양립할 수 없으면서도 동시에 매우 가까운 사이다. 우리는 죽이 잘 맞으면서도 서로의 마음에 깊은 상처를 남긴다. 서로 무슨 생각을 하는지 언제나 훤히 꿰고 있으면서도(이로 인해 심리적 고통을 겪는다.) 서로를 도와줄 수는 없다. 둘 다 와락 폭발했다가 돌아서면 잊어버리는 성격이다. 제드는 서로를 죽일 듯이 위협하고 소리를 지르다가 어느새 침대에 함께 누워 있는 룰루와 나를 이해하지 못했다. 룰루는 팔로 나를 감싸 안고 바이올린이며 책에 관해 얘기했고 우리는 함께 웃음을 터뜨렸다.

어쨌든 그런 연유로 셔토쿼 협회에 있는 베이머스 부인의 연주실에 도착했을 때 우리에게는 바이올린이 한 대가 아니라 세 대 있었다. 우리는 그때까지도 세 대 중에서 결정을 하지 못하고 있었다.

"좋아요! 재미있겠군요. 바이올린을 시험해 보는 거 좋아해요."

베이머스 부인이 말했다. 베이머스 부인은 아주 현실적이고 대단히 예리한 데다 유머 감각이 탁월했다. 그녀는 자신의 의견을 피력하고("비오티 23은 별로네요!") 권위와 매력을 발산했다. 게다가 아이를 다루는 솜씨도 대단했다. 적어도 그녀는 룰루를 보자마자 마음에 들어 하면서 잘 다루는 듯 보였다. 베이머스 부인과 제드도 서로를 마음에 들어 했다. 베이머스 부인이 별로 좋아하지 않는 사람은 오직 나뿐인 것 같았다. 그녀는 동양계 엄마들을 수백, 아니 수천 명도 더 만나 본 사람으로서, 나를 미적 감각이 부족하다고 여기는 듯했다.

룰루는 베이머스 부인을 위해 모차르트의 「협주곡 3번 1악장」을 연주했다. 연주가 끝났을 때 베이머스 부인은 룰루가 음악성이 뛰어나다고 말했다. 그리고 룰루에게 바이올린을 연주하는 것이 좋으냐고 물었다. 나는 무슨 대답이 튀어나올지 몰라 숨을 죽였다. 룰루는 그렇다고 대답했다. 그러자 베이머스 부인은 룰루가 타고난 음악성(가르칠 수 없는 것)을 지녔지만 테크닉 면에서는 뒤처져 있다고 말했다. 그녀는 룰루에게 음계 연습("약간 했음.")과 에튀드 연습("이건 뭐지?")을 했느냐고 물었다.

베이머스 부인은 진심으로 훌륭한 바이올리니스트가 되고자 한다면 그 모든 걸 바꿔야 한다고 말했다. 흠잡을 데 없는 테크닉, 근육 기억_{반복 사용으로 신경계에 저장된 근신경 활용에 관련된 기억}, 완벽한 조음을 위해서 룰루는 음계와 에튀드를 수없이 연습해야 했다. 베이머스 부인에 따르면 룰루는 진도가 너무 느렸다. 협주곡 한 악장을 끝내는 데 여섯 달씩이나 걸리는 것은 바람직하지 않았다.

"네 또래의 내 제자들은 두 주 만에 **협주곡을 전부** 배운단다. 너도 그렇게 할 수 있어야 해."

그러고 나서 베이머스 부인은 내가 보는 앞에서 룰루와 함께 모차르트 곡을 한 소절씩 연습하면서 룰루의 연주를 변화시켰다. 그녀는 특출한 스승이었다. 몰아붙이면서도 재미있었고, 비판하면서도 영감을 주었다. 그렇게 한 시간이 흘렀다.(그때까지 악기를 들고 들어와서 바닥에 앉아 기다리는 학생이 대여섯 명 정도 되었다.) 베이머스 부인은 룰루에게 혼자 연습할 거리를 몇 가지 주고 나서 내일 룰루를 다시 한 번 보고 싶다고 말했다.

나는 믿을 수가 없었다. 베이머스 부인이 룰루를 다시 만나고 싶어 하다니. 하마터면 의자에서 튀어 나갈 뻔했다. 그 순간 창밖으로 날아 가는 코코가 보이지 않았다면 정말 그랬을 것이다. 그 뒤로 에런이 코 코의 목줄을 잡은 채 따라가고 있었다. 베이머스 부인이 물었다.

"방금 뭐였죠?"

"저희 개, 코코예요."

룰루가 설명했다.

"나도 개 좋아해요. 댁의 개는 정말 귀엽군요."

전 세계에서 가장 유명한 바이올린 지도자가 말했다.

"그 바이올린들도 내일 함께 들어 봐요. 난 이탈리아제가 좋지만 프랑스제도 괜찮을 거예요."

나는 호텔에 돌아와서 흥분에 몸을 떨었다. 레슨 시간이 다시 시작될 때까지 기다릴 수 없을 것 같았다. 이런 황금 같은 기회가 오다니! 베이머스 부인은 극성맞은 동양인들에게 둘러싸여 있는 사람이었다. 나는 그녀를 깜짝 놀라게 해야겠다는 의지에 불타올랐다. 우리가 어떤 사람들인지 보여 줘야겠어.

모차르트 악보를 막 꺼내 들었을 때, 마침 룰루가 안락의자에 축 늘어져 있는 게 보였다.

"휴우우……."

룰루가 머리를 뒤로 젖히며 만족스럽게 숨을 내쉬었다.

"보람찬 하루였어요. 이제 저녁 먹어요."

"저녁?"

나는 내 귀를 의심했다.

"룰루, 베이머스 부인이 네게 **숙제**를 내줬잖아. 선생님은 네가 얼마나 **빨리** 성장할 수 있는지 보시려는 거야. 이건 정말 중대한 갈림길이야. 게임이 아니라고. 자, 연습 시작하자."

"지금 무슨 소리 하시는 거예요, 엄마? 난 **다섯 시간**이나 바이올린을 켰다고요."

사실이었다. 룰루는 베이머스 부인을 만나러 가기 전에 아침 내내 기원과 함께 바이올린 연습을 했다.

"좀 쉬어야겠어요. 더 이상은 못 해요. 게다가 벌써 5시 30분이에요. 저녁 먹을 시간이라고요."

"5시 30분은 저녁 시간이 아니야. 연습부터 먼저 하고 그 보상으로 저녁을 먹자. 엄마가 네가 좋아하는 이탈리아 식당을 예약해 뒀어."

"아, 싫어요오."

룰루가 앓는 소리를 냈다.

"진짜예요? 몇 시에요?"

"몇 시라니, 뭐가?"

"저녁을 몇 시에 예약했느냐고요?"

"아! 9시."

나는 그렇게 대답하고는 곧바로 후회했다.

"9시요? 9시? 말도 안 돼요, 엄마! 싫어요. 싫어요!"

"룰루, 그럼 시간을 바꾸자……."

"**싫다고요!** 지금은 연습 못 해요. 안 해요!"

그다음에 벌어진 일은 자세히 얘기하지 않겠다. 두 가지 사실을 언급하는 것만으로도 충분하리라. 하나, 우리는 9시까지 저녁을 먹지 않았다. 둘, 우리는 연습을 하지 않았다. 그때 어디서 그런 힘과 무모함이 생겨나서 룰루와 싸웠는지 잘 모르겠다. 그날 저녁의 일은 생각만 해도 지친다.

하지만 다음 날 아침이 되자 룰루는 일어나서 제 발로 기원과 연습을 하러 갔고, 그렇게 사태는 진정 국면을 맞았다. 제드는 내게 코코와 나가서 한 바퀴, 길게, 멀리, 아주 멀리 돌고 오라고 가장 강력한 어조로 말했다. 점심때 우리는 베이머스 부인에게 다시 갔다. 이번에는 기원이 우리와 동행했고 레슨은 순조롭게 진행되었다.

내가 베이머스 부인이 하기를 간절히 바랐던 말은 이것이었다.

"룰루를 내 제자로 키우고 싶어요. 한 달에 한 번 시카고로 날아와서 레슨을 받을 수 있겠어요?"

나는 "그러고말고요." 하고 대답할 준비가 되어 있었다. 하지만 베이머스 부인은 룰루가 앞으로 일 년 동안 기원과 함께 집중적으로 훈련하는 게 어떻겠냐고 제안했다.

"기원보다 테크닉이 더 뛰어난 사람은 아마 찾을 수 없을 거예요."

베이머스 부인이 자신의 옛 제자를 보고 웃으며 말했다.

"룰루, 넌 앞으로 많은 걸 익혀야 할 거야. 하지만 일 년 후면 줄리아드 예비 학교에 지원할 수 있을 거야. 기원, 너도 그랬지, 응? 대단히 경쟁이 치열하겠지만, 정말 열심히 한다면, 룰루, 넌 틀림없이 입학할 수 있을 거야. 그리고 내년 여름에 다시 한 번 나를 찾아오너라."

뉴헤이번으로 돌아가기에 앞서서 제드와 딸들과 나는 자연보호 구역으로 차를 몰았다. 우리는 그곳에서 너도밤나무와 작은 폭포로 둘러싸인 아름다운 물 웅덩이를 발견했다. 우리가 묵은 숙소 주인의 말에 따르면, 그것은 그 지역의 숨어 있는 보석이었다. 코코는 무서워서 물속에 들어가려고 하지 않았다. 녀석은 수영을 한 적이 한 번도 없었다. 하지만 제드는 코코를 살살 달래서 물 한가운데로 이끈 다음 깊은 곳에서 놓아주었다. 나는 코코가 행여 익사라도 할까 봐 두려웠지만 제드의 말대로 코코는 개헤엄을 쳐서 안전하게 물가로 나왔다. 그동안 우리는 박수를 치며 코코를 응원했고 녀석이 물 밖으로 나왔을 때 수건으로 물기를 닦아 주고 부둥켜안아 주었다.

훗날 나는 그게 바로 개와 딸이 다른 점이라고 생각했다. 개는 다른 개들이 할 수 있는 것이라면 무엇이든 할 수 있다. 예를 들어 개헤엄이 그렇다. 우리는 자랑스러워하고 기뻐하면서 박수만 치면 된다. 딸들에게도 그렇게 할 수 있다면 얼마나 편할까! 하지만 우리는 그렇게 하지 못한다. 그것은 태만이나 다름없다.

나는 모든 상황을 꿰고 있어야 했다. 베이머스 부인의 메시지는 분명했다. 진지해져야 할 때가 온 것이다.

소피아에게
새로운 세상이 열리다

가슴이 철렁 내려앉았다. 그것은 음표가 드문드문 있는, 그저 여기저기 스타카토가 몇 번 있는, 썰렁하기 그지없는 실망스러운 악보였다. 게다가 복사한 종이로 여섯 장밖에 안 되는 너무 짧은 곡이었다.

소피아와 나는 예일대 음대 안의 양웨이이 교수의 피아노 연주실에 있었다. 직사각형의 그 방 안에는 소형 그랜드피아노 두 대가 나란히 놓여 있었는데, 제자와 스승이 한 대씩 나눠 치게 되어 있었다. 내가 그때 바라보고 있었던 악보는 소피아가 국제 피아노 대회에서 연주할 곡으로 양 교수가 방금 제안한, 세르게이 프로코피예프 작곡의 발레 음악 「로미오와 줄리엣」 중 「소녀 줄리엣_{Джульетта-Девочка}」이었다.

양 교수와 내가 처음 만났을 때, 그는 이제 갓 열네 살이 된 소피아처럼 어린 학생은 가르쳐 본 적이 없다고 말했다. 그가 가르치는 제자들은 모두 예일대 음대 대학원생이거나 일부 특출한 학부생들뿐이었다. 하지만 그는 연주를 듣고 소피아를 제자로 받아들였는데, 여기에는 조건이 하나 있었다. 나이가 어리다고 특별 지도를 해 주지는 않겠다는 것이었다. 나는 그건 문제 되지 않는다고 그에게 장담했다.

나는 소피아를 믿었다. 소피아는 속이 꽉 차고 강한 아이였다. 따돌림, 비난, 모욕, 외로움 등 심지어 나보다도 더 많은 것을 참아 낼 줄 알았다.

아니나 다를까 소피아에게 더 거센 시련이 들이닥쳤다. 양웨이이 교수도 베이머스 부인처럼 일찍이 우리가 머물렀던 수준보다 훨씬 더 높은 차원의 기대감을 품고 있었다. 나는 그가 첫 레슨 시간에 소피아에게 건넨 악보를 보고 기가 질리고 말았다. 바흐의 인벤션^{대위법에 의한 단일 주제의 곡} 여섯 곡에 모슈코프스키^{폴란드의 피아노 연주자 겸 작곡가}의 에튀드 한 권, 베토벤 소나타 한 곡, 하차투리안의 토카타^{건반악기를 위한 즉흥곡}, 브람스의 랩소디 사단조. 그는 소피아가 따라오려면 시간이 걸릴 거라고 설명했다. 그것들은 소피아의 현재 테크닉으로는 감당할 수 없는 곡이었기 때문에 그 애의 연주에는 여기저기 헛점이 드러났다. 게다가 그는 소피아에게 더 소름 돋는 말을 했다.

"음을 틀려서 내 시간을 낭비하지 마. 네 수준에서 변명은 통하지 않아. 음을 제대로 연주하는 건 네 몫이야. 그것만 지킨다면 레슨 시간에 다른 것들도 배울 수 있을 거야."

하지만 두 달 후 양 교수가 「로미오와 줄리엣」을 제안했을 때, 나는 정반대되는 반응을 보였다. 그 프로코피예프는 전혀 어렵지 않아 보였고, 대회 우승자가 연주할 곡 같지도 않았다. 게다가 하필 왜 프로코피예프야? 내가 프로코피예프에 대해서 아는 거라고는 「피터와 늑대」뿐이었다. 라흐마니노프처럼 어려운 걸 놔두고 왜?

나는 크게 말했다.

"어머, 이건 소피아의 옛날 피아노 선생님이 얘한테 너무 쉽다고 한 곡이에요."

그것은 사실이 아니었다. 전혀. 하지만 나는 양 교수에게 내가 그의 판단에 도전한다는 인상을 주고 싶지 않았다.

"쉽다고요?"

양 교수가 버럭 성을 냈다. 그의 깊은 바리톤 목소리는 소년 같은 얼굴과 묘한 부조화를 이루었다. 삼십 대인 그는 중국인과 일본인 사이에서 태어나 런던에서 자랐고 러시아에서 교육을 받았다.

"프로코피예프의 피아노 협주곡은 이루 말할 수 없을 정도로 수준이 높습니다. 게다가 쉬운 곳이 단 한 군데도 없어요. 전 이 곡을 제대로 연주하는 사람을 못 봤습니다."

나는 그가 마음에 들었다. 나는 권위 있는 사람과 **전문가**를 좋아한다. 권위를 싫어하고 이른바 '전문가'를 대부분 사기꾼이라고 생각하는 제드와는 정반대다. 어쨌든 프로코피예프가 쉽지 않다는 점이 중요했다! 만세! 양웨이이 교수, 전문가가 그렇게 말했으니까.

나는 다시 가슴이 두근거리기 시작했다. 그 대회 우승자는 카네기홀에서 독주자로 연주하게 되어 있었다. 지금까지 소피아는 모두 지역 대회에만 참가해 왔다. 소피아가 (자원자로 구성된) 파밍턴 밸리 심포니와 독주자로 협연했을 때 나는 숨이 넘어가는 줄 알았다. 거기서 국제 대회로 점프하는 일 자체도 간이 떨리는데, **카네기홀**에 설 기회라니, 생각만 해도 다리가 후들거렸다.

그 후 몇 달 동안 소피아와 나는 스승에게서 피아노 레슨을 받는 게 어떤 것인지 제대로 알게 되었다. 양 교수가 소피아에게 「소녀 줄리엣」을 가르치는 것을 보면서 내 생애 최고로 경이롭고 겸허한 순간을 경험했다. 소피아가 그 곡에 생기를 불어넣고 뉘앙스에 뉘앙스를 거듭 더하도록 그가 돕는 것을 보고 있으니 '이 사람은 천재구나.' 하는 생각이 저절로 들었다. 나는 미개인이야. 프로코피예프는 천재야. 나는 멍청이야. 양 교수와 프로코피예프는 위대해. 나는 식인종이야.

양 교수의 레슨에 가는 것은 내 삶의 즐거움이 되었다. 나는 그 시간이 오기를 일주일 내내 기다렸다. 레슨 시간마다 열심히 필기를 하며 조금씩 눈을 뜨고 깨달음을 얻었다. 가끔은 레슨 내용을 따라갈 수 없을 때도 있었다. 삼화음과 삼전음이 무슨 뜻일까? 음악에서 조화로운 감정을 만들어 내라고? 소피아는 어떻게 저렇게 모든 걸 빨리 알아들을까? 때로는 소피아가 놓친 것을 내가 이해하는 경우도 있었다. 양 교수가 시범을 보이면 나는 매의 눈으로 그것을 관찰했고 때로는 그들의 모습을 공책에 그리기도 했다. 우리는 집에 돌아와서 새로 배운 방식을 함께 시도했다. 양 교수의 안목과 가르침을 흡수하고 실행하는 공동 작업이었다. 나는 더 이상 연습 때문에 소피아에게 소리를 지르거나 싸울 필요가 없었다. 소피아는 의욕과 호기심이 넘쳐흘렀다. 그 애에게 새로운 세상이 열리고 있는 것 같았고, 실력이 좀 모자라는 파트너인 내게도 마찬가지였다.

프로코피예프의 곡에서 가장 어려운 부분은 그 곡의 뼈대를 이루는 난해한 줄리엣의 테마였다. 훗날 소피아는 학교에서 "줄리엣 정복하기"라는 제목으로 다음과 같은 에세이를 썼다.

내가 「소녀 줄리엣」 마지막 부분의 연주를 끝마쳤을 때, 지하 연주실은 쥐 죽은 듯 고요했다. 양 교수님은 나를 가만히 바라보고 계셨다. 나는 바닥 깔개만 쳐다봤다. 엄마는 우리의 피아노 공책에 뭔가를 열심히 적고 계셨다.

나는 머릿속에서 그 곡을 쭉 훑었다. 음계 때문일까? 아니면 도약 부분 때문인가? 나는 모든 것을 꼼꼼히 따져 봤다. 강약이 문제였나? 아니면 속도? 나는 크레셴도도, 리타르단도도 잘 지켰다. 내가 아는 한 내 연주는 흠잡을 데 없었다. 그런데 이 사람들은 뭐가 마음에 안 들어서 이러는 걸까? 내게 뭘 더 원하는 거야?

마침내 양 교수님이 말씀하셨다.

"소피아, 이 곡의 온도는 몇 도일까?"

나는 입을 꾹 다물다.

"질문이 너무 어려웠구나. 쉬운 말로 할게. 중간 부분을 생각해 보렴. 그 부분의 색깔은 뭐지?"

나는 대답해야만 했다.

"파랑? 밝은 파랑?"

"그럼 밝은 파랑의 온도는 뭐지?"

그건 쉬웠다.

"밝은 파랑은 서늘해요."

"그럼 서늘하게 연주해 봐."

무슨 이런 주문이 다 있을까? 피아노는 타악기다. 온도는 피아노 방정식의 항이 아니다. 그 섬세한 멜로디가 내 머릿속에서 끊임없이 떠돌아다녔다. 생각을 해, 소피아! 이건 줄리엣의 테마야. 하지만 줄리엣은 누구이고 그녀는 어떻게 '서늘할까?' 그때 지난주에 양 교수님이 언급하셨던 말이 생각났다. 줄리엣은 나와 같은 열네 살이라고 했다. 잘생긴 남자가 갑자기 내게 영원한 사랑을 맹세한다면 나는 어떻게 반응할까? 그러자 이런 생각이 들었다. 음, 그녀는 이미 자신이 열망의 대상이라는 것을 알고 있을 것이고, 우쭐하면서도 당황스러울 것이다. 그에게 끌리면서도 부끄럽고 어른 행세가 두려울 것이다. 이것이 내가 이해하는 그 서늘함이었다. 나는 크게 숨을 들이마시고 나서 연주를 시작했다.

놀랍게도 양 교수님은 만족하셨다.

"나아졌구나. 이제 다시 해 봐. 이번에는 표정이 아니라 네 손에 담아 봐. 자, 이렇게……."

교수님은 내가 앉았던 피아노 의자에 앉아서 시범을 보이셨다.

나는 교수님이 그 작은 멜로디를 어떻게 변화시켰는지 절대 잊지 못할 것이다. 그것은 바로 내가 상상하던 줄리엣이었다. 매혹적이면서도 연약하고 조금은 심드렁한 그녀. 비결은 곡의 인물을 손에 반영하는 데 있음을 나는 깨닫기 시작했다. 양 교수님은 텐트 모양으로 손을 오므린 채 건반을 살살 달래 가며 음을 뽑아냈다. 교수님의 손가락은 발레리나의 다리처럼 강하면서도 우아했다.

"이제 네가 해 봐."

교수님이 명령하셨다.

불행히도 줄리엣은 그 곡에서 절반밖에 차지하지 않았다. 다음 쪽에는 새로운 인물이 등장했다. 사랑의 열병에 걸린, 테스토스테론이 활

활 타오르는 로미오였다. 그는 완전히 다른 과제였다. 줄리엣의 음색은 가볍고 가냘픈 반면 로미오의 음색은 풍부하고 박력이 넘쳤다. 물론 양 교수님은 내게 계속 질문을 하면서 생각할 거리를 던져 주셨다.

"소피아, 네 로미오와 줄리엣은 똑같이 들려. 그들은 어떤 악기를 연주할까?"

이해가 안 갔다. 어, 피아노 아닌가? 나는 속으로 생각했다.

양 교수님이 계속 말씀하셨다.

"소피아, 이 발레 곡은 원래 전체 오케스트라를 위해 쓰인 곡이야. 넌 모든 악기 소리를 피아노로 재현해야 해. 그럼 뭐가 줄리엣이고 뭐가 로미오일까?

나는 당황해서 각 테마의 첫 몇 소절을 가리켰다.

"줄리엣은…… 아마 플룻이고 로미오는…… 첼로?"

알고 보니 줄리엣은 바순이었다. 하지만 로미오는 내 말이 맞았다. 프로코피예프가 원래 작곡한 대로라면, 로미오의 테마는 첼로가 연주했다. 로미오의 성격은 비교적 이해하기 쉬웠다. 이유는 알 수 없었다. 현실 속에서는 힌트를 얻을 수 없었다. 그냥 그가 불쌍했다. 그는 비극적 운명이었고, 줄리엣에게 푹 빠져 있었다. 어렴풋이 줄리엣의 테마가 로미오를 무릎 꿇리고 애원하게 만드는 것과 관련 있을 거라는 느낌이 들었다.

줄리엣이 오랫동안 내게 베일에 가려져 있었던 반면, 로미오는 언제나 자신 있었다. 그의 기분을 표현하기 위해서는 각기 다른 연주 테크닉이 몇 가지 필요했다. 그는 때로 낭랑하고 자신만만하다가도, 몇 소절 후에는 간절하게 애원했다. 나는 양 교수님이 말씀하신 대로 손을 훈련하는 데 힘을 쏟았다. 줄리엣을 위해 소프라노이자 프리마 발레리나 노릇을 하기가 무척 힘들었다. 이제 나는 첼로 연주자처럼 피아노를 쳐야 했다.

소피아가 쓴 에세이의 결론은 나중에 공개하겠다.

소피아가 준비 중인 대회는 아직 프로 음악가가 되지 않은 전 세계의 모든 어린 피아니스트들이 참가할 수 있었다. 그 대회는 이례적으로 현장 오디션을 하지 않았다. 참가자가 각자 선택한 피아노 곡을 편집 없이 녹음한 십오 분짜리 시디를 제출하면 그것으로 우승자를 가렸다. 우리 시디는 양 교수가 중점을 둔 「소녀 줄리엣」으로 시작해서 「로미오와 줄리엣」 가운데 또 다른 짧은 곡인 「거리에서 깨어나다 Улица просыпается」로 이어졌다. 양 교수는 완벽한 시디를 만들기 위해 전시회 큐레이터처럼 다른 곡들(리스트의 헝가리 랩소디, 베토벤의 중기中期 소나타)도 신중하게 선정했다.

힘겨운 몇 주일이 흐른 후, 양 교수는 소피아가 준비를 마쳤다고 말했다. 어느 화요일 늦은 저녁 소피아가 숙제와 연습을 끝마쳤을 때, 우리는 소피아의 시디를 녹음하기 위해 이슈트반이라는 오디오 기술자의 녹음실로 갔다. 그런데 작업이 뜻대로 되지 않았다. 나는 처음에는 도무지 이해가 되지 않았다. 쉬울 거야. 완벽한 시디가 나올 때까지 몇 번이고 반복해서 녹음하면 될 테니까. 내 생각은 완전히 틀렸다. (1) 피아니스트의 손이 지친다는 것. (2) 청중 없이 음 하나하나가 녹음되고 있음을 의식하며 연주하는 일은 대단히 어렵다는 것. (3) 소피아가 울먹이며 내게 설명한 바에 따르면, 곡을 반복해서 연주할수록, 연주할 때마다 감정을 실으려고 아무리 젖 먹던 힘까지 쏟아부어도 소리는 더욱 공허해진다는 것. 나는 이런 것들을 몰랐다.

언제나 마지막 장이 가장 어려웠다. 가끔은 마지막 줄일 때도 있었다. 그날 내 심정은, 금메달을 딸 것이라고 기대하는 좋아하는 피겨스케이팅 선수가 올림픽에서 마지막 착지를 하는 장면을 보는 것 같았다. 갈수록 입술이 바짝바짝 타들어 갔다. '이제 됐어, 바로 이거야.' 하고 생각하는 순간, 마지막 트리플 악셀_{공중 삼회전 반 돌기}에서 엉덩방아를 찧고 얼음 위에 자빠지는 꼴이 벌어졌다.

소피아가 베토벤 소나타를 연주할 때도 비슷한 일이 벌어졌고, 곡은 제대로 나오지 않았다. 세 번째 연주 후에 다시 감행한 도전에서 소피아가 마지막 부분의 두 줄을 몽땅 빼먹자, 이슈트반은 내게 잠시 바람을 쐬고 오라고 점잖게 제안했다. 이슈트반은 대단한 멋쟁이였다. 그는 검정 가죽 재킷과 검정 스키 모자 차림에 검정 클라크 켄트 안경을 끼고 있었다.

"저 아래에 카페가 하나 있습니다. 소피아에게 코코아를 한잔 사다 주시는 게 어떨까요? 제 커피는 제가 타서 마시겠습니다."

십오 분 후에 마실 것을 사서 돌아와 보니 이슈트반은 정리를 하고 있었고 소피아는 웃고 있었다. 그들은 베토벤을 만족스럽게(실수 하나 없이 대단히 음악성 있게) 연주했다고 내게 말했다. 나는 안심하고 더 이상 묻지 않았다.

우리는 소피아가 시도한 연주 시디들을 모두 양 교수에게 가져다줬고, 그는 그것들을 모두 듣고 나서 최종 선택을 했다.("프로코피예프는 첫 번째 것, 리스트는 세 번째, 베토벤은 마지막 것으로 하죠.") 이슈트반은 그 곡들을 하나의 시디에 담았고, 우리는 그것을 페덱스로 대회에 보냈다.

그러고 나서 우리는 기다렸다.

줄리아드에
도전장을 내밀다

　이제는 룰루의 차례였다! 중국인 엄마에게는 쉴 틈도, 재충전할 여유도, 며칠 동안 친구들과 함께 캘리포니아의 진흙 온천으로 놀러 갈 시간도 존재하지 않는다. 모두들 소피아가 참가한 대회에서 소식이 오기만을 기다리는 동안, 나는 관심의 초점을 당시 열한 살이던 룰루에게로 돌렸다. 나는 베이머스 부인이 제안한 대로 룰루를 뉴욕에 있는 줄리아드 예비 학교 입학시험을 보게 할 생각이었다. 줄리아드 예비 학교는 일곱 살부터 열여덟 살 사이의 재능이 뛰어난 아이들을 대상으로 입학시험을 치렀다. 기원은 룰루가 기교적인 면에서 완벽하게 준비되었다고 확신하지 못했지만, 나는 자신 있었다. 우리는 일어나서 속도를 올려야 할 때였다.

　제드는 반대하면서 계속 내 마음을 바꾸려고 했다. 줄리아드 예비 학교는 치열하기로 유명한 곳이다. 해마다 전 세계에서 뛰어난 학생들이, 특히 아시아와 최근에는 러시아와 동유럽 학생들이 소수의 입학

정원을 놓고 경쟁한다. 그곳에 지원하는 아이들은 (1) 프로 음악인을 꿈꾸거나 (2) 그들의 부모가 자식을 프로 음악인으로 키우려고 꿈꾸거나 (3) 그들의 부모가 자식이 줄리아드 예비 학교에 다니면 나중에 아이비리그 대학에 진학하는 데 도움이 될 거라고 생각하는 경우이다. 예비 학교 입학을 허락받은 소수의 행운아들은 토요일마다 아홉 시간에서 열 시간씩 공부한다.

제드는 토요일 새벽마다 일어나서 뉴욕까지 차를 몰고 가는 것을 별로 달가워하지 않았다.(내가 하겠다고 했건만.) 하지만 그가 진짜로 걱정한 것은 따로 있었다. 줄리아드는 압력 밥솥처럼 억압된 분위기와 피튀기는 경쟁으로 악명이 높았다. 그는 그것이 룰루에게 과연 좋을지 확신하지 못했다. 룰루도 그것이 자신에게 좋을지 확신하지 못했다. 사실 룰루는 시험을 보기도 싫고 합격한다고 해도 줄리아드에 다니고 싶지 않다고 줄곧 말했다. 하지만 룰루는 내 제안이라면 무엇이든 마다했기 때문에 나는 자연스레 그 애의 말을 무시해 버렸다.

제드가 룰루의 줄리아드 입학을 달가워하지 않은 데는 이유가 하나 더 있었다. 제드 자신이 오래전에 그 학교를 다닌 적이 있었기 때문이다. 그는 프린스턴대를 졸업한 후에 줄리아드 연극 학교에서 입학을 허가받았다. 그곳은 심지어 세계적으로 유명한 음악 학교보다 더 들어가기 힘든 곳으로 악명이 높다. 제드는 뉴욕으로 거처를 옮기고 동료들과 함께 연기를 공부했다. 그때 함께 공부한 친구들 중에는 켈리 맥길리스(「탑 건」), 발 킬머(「배트맨」), 마샤 크로스(「위기의 주부들」)도 있었다. 그는 발레리나들과 데이트를 하고 알렉산더 건강법_{몸의 올바른 자세를 통} _{해 건강을 개선하는 방법}을 배우고 「리어 왕」에서 주인공을 맡았다.

그러다가 제드는 학교에서 쫓겨났다. '불복종'이 그 이유였다. 그가 체호프의 「벚꽃 동산」에서 로파힌 역을 맡았을 때, 감독이 그에게 특정 방식으로 연기할 것을 요구했다. 제드는 그녀의 의견에 동의하지 않았다. 몇 주 후, 그녀는 리허설 도중에 갑자기 제드에게 분통을 터뜨리며 연필을 반으로 부러뜨리더니 "그냥 서서 나를 비웃으며 사사건건 내 말을 비판하는" 사람과는 함께 일할 수 없다고 선언했다. 이틀 후, 연극 학교 학장(공교롭게도 제드가 대든 감독의 남편이었다.)이 제드에게 다른 일을 찾아보라고 통보했다. 그는 뉴욕에서 웨이터로 일하며 일 년을 보내고 나서 하버드대 로스쿨에 진학했다.

아마도 끝이 해피엔드였기 때문에(제드가 계속 줄리아드에 있었다면 그와 나는 만나지 못했을 테니.) 나는 파티에 갈 때마다 그 이야기를 윤색해서 사람들에게 들려주었다. 그 이야기는 할 때마다 대성공을 거두었다. 사람들은 법학 교수가 줄리아드에 다녔고 케빈 스페이시와 친분이 있었다는 것을 멋지게 생각하는 듯하다. 더구나 반항하다가 쫓겨나는 것은 미국인들이 좋아하는 이야깃거리다.

그런데 그 이야기를 우리 부모님에게 했을 때는 역효과가 났다. 제드와 내가 결혼하기 전, 부모님에게 그의 존재를 알리고 나서 얼마 되지 않았을 때였다. 나는 이 년 동안 제드의 존재를 숨기고 있다가 결국 그와 진지하게 사귀고 있음을 부모님에게 털어놓았는데, 부모님은 충격에 휩싸였다. 어머니는 말 그대로 몸져누웠다. 내가 어렸을 때 어머니는 좋은 남편감에 관해 여러 조언을 하곤 했다.

"잘생긴 남자와는 절대 결혼하지 마라……. 너무 위험해. 남편을 고를 때 가장 중시해야 할 것은 인격과 건강이야. 병약한 남자와 결혼하면 불행해진단다."

하지만 어머니의 그 말은 건강한 남편이 중국인이라는 전제 아래 한 것이었다. 가능하면 석사나 박사 학위를 받은 푸젠 사람이라면 더 좋고.

그런데 백인인 데다 유대인인 제드가 나타난 것이다. 부모님 모두 제드가 연극 학교에 다녔다는 점을 전혀 달가워하지 않았다.

"연극 학교?"

아버지는 어머니와 나란히 소파에 앉아 있다가 정색하고서는 제드를 바라보았다.

"배우가 되고 싶었단 말이야?"

발 킬머와 켈리 맥길리스라는 이름은 부모님에게 아무런 의미가 없었다. 부모님은 돌부처처럼 그냥 계속 앉아 있었다. 제드가 학교에서 쫓겨나 여섯 달 동안 웨이터로 일해야 했던 부분에 이르자, 어머니는 화들짝 놀랐다.

"**쫓겨났다고?**"

어머니는 화난 눈으로 아버지를 흘끔 보았다.

"그거 자네 이력에 계속 따라다니는 거 아니야?"

아버지가 얼굴을 찌푸리고 물었다.

"아빠, 별 걱정을 다 하시네요!"

나는 아무 일도 아니라는 듯 웃음을 터뜨렸다.

"오히려 전화위복이 되었어요. 그 덕분에 제드는 로스쿨에 들어갔거든요. 이 사람은 법을 좋아해요. 이건 그냥 웃자고 한 얘기예요."

"하지만 자네는 지금 공무원이라고 했잖아?"

아버지가 못마땅하다는 투로 말했다. 아버지가 머릿속으로 제드가

DMV The Department of Motor Vehicles, 미국 차량 관리 부처 창구 안에서 도장을 찍어 주는 모습을 그리는 게 보이는 듯했다.

나는 꾹 참고 부모님에게 설명했다. 이번이 벌써 세 번째였다. 제드는 공공의 이익을 위해 일하고 싶어서 월 가의 법률 회사를 그만두고 뉴욕 남부 연방 검찰청에서 검사로 일하고 있다고.

"대단한 고위직이에요. 얻기도 쉽지 않은 자리고요. 제드는 80퍼센트 연봉 삭감도 감수했어요."

"80퍼센트!"

어머니가 소리쳤다.

"엄마, 삼 년 동안만이에요."

나는 이제 지쳐서 포기하기 시작했다. 서양인 친구들은 제드가 공무원으로 일하기 위해 연봉 삭감을 감수했다는 말을 들으면 언제나 "잘 생각했어." 하는 말과 함께 등을 토닥여 줬다.

"좋은 경험이 될 거예요. 제드는 소송을 좋아해요. 소송 전문 변호사가 될지도 몰라요."

"왜?"

어머니가 씁쓸하게 물었다.

"배우가 꿈이었기 때문에?"

어머니의 그 마지막 말은 지워지지 않는 도덕적 결함을 내포하고 있었다.

그때를 돌아보며 우리 부모님이 지금은 어떻게 변했는지 생각하면 참 재미있다. 내가 룰루를 줄리아드에 보내려는 꿈을 품기 시작했을 즈음, 부모님은 사위 사랑에 푹 빠져 있었으니까.(아이러니하게도 그 무렴 부모님 친구의 아들이 홍콩에서 유명한 배우가 되는 바람에 연기에 대한 부모님의 생각은 180도 바뀌어 있었다.) 게다가 부모님은 줄리아드가 유명하다는 사실도 알게 되었다.(요요마!) 하지만 제드와 마찬가지로 부모님도 내가 룰루를 줄리아드 예비 학교에 보내려는 진짜 이유를 이해하지 못했다.

"넌 룰루가 프로 음악가가 되기를 바라지 않잖아, 아니야?"

아버지가 의아해하며 물었다.

나는 대답할 말이 생각나지 않았지만 고집을 꺾지는 않았다. 나는 소피아의 시디를 피아노 대회에 제출했을 때쯤 줄리아드에 룰루의 지원서를 냈다.

앞에서 말했듯이 중국식으로 아이들을 키우는 것이 서양식보다 훨씬 더 어렵다. 잠시도 쉴 틈이 없기 때문이다. 나는 두 달 동안 소피아의 국제 대회 준비에 총력을 기울였다가 곧바로 룰루에게로 방향을 돌려 다시 총력전에 나서야 했다.

줄리아드 예비 학교 입학 시험을 준비하는 동안 압박의 수준은 최고도로 치솟았다. 룰루 또래의 지원자들은 세 옥타브 장조와 단조 음계, 아르페지오, 에튀드, 협주곡의 느리고 빠른 움직임, 추가 대조곡^{어떤 한 곡} _{을 집중 연구할 때, 빠르기나 장단조가 반대되는 곡}을 달달 외우고 있어야 했다. 시험을 볼 때 아이들은 부모 없이 혼자 방에 들어가서 대략 다섯 명에서 열 명 정도 되는 줄리아드 예비 학교 교수진 앞에서 연주를 해야 한다. 심사 위원들은 무작위로 곡을 골라 아무 부분이나 시켰다가 언제든 중단시킨다. 예비 학교 바이올린 교수진에는 이츠하크 펄먼과 뉴욕 필하모닉 오케스트라 수석 바이올리니스트 글렌 딕터로 같은 거물을 비롯해 세계적인 젊은 바이올린 연주자들을 배출한 훌륭한 스승들이 포진해 있다. 우리는 그중에서 다나카 나오코라는 바이올린 선생님에게 주목했다. 그녀는 베이머스 부인처럼 전 세계 학생들이 그녀의 연주실로 들어가고 싶어 줄을 설 만큼 인기가 많은 사람들 가운데 하나였다. 우리가 다나카 선생님을 알게 된 것은 기원을 통해서였다. 기원은 베이머스 부인에게 배우기 시작한 열일곱 살 전까지 구 년 동안 다나카 선생님과 함께 공부했다.

룰루에게 시험 준비를 시키는 것은 특히나 어려웠다. 룰루가 수백 년이 지나도 절대 시험은 보지 않겠다고 버텼기 때문이다. 룰루는 시험에 대해 기원에게서 들은 이야기를 무엇이든 싫어했다. 중국이나 한국, 인도에서 비행기를 타고 날아오는 지원자들 중에는 몇 년 동안이나 준비해서 오는 아이들도 있다는 것을 룰루는 알고 있었다. 직전에 준비해서 시험을 본 아이들은 두 번이고 세 번이고 떨어지기 때문이었다. 지원자 중에는 줄리아드 예비 학교 교수진에게 개인 레슨을 받고 오는 아이들도 있었다.

하지만 나는 우회 작전을 썼다.

"최종 결정은 네게 맡길게, 룰루."

나는 거짓말을 했다.

"일단 시험 준비는 하되, 끝까지 네가 싫다면 안 봐도 돼."

혹은 이렇게 말했다.

"무서워서 억지로 하지는 마."

나는 교황처럼 선포하기도 했다.

"내가 이제까지 한 일들 가운데 가치 있는 것들은 모두 시도하기 두려운 것들이었어."

성과를 끌어올리기 위해 나는 하루에 몇 시간씩 기원뿐만 아니라 렉시라는 예쁜 예일대 대학원생도 고용했는데, 룰루는 렉시를 좋아했다. 렉시는 기원만큼 기교가 뛰어나지는 않았지만 예일대 오케스트라 단원이었고 진정으로 음악을 사랑했다. 지적이고 철학적인 렉시는 룰루에게 좋은 영향을 주었다. 그녀는 이론을 탐구했다. 렉시와 룰루는 좋아하는 작곡가며 협주곡, 과대평가된 바이올리니스트, 룰루의 선택 곡에 대해 다양한 의견을 나누었다. 룰루는 렉시와 대화를 하고 나면 언제나 연습할 의욕에 차 있었다.

그 와중에 나는 예일대에서 강의를 계속하면서 두 번째 책을 끝냈다. 역사상 가장 번성했던 제국들과 그들의 성공 비결을 다룬 책이었다. 그리고 여행을 다니면서 민주화와 민족 분쟁에 관한 강연도 계속했다.

어느 날 공항에서 뉴헤이번으로 돌아가는 비행기 탑승을 기다리다가 내 블랙베리에서 소피아의 피아노 대회 후원사가 보낸 이메일을 봤다. 나쁜 소식일까 두려워 나는 잠시 멍하니 있다가 더 참지 못하고 버튼을 눌렀다.

소피아가 최우수상이었다. 소피아가 카네기홀에서 연주를 하게 된 것이었다! 하지만 문제가 하나 있었다. 소피아의 카네기홀 연주회는 룰루의 줄리아드 입학시험 전날이었다.

카네기홀에서의
화려한 데뷔

결전의 날, 소피아가 카네기홀에서 데뷔하는 날이 정해졌다. 나는 그야말로 하늘을 날 것 같았다. 제드와 나는 상의 끝에 그해 겨울에는 휴가를 가지 않기로 결정했다. 바닥에 끌리는 소피아의 진회색 드레스는 데이비스 브라이들이 아니라 바니스 뉴욕 백화점에서 산 것이었다! 나는 연주회가 끝나고 열리는 파티를 위해 뉴욕 세인트 레지스 호텔의 퐁텐블로 룸을 빌렸다. 그리고 같은 호텔에서 방 두 개를 이틀 밤 예약했다. 나는 초밥과 게살 경단, 푸딩, 케사디야^{고기나 치즈, 야채 속을 넣고 삶거나 튀긴 전병}, 생굴, 얼음을 채우고 왕새우를 담은 은그릇, 쇠고기 안심 테이블, 베이징 덕 테이블, (아이들을 위한) 파스타 테이블을 주문했다. 마지막에는 그뤼에르 프러피터롤^{속에는 크림을 넣고 위에는 초콜릿을 얹은 작은 슈크림}과 시칠리아 풍 버섯 주먹밥, 거대한 후식 테이블을 내오도록 했다. 그리고 초대장을 인쇄해서 내가 아는 모든 사람들에게 보냈다.

새 청구서가 도착할 때마다 제드는 눈썹을 쓱 추켜올렸다. 한번은 이렇게 말하기도 했다.

"여름 휴가도 물 건너갔네."

한편 친정 어머니는 내 씀씀이에 기겁을 했다. 우리가 자랄 때는 고 작해야 모텔이나 홀리데이 인이 전부였다. 하지만 카네기홀은 일생에 단 한 번뿐인 기회라서 나는 잊지 못할 추억을 만들고 싶었다.

오해를 막기 위해 여기서 하나 밝혀 두고 싶은데, 내 행동의 어떤 면 (예를 들어 과시하거나 과장을 잘하는 성향)은 중국인 엄마들의 전형적인 모습은 아니다. 나의 그러한 단점, 화려한 파티와 빨간색을 좋아하는 습성, 큰 목소리는 아버지에게서 물려받은 것이다. 대단히 조용하고 겸 손한 어머니는 내가 자랄 때 고개를 절레절레 흔들면서 이렇게 말하곤 했다.

"핏줄이 어디 가겠니. 에이미는 우리 집 괴짜의 판박이야."

그 괴짜는 바로 언제나 나의 우상이었던 아버지였다.

세인트 레지스 호텔은 피아노를 쓸 수 있게 해 달라는 내 요청을 받 아들였다. 소피아와 나는 연주회 전날 시간이 나는 대로 짬짬이 연습 을 했다. 제드는 내가 적정선을 넘어서 소피아의 손가락을 혹사할까 봐 걱정했다. 양 교수는 소피아가 연주할 곡들을 속속들이 알고 있으 니 마음을 가라앉히고 정신을 집중하는 편이 좋을 거라고 말했지만, 나는 소피아의 연주가 흠잡을 데 없이 완벽하기를, 양 교수에게서 배 운 작은 뉘앙스 하나도 놓치지 않기를 원했다. 우리는 모든 사람의 조 언과는 반대로 연주회 당일 새벽 1시까지 연습을 했다. 내가 마지막으 로 소피아에게 한 말은 이것이었다.

"넌 잘해 낼 거야. 최선을 다해 열심히 했고 네가 할 수 있는 건 모두

했으니까, 이제 어떻게 되든 상관없어."

마침내 그 순간이 왔다. 나는 숨도 제대로 못 쉬고 시체처럼 뻣뻣하게 굳어서는 의자에 앉아서 팔걸이를 꽉 움켜쥐었다. 소피아는 환희 속에서 훌륭한 연주를 펼치고 있었다. 나는 그 곡들의 모든 음, 음 사이의 모든 침묵, 모든 위트 넘치는 감동을 내 손바닥처럼 훤히 꿰고 있었다. 어느 부분이 함정인지도 알았다. 소피아는 그 함정들도 모두 피해 갔다. 나는 소피아가 좋아하는 부분도, 그 애가 가장 능숙하게 다루는 경과구 _{독주 기악곡에서 선율 음의 사이를 높거나 낮은 방향으로 급하게 진행하는 부분} 도 알았다. 소피아는 곡에 빠져들기 시작했음에도 천만다행으로 서두르지 않고 감정을 담았고, 이미 자신이 승리했음을 느끼고 있었다.

연주가 끝나고 모두들 소피아에게 달려가서 축하 인사를 건네고 그 애를 안아 주는 동안 나는 뒤에 물러서 있었다. "소피아의 눈이 사람들 속에서 나를 찾고 있었어요." 하는 진부한 대사는 필요 없었다. 어느새 어른이 된 내 귀여운 딸이 친구들과 함께 웃으며 꽃다발에 둘러싸여 있는 모습을 그저 멀리서 바라봤을 뿐이다.

절망의 순간이 나를 덮칠 때면 나는 그때의 기억을 되살리곤 한다. 그날 참석했던 우리 부모님과 여동생들, 시아버지와 그의 아내 해리엇, 그리고 많은 친구들과 동료들을 생각한다. 그날 연주회에 참석하기 위해 뉴헤이번에서 온 양 교수는 자신의 어린 제자를 무척 자랑스러워했다. 나중에 소피아는 그날이 일생에서 가장 행복한 순간이었다고 말했다. 나는 소피아의 학교 친구들을 모두 초청했을 뿐만 아니라 밴을 한 대 빌려서 아이들에게 뉴헤이번과 뉴욕을 왕복하는 교통편을 제공했다. 단체로 뉴욕에 온 까불이 중학교 2학년생보다 더 크게 박수를 칠 수 있는 사람은 없다. 그리고 그 애들보다 (세인트 레지스 호텔이 개당 비용을 청구하는) 새우 칵테일을 더 많이 먹을 수 있는 사람도 없다.

앞에서 약속한 대로, 소피아의 에세이 "줄리엣 정복하기"의 결말을 공개한다.

나는 뭐가 어떻게 돌아가는지 알지 못한 채 무대 뒤에서 넋이 나가서 덜덜 떨고 있었다. 손이 차가웠다. 곡을 어떻게 시작하는지 기억나지 않았다. 오래된 거울에 창백한 내 얼굴과 그에 대비되는 짙은 색 드레스가 비쳤다. 얼마나 많은 음악가들이 같은 거울을 바라봤을까 궁금했다.

카네기홀. 여기는 내가 있을 자리가 아닌 것 같았다. 이곳은 달성할 수 없는 목표, 헛된 희망을 품고 평생 연습에 매달리게 만드는 미끼였다. 그런데 내가 여기 있었다. 중학교 2학년인 내가, 밖에서 기대하고 있는 청중을 위해 이제 곧 「소녀 줄리엣」을 연주할 것이다.

이 순간을 위해 나는 정말 열심히 노력했다. 로미오와 줄리엣에 대해서만 배운 게 아니었다. 종알거리듯 반복되는 달콤한 멜로디는 줄리엣을 따라다니는 그녀의 유모다. 활기찬 화음은 로미오의 짓궂은 친구들이다. 여러 면에서 나의 많은 부분이 이 곡에 투영되었다. 바로 그 순간, 나는 내가 얼마나 이 음악을 사랑하는지 깨달았다.

사람들 앞에서 연주하는 것은 쉽지 않다. 가슴이 터질 것 같다. 한 곡을 완전히 통달하기 위해서는 몇 달, 아니 몇 년이 걸릴 수도 있다. 연주자는 그 곡의 일부분이 되고, 그 곡은 연주자의 일부분이 된다. 청중을 위해 연주하는 일은 피를 나눠 주는 것과 같다. 연주자는 공허감을 느끼며 머리가 가벼워진다. 그리고 연주가 끝나면, 그 곡은 더 이상 연주자의 것이 아니다.

　이제 때가 되었다. 나는 피아노 앞으로 걸어 나가서 고개 숙여 인사를 했다. 오직 무대만이 환하게 밝혀져 있었고, 청중의 얼굴은 보이지 않았다. 나는 로미오와 줄리엣에게 작별 인사를 하고 나서, 그들을 어둠 속으로 풀어 주었다.

　소피아의 성공은 내 삶의 활력소가 되었고, 나는 새로운 꿈을 꾸며 희망에 부풀었다. 소피아가 연주한 바일 리사이틀 홀은 카네기홀 3층에 자리 잡은 비교적 작은(하지만 고풍스러운 아치와 대칭적인 비율 덕분에 상당히 매력적인) 공연장이었다. 내가 텔레비전에서 본, 세계적인 위대한 음악가들이 3000명에 달하는 청중 앞에서 연주하는 훨씬 더 크고 웅장한 공연장은 아이작 스턴 강당이었다. 나는 언젠가 반드시 그곳에 도전하리라 다짐했다.

　그날은 몇 가지 어두운 그림자도 드리워져 있었다. 모두들 그 자리에 없는 시어머니를 그리워했다. 시어머니의 빈자리는 우리의 가슴에 채울 수 없는 허전함을 남겼다. 소피아의 옛 스승 미셸이 오지 않은 것도 가슴 아팠다. 우리는 그녀와의 인연을 계속 이어 가려고 노력했지만 양 교수로 선생을 바꾸면서 그녀와는 멀어졌다. 가장 큰 문제는 룰루가 연주회 당일에 식중독에 걸린 것이었다. 룰루는 기원과 함께 아침 내내 시험에서 연주할 곡을 연습하고 나서 점심을 먹으러 델리_{치즈나} _{차가운 고기, 샌드위치 등 간편한 음식을 파는 가게}에 갔다. 이십 분 후에 룰루는 복통을 일으키며 고통에 몸부림쳤다. 그리고 소피아가 연주를 하는 동안 간신히 앉아 있다가 연주가 끝나자 비틀거리며 연주회장을 빠져나갔다. 기원은 룰루를 택시에 태워 호텔로 돌아갔다. 룰루는 연주회 파티에 아예 참석하지 못했고, 제드와 나는 번갈아 가며 호텔 방으로 달려갔다. 친정 어머니는 밤새 토하는 룰루를 돌봤다.

다음 날 아침, 우리는 귀신처럼 창백한 얼굴로 간신히 걷는 룰루를 데리고 줄리아드로 갔다. 룰루는 노랗고 하얀 드레스를 입고 머리에는 커다란 나비 리본을 달고 있었는데, 리본 때문에 그 애의 수척한 얼굴이 더 도드라져 보였다. 나는 시험을 취소할까 생각해 봤지만, 우리는 그날을 위해 수많은 시간을 쏟아부은 상태였고 무엇보다 룰루가 시험을 보기를 원했다. 대기실에는 동양계 부모들이 사방에 깔려 있었다. 굳은 얼굴로 왔다 갔다 하는 그들의 머릿속에는 한 가지 생각뿐이었다. 너무 노골적으로 보였다. 저들이 과연 음악을 사랑하기나 하는 걸까 하는 의문이 들었다. 그곳에 있는 부모들은 거의 모두 외국인이거나 이민자라는 것, 음악은 그들에게 통행권이나 다름없다는 데에 생각이 미쳤다. 나는 저들과 달라. 처지가 다르니까.

룰루는 자기 이름이 불리자 용감하게 홀로 시험장으로 들어갔다. 나는 가슴이 찢어지는 것 같았다. 모든 걸 포기하고 싶은 마음도 들었다. 하지만 그 대신에 제드와 나는 문에 귀를 바짝 갖다 대고 룰루가 연주하는 모차르트의 「협주곡 3번」과 가브리엘 포레의 「자장가 *Berceuse* 」 소리에 귀를 기울였다. 두 곡 모두 내가 이제까지 들어 본 룰루의 연주 중에 가장 감동적인 연주였다. 나중에 룰루에게 들은 바로는, 심사 위원 중에는 이츠하크 펄먼과 그 유명한 바이올린 스승 다나카 나오코도 있었다고 한다.

한 달 후, 우울한 소식이 우편으로 날아왔다. 제드와 나는 그 얇은 우편물을 보고 내용이 무엇일지 직감했다. 룰루는 아직 학교에 있었다. 제드는 단 두 줄로 불합격을 통보하는 그 편지를 읽더니 역겨워하며 고개를 돌려 버렸다. 그는 내게 아무 말도 하지 않았지만 그의 침묵은 비난으로 채워져 있었다. '이제 만족해, 에이미? 자, 이제 어쩔 거야?'

룰루가 집에 돌아왔을 때 나는 아이에게 최대한 명랑하게 말했다.

"어, 룰루, 우리 딸. 있잖아, 줄리아드에서 소식이 왔어. 불합격이래. 하지만 괜찮아……. 어차피 올해에는 기대하지 않았잖아. 처음에는 떨어지는 사람들이 수두룩해. 다음에는 더 잘할 거야."

그때 룰루의 얼굴에 스친 표정을 보고 나는 가슴이 무너졌다. 언뜻 룰루가 울음을 터뜨리는 줄 알았지만, 곧 다시는 도전하지 않겠다는 그 애의 마음을 읽을 수 있었다. 나는 속으로 생각했다. 어쩌다가 내 딸에게 그런 좌절감을 안겨 주었을까? 우리가 쏟아부은 그 모든 시간들은 이제 기억 속에 시커먼 얼룩으로 남았다. 이제 어떻게 그 애에게 다시 연습을 시킬 수 있을까…….

"떨어져서 차라리 잘됐어요."

룰루의 목소리가 내 생각 속으로 비집고 들어왔다. 룰루는 이제 약간 화가 난 것처럼 보였다.

"룰루, 아빠와 엄마는 네가 정말 자랑스러워……."

"어휴, **그만하세요.**"

룰루가 딱딱거렸다.

"말했잖아요……. 난 상관없다고요. 그냥 엄마가 시켜서 한 거예요. 전 줄리아드 **싫어요.** 차라리 떨어져서 다행이에요."

룰루가 반복했다.

만약 다음 날 모든 사람들, 특히 다나카 나오코에게서 전화를 받지 않았다면 그때 내가 어떻게 했을지 잘 모르겠다. 다나카 선생님은 룰루가 특출한 음악성을 선보였고 시험을 훌륭하게 치렀다고 생각해서 찬성표를 던졌다고 말했다. 그리고 그해에는 줄리아드 예비 학교의 바이올린 코스 정원을 줄이기로 결정했다고 설명했다. 그 결과 전례 없는 극소수의 자리를 놓고 전례 없이 많은 지원자들이 경쟁하는 바람에, 평년에 비해 입학이 한층 더 어려웠다는 것이다. 다나카 선생님에게 친절히 전화해 줘서 감사하다는 인사를 하려는데, 그녀가 룰루를 자신의 개인 연주실 학생으로 받고 싶다는 뜻을 표시했다.

나는 넋이 나갔다. 다나카 선생님의 개인 연주실은 들어가기 어렵기로 유명했다. 거의 불가능하다고 봐도 무방했다. 하늘을 나는 기분이었다. 나는 얼른 생각했다. 진정으로 원했던 것은 룰루를 위한 위대한 스승 아니었던가. 줄리아드 예비 학교 프로그램은 아무래도 좋았다. 다나카 선생님에게 레슨을 받으려면 차로 매주 뉴욕까지 왔다 갔다 해야 했다. 게다가 룰루가 어떻게 나올지도 확실치 않았다.

나는 그 자리에서 룰루를 대신해 그 제안을 받아들였다.

미국의 신동 자매,
부다페스트를 감동시키다

　줄리아드 시험을 준비하느라 오랫동안 고통의 시간을 보낸 후에 식중독을 앓고 불합격 통지서를 받은 룰루에게, 내가 휴식 시간을 주었으리라고 아마도 여러분은 생각할 것이다. 아마 그랬어야 했을지도 모른다. 하지만 그때는 이 년 전이었고, 그 당시만 해도 내가 지금보다 훨씬 더 젊었던 터라 그렇게 하지 않았다. 긴장의 끈을 늦췄다가는 룰루의 성장이 멈출 것이 자명했다. 그것은 내가 서양식이라 여기는 안이한 탈출이었다. 오히려 나는 압력의 수위를 더욱더 높였다. 나는 처음으로 호된 대가를 치렀지만, 그보다 더한 것도 감수할 각오가 되어 있었다.

　소피아의 카네기홀 연주회에 참석한 손님들 가운데 가장 중요한 두 사람은 오스카르와 크리스티나 포가니 부부였다. 우리 가족의 친구인 그들은 헝가리에서 왔는데, 그 당시 우연히 뉴욕을 방문 중이었다. 저명한 물리학자인 오스카르는 아버지의 절친한 친구였다. 그의 아내 크리스티나는 프로 피아니스트로 활동하다가 지금은 헝가리 부다페스트 음악계에서 활약하고 있었다. 연주가 끝났을 때 그녀는 우리에게 달려와 소피아의 연주가(특히 「소녀 줄리엣」이) 감동적이었다고 격찬했다.

크리스티나는 부다페스트에서 모든 박물관들이 각종 강연이며 공연, 콘서트를 여는 '박물관의 밤'이라는 축제가 열릴 예정이라고 설명했다. 축제 기간에 사람들은 표 한 장만 끊으면 이 박물관에서 저 박물관으로 옮겨 다니며 밤늦도록 즐길 수 있었다. '박물관의 밤' 축제 기간 동안 프란츠 리스트 음악 학교는 많은 콘서트를 개최할 계획인데, 크리스티나는 소피아가 '미국의 신동'이라는 연주회를 열면 대성공을 거둘 것 같다고 말했다.

황홀한 초대였다. 부다페스트는 유명한 음악의 도시이자 리스트와 벨러 버르토크, 졸탄 코다이를 배출한 고장이었다. 그곳의 훌륭한 국립 오페라하우스는 음향 시설 면에서 밀라노의 라 스칼라와 파리의 팔레 가르니에 다음으로 손꼽히는 곳이다. 크리스티나가 소피아의 연주회 장소로 제안한 곳은 올드 뮤직 아카데미였다. 그곳은 그 음악 학교의 설립자이자 교장이었던 프란츠 리스트가 한때 사저로 쓰던 우아한 삼층짜리 네오 르네상스 풍 건물이었다. 지금 그 올드 뮤직 아카데미는 리스트가 쓰던 악기와 가구, 손수 적은 악보 등을 소장한 박물관으로 쓰이고 있었다.(몇 구역 떨어진 곳에 있는 뉴 뮤직 아카데미가 1907년부터 원래의 기능을 대신하고 있다.) 크리스티나는 자기도 리스트가 쓰던 피아노로 연주를 할 거라고 소피아에게 말했다! 청중은 많을 것이기 때문에 소피아의 첫 유료 연주회 관객은 걱정할 것도 없다고.

하지만 한 가지가 마음에 걸렸다. 소피아가 카네기홀에서 갈채를 받고 돌아오자마자 또다시 집안 큰 행사의 주역으로 관심을 한 몸에 받으면, 룰루는 기분이 어떨까? 룰루는 다나카 선생님의 제안에 기뻐했다. 놀랍게도 룰루는 그 얘기를 듣자마자 하고 싶다고 말했다. 하지만 그것은 줄리아드 사건으로 받은 상처를 약간 무디게 했을 뿐이다. 게다가 내가 룰루의 입학시험을 비밀에 부치지 않은 탓에 룰루는 그 후로 몇 달 동안 "시험 결과 안 나왔어? 넌 꼭 붙을 거야." 하며 궁금해하는 사람들에게 시달려야 했다.

중국식 양육법은 실패했을 때 가장 큰 취약점을 드러낸다. 실패의 가능성을 용납하지 않기 때문이다. 중국식 양육법은 성공을 쟁취하도록 자극한다. 자신감과 근면함, 그에 따른 성공이 선순환을 이뤄 내는 구조다. 나는 더 늦기 전에 룰루가 소피아와 같은 수준의 성공을 거머쥐도록 확실한 조치를 취해야 했다.

나는 계획을 짜고 나서 친정 어머니를 중개인으로 내세웠다. 어머니는 크리스티나와 오랜 친구 사이였다. 나는 어머니에게 크리스티나한테 전화를 걸어서 룰루와 바이올린에 얽힌 이야기를 모두 해 달라고 부탁했다. 그 애가 제시 노먼과 저명한 바이올린 지도자 베이머스 부인 앞에서 어떻게 연주했는지, 그리고 두 사람 모두 룰루의 뛰어난 재능을 칭찬했고 결국 룰루가 세계적인 줄리아드 음악 학교의 유명한 지도자에게 가르침을 받는 제자가 되었다는 것도. 나는 룰루가 부다페스트에서 소피아와 함께 이중주로 연주할 수 있는 가능성을 타진해 달라고 부탁했다. 단 한 곡이라도 좋았다. 그러면서 버르토크의 「피아노와 바이올린을 위한 루마니아 민속 무곡」이 어떻겠냐고 제안했던 것 같다. 딸들이 그 무렵에 그 곡을 연주한 적이 있는 데다 크리스티나가 그 곡을 마음에 들어 할 것 같았다. 버르토크는 리스트와 더불어 헝가리에서 가장 유명한 작곡가이며, 그의 민속 무곡은 대중들에게 인기가 높다.

우리는 운이 좋았다. 룰루를 만나 본 크리스티나는 그 애의 열정적인 성격을 좋아했고, 소피아와 룰루의 이중주 제안이 마음에 들며 「루마니아 민속 무곡」이 그 프로그램에 완벽하게 어울릴 것 같다고 어머니에게 말했다. 크리스티나는 자기가 모든 과정을 준비할 것이고 그 행사의 제목도 '미국의 신동 자매'로 바꾸겠다고 말했다.

딸들의 연주회는 한 달 후인 6월 23일로 정해졌다. 나는 다시 한 번 팔을 걷어붙였다. 해야 할 일이 산더미였다. 딸들이 최근에 「루마니아 민속 무곡」을 연주했다고 한 말은 과장이었다. 그 '최근'은 사실 정확히 말하면 일 년하고도 여섯 달 전이었다. 딸들과 나는 그 곡을 다시 배워서 정확히 연주하기 위해 밤낮으로 연습에 매진해야 했다. 그 와중에 소피아는 양 교수가 골라 준 다른 네 곡도 병행해서 연습했다. 브람스의 랩소디 사장조, 어느 중국 여성 작곡가의 곡, 프로코피예프의 「로미오와 줄리엣」이었고, 당연히 리스트의 유명한 헝가리 랩소디도 있었다.

소피아의 곡이 어려웠음에도 내가 진짜 걱정한 것은 룰루였다. 룰루가 눈부시게 빛나기를 나는 온 마음을 다해 빌었다. 부모님이 연주회에 오기로 되어 있었다. 공교롭게도 아버지가 헝가리 과학원 회원으로 가입 권유를 받은 일로 부모님은 6월에 부다페스트에서 머물 예정이었다. 게다가 크리스티나를 실망시키고 싶지도 않았다. 무엇보다 나는 룰루가 룰루 자신을 위해 잘해 내기를 바랐다. 룰루에게 지금 필요한 것은 바로 그것이라는 생각이 들었다. 룰루가 훌륭하게 해낸다면 대단한 자신감과 자부심을 얻을 테니 말이다. 룰루에게 입학시험이 끝나면 휴식 시간을 주겠다고 약속했지만 이제 그 약속은 깨진 셈이었다. 나는 인내의 한계를 시험하는 전쟁터로 나아갔다. 나는 기원과 렉시를 보조교사로 고용했다.

나는 이런 질문을 종종 받곤 한다.

"하지만 에이미, 이것 하나만 물어봅시다. 당신은 이 모든 걸 누굴 위해 하는 거죠? 당신 딸들을 위해?"

그리고 나서 상대방은 항상 고개를 갸우뚱 기울이며 뻔하다는 투로 덧붙인다.

"아니면 **당신 자신을 위해?**"

나는 그것이 매우 서구적인 사고방식에서 비롯한 질문이라고 생각한다. 하지만 그렇다고 그것이 중요하지 않다는 소리는 아니다.

단언하건대 내가 하는 모든 일은 순전히 딸들을 위해서라고 100퍼센트 확신한다. 소피아와 룰루와 함께하는 일들은 대부분 내게는 우울하고 지치고 재미가 하나도 없는 것이다. 아이가 하지 않으려는 일을 시키는 것은 결코 쉽지 않다. 요리조리 꾀를 부리는 아이에게 고된 일을 시키는 것도, 지레 겁먹고 하지 않으려는 아이에게(부모 역시 겁나는데) 할 수 있다고 설득하는 것도 어렵다.

"네가 내 삶을 얼마나 많이 잡아먹었는지 알기나 해?"

나는 딸들에게 끊임없이 말한다.

"내가 귓불이 두꺼워서 수명이 긴 것을 다행으로 생각해."

솔직히 "이 모든 걸 누굴 위해 하세요?"라는 질문은 오히려 서양인 부모에게 던져야 한다는 생각이 들 때도 있다. 가끔 아침에 잠에서 깨어났을 때 그날 해야 할 일들이 하도 끔찍해서 그냥 "좋아, 룰루, 오늘 바이올린 연습은 접자꾸나." 하고 말하면 얼마나 쉬울까 생각하기도 한다. 하지만 나는 내 서양인 친구들과는 달리 "정말 괴롭지만, 나는 우리 아이들이 스스로 선택하고 자기 감정을 따르게 해. 세상에서 가장 힘든 일이지만, 나는 최대한 물러서 있으려고 노력해." 하는 말은 할 수 없다. 그들은 그렇게 말하고 나서 와인을 한잔 마시거나 요가 수업을 받으러 가지만, 나는 집에 남아서 고함을 지르고 스스로 아이들의 미움을 산다.

부다페스트로 출발하기 며칠 전에 나는 크리스티나에게 이메일을 보내 딸들이 최종 리허설을 할 때 「루마니아 민속 무곡」을 감독해 주고 헝가리 작곡가의 곡을 제대로 연주하는 법을 조언해 줄 경험 많은 지도자를 아느냐고 물었다. 크리스티나는 좋은 소식을 보내왔다. 동유럽에서 유명한 바이올린 지도자 커진치 부인이 친절하게도 딸들을 봐주기로 한 것이다. 최근에 은퇴한 커진치 부인은 현재 재능이 특출한 학생들만 지도하고 있었다. 그녀는 바쁜 와중에 짬을 냈고(우리가 도착하는 날) 나는 그 제안을 받아들였다.

우리는 연주회 전날 오전 10시(뉴헤이번 시간으로 새벽 4시)에 부다페스트에 도착해 호텔로 갔다. 모두들 녹초가 되어 눈을 게슴츠레하게 뜨고 있었다. 제드와 룰루는 두통에 시달렸다. 딸들은 잠을 자고 싶어 했고 나 역시 몸이 좋지 않았지만, 불행히도 커진치 부인에게 레슨을 받아야 할 시간이었다. 우리는 이미 메시지를 두 통 받은 상태였다. 약속 장소에 관해 각각 부모님과 크리스티나가 보낸 것이었다. 우리 네 사람은 비틀거리며 택시에 올라탔고, 몇 분 후에는 뉴 뮤직 아카데미 앞에 있었다. 기둥들이 위풍당당하고 웅장한 아르 누보 건물이었는데, 반 구역만 걸어가면 도착하는 프란츠 리스트 광장을 바라보고 있었다.

커진치 부인은 건물 위층의 널찍한 방 안에서 우리를 맞았다. 부모님과 활짝 웃고 있는 크리스티나는 이미 그곳에 도착해서 벽을 따라 나란히 놓여 있는 의자에 앉아 있었다. 방 안에는 오래된 피아노가 한 대 있었고, 커진치 부인은 소피아에게 시작하라고 신호를 보냈다.

커진치 부인은 에둘러 말해서 상당히 예민한 사람이었다. 그녀는 얼마 전에 남편이 젊은 여자와 바람나서 전 재산을 해외 계좌로 빼돌려야 하는 위기에 처한 여자처럼 굴었다. 그녀는 엄격한 러시아 음악 학교의 교수법을 따랐다. 성급하고, 요구 사항이 많으며, 실수라고 생각하면 가차 없었다.

"틀렸어."

그녀는 룰루가 음을 내지도 않았는데 소리부터 질렀다.

"뭐야……. 활을 왜 이렇게 잡는 거야?"

그녀는 이해가 되지 않는다는 듯 지적했다. 딸들이 연주를 시작했을 때, 커진치 부인은 두 음 걸러 한 번씩 룰루를 제지했고 왔다 갔다 하면서 손을 마구 휘저었다. 룰루가 운지법을 엉망으로 배웠다면서 고치라고 명령했다. 연주회 바로 전날에. 그녀는 계속 피아노로 돌아가 소피아에게 딱딱거리면서도 신경은 주로 룰루에게 가 있었다.

나는 기분이 나빴다. 룰루가 커진치 부인의 명령이 불합리하며 질책도 부당하다고 느끼는 게 보였다. 룰루는 점차 부글부글 끓기 시작했고 그럴수록 연주는 더 뻣뻣해졌다. 그리고 점점 더 집중하지 못했다. 커진치 부인의 말은 갈수록 고약해졌고 말투도 거칠어졌다. 아, 이건 아니야. 나는 생각했다. 어느 순간 룰루가 분통 터지는 표정을 짓더니 손을 놓고 귀를 닫아 버렸다. 한편 커진치 부인도 광분한 상태였다. 관자놀이의 핏줄이 툭 불거지고 언성도 더 높아졌다. 그녀는 헝가리어로 크리스티나에게 뭐라고 계속 말하더니 놀랍게도 룰루에게 다가가서 얼굴에 대고 말을 하면서 아이의 어깨를 쿡쿡 찔렀다. 그러고는 버럭 성을 내면서 연필로 룰루의 왼손 손가락을 탁 때렸다.

룰루의 얼굴에 화가 나서 죽겠다고 쓰여 있었다. 집이었다면 즉시 폭발했겠지만 그게 아니라서 꾹 참고 계속 연주를 하고 있었다. 커진치 부인이 다시 연필을 휘둘렀다. 이 분 후, 룰루는 한 소절을 연주하다 말고 화장실에 다녀오겠다고 말했다. 나는 얼른 일어나서 아이를 따라 복도로 나갔다. 룰루는 복도 모퉁이를 돌자마자 와락 분노의 눈물을 쏟아 냈다.

"저 안에 다시는 안 들어갈 거예요."

룰루가 분통을 터뜨렸다.

"엄마 말 안 들을 거야. 저 여자는 미쳤어……. 저 여자 싫어요. 저 여자 미워!"

나는 난감했다. 커진치 부인은 크리스티나의 친구였다. 부모님도 아직 그 방 안에 있었다. 레슨이 끝나려면 아직 삼십 분이나 남았고, 모두들 룰루가 돌아오기를 기다리고 있었다.

나는 룰루를 살살 타일러 봤다. 커진치 부인이 룰루에게 놀라운 재능이 있다고 했다는 사실을 상기시키며, 그래서 요구 사항이 많은 거라고 말했다.("내가 알 게 뭐예요!") 나는 커진치 부인이 의사소통이 서

투르다는 점을 인정했다. 하지만 그 사람 마음은 그게 아닐 테니 다시 한 번 해 보자고 애원했다.("싫어요!") 아무리 달래도 소용이 없자 나는 룰루를 꾸짖었다. 일부러 시간을 내서 이 레슨을 주선해 준 크리스티나 선생님에게 미안하지도 않느냐, 네가 돌아가지 않으면 할머니, 할아버지가 얼마나 난감해하시겠느냐.

"이건 너만의 문제가 아니야, 룰루. 넌 강하게 이 일을 견뎌 내야 해. 우리 모두 많은 걸 견뎌 내고 있으니, 너도 할 수 있어."

룰루는 거절했다. 큰일이었다. 커진치 부인이 부당하게 행동하긴 했어도 그녀는 스승이었고 권위 있는 인물이었다. 중국인들이 가장 먼저 배우는 일들 가운데 하나가 권위자를 존경하는 것이다. 무슨 일이 있어도 부모나 스승이나 어른에게 대들지 말 것. 결국 나는 혼자 방으로 돌아가서 거듭 사과를 하며 룰루가 나 때문에 화가 났다고 설명했다. 그러고는 역시 커진치 부인을 달가워하지 않는 데다 바이올린 연주자도 아닌 소피아에게 나머지 레슨을 받으면서 이중주 연주에 대한 조언을 듣게 했다.

나는 호텔에 돌아와서 룰루에게 소리를 질렀고, 그 후에 제드와 나는 말다툼을 벌였다. 그는 룰루가 방을 나간 것이 잘못이라고 생각하지도 않을 뿐더러 오히려 잘한 일일 수도 있다고 말했다. 그는 룰루가 줄리아드 입학시험을 치른 데다 시차 때문에 지쳤고 생판 처음 보는 사람에게 맞았다는 사실을 지적했다.

"연주회 전날에 룰루의 운지법을 고치려 드는 그 커진치 부인이라는 사람이 잘못한 거 아니야? 나는 당신이 이럴 줄 몰랐어. 그냥 룰루의 마음을 좀 헤아려 줘. 당신이 뭘 원하는지 나도 알아, 에이미. 하지만 조심하지 않으면, 모든 게 역효과가 날 수도 있어."

내 마음의 절반은 그의 말이 옳다는 것을 알고 있었다. 하지만 내게 는 그런 생각을 하고 있을 여유가 없었다. 나는 연주회에 총력을 기울 여야 했다. 다음 날, 나는 뉴 뮤직 아카데미의 두 연습실 사이를 왕복 하며 두 딸을 몰아붙였다.

불행히도 커진치 부인을 향한 룰루의 분노는 밤새 더 커져 있었다. 머릿속에서 그 사건을 곱씹으며 점점 더 분을 키우는 바람에 룰루는 점점 더 산만해졌다. 내가 어떤 소절을 연습하라고 말했을 때 룰루가 갑자기 분통을 터뜨렸다.

"그 사람은 자기가 무슨 말을 하는 줄도 몰랐어요……. 그 사람이 하 라고 시킨 운지법은 말도 안 돼요! 그 사람이 계속 모순된 말을 하는 거 엄마도 봤죠?"

이런 말도 했다.

"그 사람은 버르토크를 전혀 몰라요. 그 사람의 해석은 끔찍해……. 대체 자기가 뭐라고 생각하는 거예요?"

내가 커진치 부인 생각에만 매달려 시간을 낭비하지 말라고 하자 룰 루가 말했다.

"엄마는 항상 내 편이 아니에요. 난 오늘 밤 연주하고 싶지 않아요. 그럴 마음이 없어졌어요. 그 여자가 모든 걸 망쳤어요. 그냥 소피아 언 니 혼자 연주하라고 해요."

우리는 오후 내내 싸웠고, 나는 어찌할 바를 몰랐다.

결국 그날의 구세주는 크리스티나였다. 우리가 올드 뮤직 아카데미 에 도착했을 때, 크리스티나가 활짝 웃는 얼굴로 활기차게 우리에게 달려왔다. 그녀는 딸들을 꽉 안아 주고 아이들에게 작은 선물을 하나씩 주고 나서 말했다.

"너희들이 이 무대에 서게 되어 얼마나 기쁜지 몰라. 너희 둘 다 대단해!"

그녀는 특히 마지막 말에 힘을 주어 말했다. 크리스티나는 고개를 절레절레 흔들며 룰루의 운지법을 바꾸려 한 커진치 부인의 행동이 적절하지 못했다고 말했다. 아마 커진치 부인이 다음 날이 연주회인 것을 잊은 모양이라고.

"너에겐 정말 뛰어난 재능이 있어!"

크리스티나가 룰루에게 반복해서 말했다.

"아주 훌륭한 연주회가 될 거야!"

그리고 나서 그녀는 재빨리 아이들을 무대 뒤로 데려가서 연주회 프로그램을 아이들과 함께 점검했다.

마지막 순간이 되었는데도 상황이 어떻게 돌아가는 건지 나는 종잡을 수가 없었다. 그날 밤 내 딸들이 함께 연주를 할지 아니면 한 명만 할지 알 수 없었다. 하지만 기적처럼 룰루는 무대에 올라 훌륭한 연주를 펼쳤고, 연주회는 대성공이었다. 따뜻하고 너그러운 헝가리인들은 딸들에게 기립 박수를 보냈고, 박물관 관장은 언제든 다시 와도 좋다고 딸들을 초대했다. 연주회가 끝나고 우리는 헝가리인들과 우리 부모님, 그리고 비행기를 타고 연주회에 맞춰 도착한 시아버지와 해리엇 부부를 축하 만찬장으로 안내했다.

그러나 그 여행 이후에 상황은 변했다. 커진치 부인과의 일은 룰루에게 옳고 그름에 대한 기준을 무시한 분통 터지는 사건이었다. 그 일 때문에 룰루에게 적용한 중국식 양육법이 와해되기 시작했다. 커진치 부인의 지시에 따르는 것이 중국인다운 행동이었지만, 룰루에게는 그것을 받아들일 마음이 조금도 없었다. 그리고 선생님과 엄마의 말을 거부했을 때 어떤 일이 벌어지는가를 시험한 꼴이 되었다. 하늘은 무너지지 않았다. 무너지기는커녕 오히려 이겼다. 언제나 나한테는 호되게 몰아붙였던 우리 부모님마저도 룰루를 불쌍히 여겼다.

나로 말하자면, 뭔가가 빠져나가는 느낌, 마치 닻을 올리는 듯한 느낌이 들었다. 나는 룰루에 대한 통제력을 잃어버렸다. 중국인 가정의 딸은 절대 룰루처럼 행동하지 않는다. 중국인 가정의 엄마는 절대 그런 일을 용납하지 않는다.

3부

~

타이거 마더가 얻는 것과 잃는 것

"호랑이는 위대한 사랑을 하지만 때로는 그것이 지나칠 때도 있다.
또한 자기 영역을 수호하려는 의지와 소유욕이 강하다.
호랑이가 권좌를 얻는 대가로 치르는 것은 고독이다."

미국에서 중국식으로
아이를 키우는 어려움

"어떤 게 우리 개죠?"

제드가 물었다.

2008년 8월의 어느 날, 제드와 나는 로드아일랜드에 있었다. 개를 한 마리 더 기르자는 내 말을 듣고 다들 어리둥절한 표정을 지었고, 나조차도 내 마음을 알 수 없었지만, 어쨌든 그날 우리는 코코를 분양한 사람의 집에 와 있었다. 몸집이 커다랗고 당당한 사모예드 세 마리가 통나무집의 나무 바닥을 천천히 걸어 다니고 있었다. 그중 두 마리는 새로 태어난 새끼들의 어미 개와 아비 개였다. 나머지 한 마리는 노련하고 당찬 여섯 살배기로 새끼들의 할아버지였다. 큰 개들 주변에서 깡충거리며 활발하게 노는 강아지 네 마리는 꼭 앙앙 소리를 내는 예쁜 솜뭉치들 같았다.

"저기 계단 밑에 있는 녀석입니다."

개 주인이 말했다.

돌아서자 반대쪽에 혼자 서 있는 강아지가 제드와 내 눈에 들어왔다. 녀석은 다른 강아지들과는 달리 키도 더 컸고 더 호리호리한 데다 털도 숱이 적어서 덜 귀여웠다. 그리고 뒷다리가 앞다리보다 5센티미터나 더 긴 탓에 자세가 이상하게 기우뚱했다. 가느랗고 치켜 올라간 눈, 이상하게 도드라진 귀. 꼬리는 다른 녀석들보다 더 길고 풍성했지만 무게 때문인지 위로 말려 올라가는 대신에 양옆으로만 왔다 갔다 움직이는 모양이 쥐의 꼬리와 흡사했다.

"저거 개 맞아요?"

나는 의심스럽다는 듯이 물었다. 터무니없는 소리는 아니었다. 그 강아지는 아기 양과 몹시 닮은 데다 개 주인은 자신의 농장에서 가축을 기르고 있었기 때문에 양 한 마리가 섞여 들기 쉬웠다.

하지만 개 주인은 확신했다. 그녀는 우리에게 윙크를 했다.

"보시는 대로예요. 저 암컷은 대단한 미모를 뽐낼 겁니다. 사모예드 특유의 긴 뒷다리가 제 할미를 꼭 닮았으니까요."

우리는 녀석을 집으로 데려와서 푸시킨이라는 이름을 지어 주고 암컷이지만 줄여서 '푸시'라고 불렀다. 가족들과 친구들은 녀석을 처음 대면하고는 우리를 딱하게 여겼다. 강아지 푸시는 토끼처럼 깡충거리면서 제 발에 걸려 넘어지기 일쑤였다.

"도로 물릴 수 없니?"

한번은 푸시가 벽과 의자에 부딪치는 것을 본 어머니가 물었다.

"뭐가 문제인지 알겠어⋯⋯. 저 녀석은 앞을 못 보는 것 같아."

어느 날 제드가 그런 말을 하더니 녀석을 데리고 수의사에게 달려갔다. 하지만 수의사는 푸시의 시력에는 아무 문제가 없다고 진단했다.

푸시는 다 커서도 여전히 몸가짐이 서툴러서 계단에서 내려오다가 종종 넘어졌다. 몸통이 대단히 긴 녀석은 뒤쪽 몸통의 반을 통제하지 못하고 슬링키_{스프링으로 된 장난감}처럼 움직였는데, 그러면서도 이상하게 민첩했다. 푸시는 지금까지도 바닥에 배를 깔고 네 다리를 쭉 뻗고는 대자로 누워 잠을 잔다. 그 모습이 하늘에서 떨어져 그 모양 그대로 땅에 착지한 것 같아서 우리는 그런 자세로 있는 푸시를 보고 녀석을 '납작이'라고 부른다.

분양해 준 사람의 말 중에 하나는 맞았다. 푸시는 미운 오리 새끼였다. 녀석은 일 년 사이에 숨이 막힐 정도로 아름답게 변신했고, 우리가 산책을 나가면 지나가던 차들이 가던 길을 멈추고 녀석의 황홀한 자태에 감탄했다. 푸시는 (족보를 따지면 조카딸뻘인) 코코보다 몸집이 더 컸고, 새하얀 털과 고양이를 닮은 이국적인 눈을 가졌다. 그리고 잠자고 있던 근육이 발달하기 시작했는지 꼬리가 거대하고 풍성한 깃털처럼 등 위로 높게 말려 올라갔다.

하지만 재주로만 따지면 푸시는 최하급이었다. 코코는 특출하지는 않지만 푸시에 비하면 천재였다. 푸시는 코코보다 더 다정하고 점잖으면서도 어떤 이유에서인지 보통 개들이 다 하는 것을 하지 못했다. 녀석은 공을 물어 오거나 뛰는 것을 싫어했다. 푸시가 개수대 밑이나 딸기 덤불 속 같은 이상한 곳에 갇히거나 반은 욕조 안에 반은 바깥에 끼는 바람에 우리가 구해 줘야 하는 일도 있었다. 처음에는 푸시킨이 유별나다는 것을 부인하고 녀석을 훈련하려고 애썼지만 나의 노력은 모두 수포로 돌아갔다. 별난 개 아니랄까 봐 푸시는 음악을 좋아하는 것 같았다. 녀석은 소피아가 피아노를 연주할 때 옆에 앉아 피아노 가락에 맞춰 노래하는(제드의 눈에는 울부짖는) 일을 가장 좋아했다.

푸시에게 부족한 점이 있었음에도 우리 네 사람은 코코와 다름없이 녀석을 아꼈다. 사실 모자라기 때문에 녀석이 더욱 사랑스러워 보였다.

"오오오, 가엾은 것! 아유, 귀여워라."

녀석이 뭔가를 뛰어넘으려다가 발을 헛디딜 때마다 우리는 이렇게 어르는 소리를 내며 녀석을 달래 주러 달려갔다. 혹은 이렇게 말하기도 했다.

"어머, 저것 좀 봐. 쟤는 프리스비가 안 보이나 봐. 아유, 귀여워 죽겠네."

처음에 코코는 새로 온 형제에게 신중한 태도를 취했다. 우리는 코코가 푸시를 은근히 시험하는 것을 봤다. 반면 푸시는 신중하거나 은근한 태도는 취하지 않았지만 코코보다는 다양한 감정을 나타냈다. 녀석은 코코의 뒤를 졸졸 따라다니며 호감을 표시하는 것으로 만족했고, 민첩함을 요구하는 동작은 되도록 피했다.

푸시가 아무리 귀엽다고 해도 집 안에 두 번째 개를 들여야 하는 이유는 될 수 없었다. 그것을 누구보다 잘 아는 사람은 나였다. 개를 돌보는 일 가운데 90퍼센트는 내가 맡고 나머지 세 사람이 남은 10퍼센트를 맡았다. 매일 아침 6시에 일어나 개들에게 먹이를 주고 산책을 시키고 똥을 치우는 사람은 나였다. 빗질을 해 주고 동물 병원 진찰 약속을 잡는 사람도 나였다. 설상가상으로 나는 두 번째 책이 막 출간된 데다 강의 준비를 하고 딸들과 악기 연습도 하면서 강연 때문에 계속 비행기도 타야 했다. 나는 항상 여행 스케줄을 압축해서 워싱턴과 시카고, 마이애미를 하루에 다녀올 방법이 없나 고심했다. 새벽 3시에 일어

나서 비행기를 타고 캘리포니아로 날아가서 점심을 먹으며 면담을 한 후에 충혈된 눈으로 집에 돌아온 적이 한두 번이 아니었다.

"도대체 무슨 생각이야? 안 그래도 일에 치여 살면서 왜 개를 또 데려왔어?"

친구들이 내게 물었다.

내 친구 앤은 일반적인 관점에 입각한 설명을 내놓았다.

"내 친구들은 모두 아이들이 십 대가 되면 개를 들였어. 아이들이 떠나고 난 빈집에 대비하려는 거지. 개들은 아이들의 대체물이야."

그 말은 내게 이상하게 들렸다. 왜냐하면 중국식 양육법은 개를 기르는 일과 전혀 다르기 때문이다. 그냥 다른 정도가 아니라 정반대이다. 개를 기르는 사람과 만나면 얘기할 거리가 많다. 반면 중국식 양육법은 도무지 공감을 얻기가 어렵다. 최소한 서양에서 중국식으로 아이를 기르려면, 혼자서 외로운 투쟁을 해야 한다. 뿌리 깊은 계몽사상, 개인의 자율성, 아동 발달 이론, 세계인권선언 등 사회 전체의 가치관을 거스르는 일도 감수해야 한다. 게다가 솔직하게 터놓고 이야기할 사람도 없다. 아무리 좋아하고 깊이 존경하는 사람에게도 그 이야기는 하기가 어렵다.

예를 들어 보겠다. 소피아와 룰루가 어렸을 때, 다른 부모들이 우리 아이들을 **플레이데이트**_{부모들이 자식들끼리 함께 놀도록 하는 시간}에 초대할 때마다 두려움이 앞섰다. 이런 서구의 관습은 대체 왜 있는 걸까? 왜? 왜? 한번은 어떤 아이의 엄마에게 솔직히 얘기한 적이 있었다. 나는 룰루가 바이올린을 연습해야 하기 때문에 놀 시간이 없다고 설명했지만 그 여자는 내 말을 납득하지 못했다. 그래서 나는 안과 진료, 물리치료, 봉사 활동

등 서양인들이 인정할 만한 핑계를 대며 둘러대야 했다. 어떤 엄마는 기분 나쁜 표정을 지으면서 내가 그녀의 딸을 룰루에 비해 떨어지는 애로 취급했다는 듯이 나를 차갑게 대하기 시작했다. 그야말로 세계관의 충돌이었다. 플레이데이트를 거절하고 나면 놀랍게도 금방 또 다른 플레이데이트 제안이 들어왔다.

"토요일 어떠세요?"

토요일은 룰루가 뉴욕에서 다나카 선생님에게 레슨을 받는 날이었다.

"그럼 다다음주 금요일 어때요?"

서양인 엄마들의 시각에서는 룰루가 일 년 내내 매일 오후에 바쁘다는 것이 이해가 안 가는 모양이었다.

개를 기르는 것과 아이를 중국식으로 기르는 것 사이에는 큰 차이가 또 하나 있다. 개를 기르는 것은 쉽다. 인내심과 사랑으로 초기에 시간을 약간 투자해서 훈련만 시키면 된다. 반대로 아이를 중국식으로 기르는 일은 가장 어려운 축에 속한다. 내가 사랑하고 나를 사랑해 주기를 바라는 사람에게서 미움을 살 때도 있으며, 쉬운 것이 하나도 없고 갑자기 쉬워지지도 않는 어려운 과정이다. 중국식 양육은 (최소한 사방이 적인 미국에서 그것을 실행하는 경우에는) 365일 헌신과 오뚝이 정신, 술책으로 버텨야 하는 끝없는 총력전이다. 언제든 자존심을 굽히고 전술을 바꿔야 하며 창의성도 발휘해야 한다.

지난해에 내가 학생 몇 명을 집으로 초대해 열었던 학기 말 파티를 예로 들어 보자. 소피아와 룰루는 항상 이렇게 말한다.

"엄마는 학생들에게는 정말 친절해요. 그들은 엄마가 진짜 어떤 사람인지 꿈에도 모를 거예요. 엄마를 **자상한 후원자**라고 생각하겠죠."

사실, 딸들의 말이 맞다. 나는 우리 아이들에게 하는 것과는 정반대로 법대 학생들을 대한다.(엄격한 동양인 부모를 둔 학생들에게는 특히 더 그렇다.)

그 파티를 우리 집 3층에 있는 탁구장에서 열었는데, 탁구장은 룰루가 바이올린을 연습하는 곳이기도 했다. 로넌이라는 학생이 내가 룰루에게 남겨 놓은 메모지를 발견했다.

"이건 뭐죠?"

로넌이 자기 눈이 의심스럽다는 듯 그 쪽지를 읽으며 말했다.

"추아 교수님, 혹시…… 이거 **교수님이 쓰신** 겁니까?"

"로넌, 그거 내려놓을래요? 네, 맞아요. 내가 쓴 거예요."

나는 달리 어쩔 도리가 없어서 솔직하게 인정했다.

"바이올리니스트인 내 딸에게 매일 그런 지시서를 남겨요. 내가 없을 때 딸애의 연습을 돕기 위해서죠."

하지만 로넌은 내 말에 귀를 기울이는 것 같지 않았다.

"와, 세상에……. 또 있네요."

그가 못 믿겠다는 말투로 말했다. 내가 깜빡 잊고 숨기지 못한 지시서들이 여기저기에 널려 있었다. 인쇄한 것도 있었고 내가 직접 손으로 쓴 것도 있었다.

"믿을 수가 없네요. 이것들은 너무나…… **이상해요.**"

나는 그것들이 이상하다고 생각하지 않았다. 물론 판단은 각자의 자유에 맡기겠다. 여기 내가 룰루의 연습을 위해 매일 써서 주었던 메모들 중에 하나를 가감 없이 공개한다. 바보 같은 제목은 그냥 웃어넘겨 주길 바란다. 내가 룰루의 관심을 끌기 위해 지어낸 말에 불과하다. 두

번째 메모에서 'm'은 'measure^{소절}'를 의미한다. 그렇다. 나는 소절별로
지시를 내렸다.

차우차우 연주회
1부

딱 오십오 분!
안녕, 룰루! 넌 잘하고 있어. 가볍게!! 가볍게!!!! 가볍게!!!
아폴로 작전: 손 없이도 바이올린을 높게 유지하기. 어려운 부분에서도 마찬가지.

십오 분: 음계 연습. 손가락은 높고 가볍게. 활은 가볍게 켜기.
십오 분: 시라디크 ^{Schradieck} (1) 손가락은 더 높고 더 가볍게. (2) 손 위치는 새끼손가락이 항상
서서 위에 머물러 있도록. 처음부터 끝까지 메트로놈에 맞춰 한 번 해 볼 것. 그러고 나서 어려
운 부분을 스물다섯 번씩 반복할 것. 그러고 나서 다시 한 번 전체 연주.

십오 분: 크로이처 옥타브. 새로운 것을 하나 선택한다. 처음에는 천천히 음을 낼 것. 두 번 반
복할 것.

오늘의 도전 과제

십 분: 크로이처 32번. 메트로놈에 맞춰서 혼자 해 볼 것. 천천히. 활을 가볍게. 이것을 해낸다
면 넌 최고야.

로스 보보스 디 맥나마라 ― 브런치 협주곡

목표 (1) 바이올린을 높게 들 것! 특히 화음 부분에서! (2) 조음 ― '작은' 음들은 손가락을 더 빠르고 더 가볍게 써서(더 높이 들어서) 분명하고 밝게 내는 데 집중할 것. (3) 악구 구성, 즉 강약법 ― 활을 천천히 켜기 시작했다가 점차 빠르게.

반복 연습

7쪽
도입부:
mm. 18~19:
> (a) 화음 부위에서 활의 압력과 빠르기를 절반으로 줄임. 팔꿈치를 낮출 것. 바이올린은 그대로 유지!
> (b) 작은 음들을 뚜렷하게.(다다덤) 손가락을 더 빠르게 떨어뜨리면서 더 빠르게 풀 것.

m. 21:
> (a) 셋잇단음표, 각각 스물다섯 번 반복 연습!
> (b) 여덟 번째 음을 더 또렷하게 낼 것. 반복 연습! 손가락을 누른 후 풀 것!

mm. 23~26: 여기도 화음 부위에서 활의 압력을 절반으로 줄이고 더 또렷하고 빠르게 음을 짧게 낼 것.

mm. 27~30: 중요. 이 줄이 너무 무거워서 네 바이올린이 처져! 화음은 대단히 가볍게, 음은 또렷하게 낼 것. 두 번 연습.

m. 32: 높였던 손가락을 낮추고 풀되 더 빨리. 바이올린과 머리는 계속 유지.

m. 33: 활을 더 빠르고 더 가볍게! 반복!(가볍게!)

8쪽
m. 40: 이 부분은 진짜 너무 무거워! 활 압력을 절반으로, 바이올린은 높게! 짧은 음을 명료하게.

m. 44: 이 화음은 음이 더 많지만 여전히 가볍게. 활을 더 빨리 쓸 것!

m. 44~45: 손을 부드럽게, 팔목도 부드럽게.

m. 48~49: 좀 더 생기 있게! 손가락을 더 빠르고 더 가볍게! 손가락을 세우되 편하게!

m. 52: 음을 또렷하게 내기!

m. 54~58: 모두 활을 길게 써야 함! 더 신나게. 점점 크게!

m. 78: 손가락을 더 높게! 손가락을 밀지 말고 가볍게 유지!

m. 82: 크레셴도 지킬 것. 활을 천천히 켜기 시작했다가 더 빠르게! 그랬다가 더 조용히 떨어뜨리면서 크레셴도! 처음에는 테일러 스위프트! 두 번째는 레이디 가가! 세 번째는 바욘세!

m. 87: 추가 지시 사항 준수.(올라갈 때는 더 크게, 내려올 때는 더 작게.)

9쪽

m. 115~116: 활을 덜 쓰면서 시작했다가 높은 라 음에서는 활을 많이 쓸 것.

m. 131: 고요하게!

m. 136~145: 여기는 아주 뚜렷하게.(활을 많이 써서 더 크게 올라갔다가 내려올 때는 더 조용히.)

m. 146~159: 트란퀼로 조용히 또는 가만히 연주하라는 말. 하지만 음은 또렷하게.

m. 156~158: 계속 크레셴도.

m. 160~161: 음을 정확하고 분명하게 내기.

10쪽

m. 180: 도입부 연습. 지시 사항! 활을 천천히 켜기 시작했다가 점차 빨리 켜면서 높은 시 음에서는 최고조로.

m. 181~183: 또렷한 음을 내는 훈련. 손가락은 빠르고 가볍게.

m. 185: 화음 부분에서 활 속도를 반으로, 가볍게! 작은 음들은 더 분명하게.(다다덤) 손가락을 더 빨리.

m. 193~195: 손놀림 훈련. 위치 정확하게! 쉰 번 반복 연습.

m. 194: 약하게 시작해서 강한 크레셴도!

m. 200: 음을 정확하게 외울 것. 반복 연습 서른 번.

m. 202: 화음 연습. 손 위치 정확하게. 조음!

m. 204: 손을 대단히 부드럽게, 손목에 힘을 뺄 것!

스펑키 픽스 — 알로하 스트림 7
멘델스존!

무궁동 처음부터 끝까지 같은 길이의 빠른 악구를 반복하는 기악곡

2쪽

도입부:

* 크레셴도로 에너지를 끌어올린다!
* 다른 느낌으로 세 번 반복한다. 마지막은 좀 더 약하게.
* 둘째 줄 마지막 소절은 다른 하모니이므로 그것을 도드라지게.

셋째 줄: 멜로디 음을 위주로 반복 음은 약하게. 그러고 나서 '또르르' 흘러내리듯이.

넷째 줄: 활을 아주 길게 쓰면서 중요한 음들을 연주할 것.

다섯째 줄: 이상한 음을 도드라지게.

여섯째 줄: 라 음이 너무 많음! 지루하므로 그것들은 조용히 내고 다른 음들을 두드러지게.

일곱째 줄: 아주 긴 두 옥타브 음계 연습. 약하게 시작해서 엄청난 크레셴도로!

3쪽

다섯째 줄: 포르테에서는 활을 전부 다 쓸 것. 신나게 연주! 그러고 나서 디미누엔도 점점 여리게로 아주 작게.

예닐곱째 줄: 패턴을 따라가다가 약하게, 그러고 나서 포르테에서 갑자기 폭발!

여덟아홉째 줄: 마찬가지. 조용히 연주하다가 갑자기 포르테에서 폭발!

열째 줄: 위의 두 음을 위주로, 아래 음은 덜 중요함.

멘델스존

도입부:

안단테, 약간 빠르게

잠자는 개들과 오붓하게 있는 것처럼 느긋하고 친밀한 느낌으로. 두 번 같은 식으로 연주. 하고 나서 세 번째는 다소 활기차게!

넷째 줄: 약간 걱정스럽고 긴장감 있게. 잠자는 강아지 한 마리가 아픈 것처럼?

다섯째 줄: 가장 높은 음에서 더 많은 에너지 발산! 점차 부드러운 상태로 돌아와 시작할 때처럼 적은 에너지로 느긋하게.

중간부:

100퍼센트 다른 느낌으로. 무섭게!

활을 아주 빠르게 쓸 것! 에너지를 더욱 담아서! 몇몇 부분에서는 활을 모두 쓸 것. 마지막 세 줄에서는 조금씩 상승하기 때문에 처음에는 활을 조금씩 쓰다가 매번 3.75센티미터씩 늘려 간다.

둘째 줄에서는 여리게 하다가 포르테! 초조한 느낌을 살릴 것!

11쪽 첫째 줄: 더 강렬하게! 크레셴도로 고조!

이런 메모는 수백, 아니 수천 개쯤 있다. 여기에는 기나긴 역사가 담겨 있다. 나는 아주 어렸을 때부터 딸들을 혹독하게 대했기 때문에 아이들을 위해 사방에 작은 쪽지들을 남겼다. 아이들의 베개 위에, 도시락 가방에, 악보에 "엄마가 화를 내긴 했지만 나는 너를 사랑해!" 혹은 "넌 엄마의 자랑이자 기쁨이야!" 하는 말을 써 두었다.

개들에게는 이렇게 할 필요가 없다. 한다고 해도 개들은 그것이 무슨 말인지 이해하지 못할 것이다. 특히 우리 푸시킨은.

우리 개들이 아무것도 못 한다는 게 얼마나 다행인지…… 나는 그들에게 요구하는 것이 없으며 그들을 훈련하지도, 그들의 미래를 개척하려고 노력하지도 않는다. 대부분의 경우에 녀석들이 자신을 위해 스스로 올바른 선택을 하리라 믿는다. 나는 그들을 보고 싶어 하고, 그들이 자는 모습만 봐도 행복하다. 얼마나 환상적인 관계인가.

룰루와의
끝나지 않은 전쟁

중국식 선순환 모델은 룰루에게 맞지 않았다. 나는 이해할 수 없었다. 그 외에 모든 것들은 계획대로 착착 돌아가는 것 같았다. 생각지도 못한 호된 대가를 치러야 했지만 결국 룰루는 모든 면에서 내가 꿈꿨던 대로 잘해 나갔다. 룰루는 고된 준비 과정과 싸움, 위협, 고함, 비명으로 점철된 시간을 보내고 나서 오디션을 봤고, 그 결과 대부분의 다른 단원들보다 훨씬 어린 열두 살에 한 훌륭한 청년 오케스트라의 콘서트마스터가 되었다. 룰루는 주 전역에서 '신동'이라는 찬사를 받으며 언론에 오르내렸다. 성적도 줄곧 A만 받았고 프랑스어와 라틴어 말하기 대회에서 1등을 차지하기도 했다. 룰루는 그런 성취 덕분에 자신감을 얻었지만, 부모에 대한 감사와 더 열심히 하려는 열의라는 면에서는 정반대 양상을 보였다. 룰루는 반항하기 시작했다. 악기 연습뿐만 아니라 내가 하라고 하는 모든 것에 대해서.

돌이켜 보면, 룰루는 6학년 때부터 변하기 시작했던 것 같다. 그때 나는 그것을 눈치채지 못했다. 룰루가 가장 싫어하는 일들 가운데 하나는, 내가 그 애를 학교에서 끌어내서 바이올린 연습을 추가로 시키는 것이었다. 나는 룰루가 학교에서 쓸데없이 많은 시간을 낭비한다고 생각했고, 일주일에 서너 번 정도 룰루의 담임 선생님에게 룰루가 연주회나 오디션을 앞두고 있으니 점심시간이나 체육 시간에 잠시 학교를 나갔다가 오도록 허락해 달라는 편지를 썼다. 나는 점심시간과 연이은 두 시간(예를 들면 카우벨소에 다는 방울처럼 생긴 금속제 체명악기을 연주하는 음악 시간이나 핼러윈 축제를 위한 부스 장식을 하는 미술 시간) 정도를 묶는 식으로 연습 시간을 만들어 낼 수 있었다. 룰루는 학교에서 나를 발견하는 순간 굳었고 그 애의 친구들은 나를 항상 이상한 눈으로 봤지만, 그 당시 룰루는 열한 살에 불과했기 때문에 나는 여전히 룰루를 내 뜻대로 움직일 수 있었다. 그리고 나는 룰루가 그때 추가로 연습한 덕분에 그 모든 음악 상들을 탈 수 있었다고 확신한다.

나라고 편했던 것은 아니다. 나는 학생들과 일을 하다가 말고 갑자기 '회의'가 있다면서 자리를 떠야 했다. 그러고는 룰루의 학교로 달려가서 룰루를 차에 태워 기원의 아파트에 데려다 주고 학생들이 줄줄이 기다리고 있는 내 사무실로 달려와야 했다. 삼십 분 뒤, 나는 다시 양해를 구하고 룰루를 학교에 데려다 주고는 내 사무실로 부랴부랴 달려와서 내리 세 시간 동안 회의를 했다. 룰루의 연습을 직접 감독하는 대신에 기원에게 맡긴 이유는 룰루가 그녀는 거부하지 않고 싸우지도 않을 거라는 생각에서였다. 어쨌든 그녀는 가족이 아니었으니까.

어느 날 오후 룰루를 내려 주고 십오 분 정도 지났을 때, 기원에게서 전화가 걸려 왔다. 그녀는 당황하고 화난 말투로 말했다.

"룰루가 연주를 하려고 하지 않아요. 어머님이 오셔서 룰루를 데려가시는 게 좋겠어요."

기원의 집에 도착한 나는 그녀에게 거듭 사과를 하면서 룰루가 잠을 자지 못해 피곤한 모양이라고 얼버무렸다. 하지만 알고 보니 룰루는 그냥 연주를 거부한 것이었다. 룰루는 기원에게 말대답을 하고 그녀의 조언을 반박하면서 무례하게 굴었다. 마음이 몹시 상한 나는 집에 와서 룰루를 다그쳤다.

시간이 갈수록 사태는 악화되었다. 내가 룰루를 데리러 학교에 갈 때마다 그 애의 얼굴이 어두워졌다. 룰루는 내게 등을 돌린 채 가고 싶지 않다고 말했다. 억지로 기원의 집에 데리고 가면 차에서 내리지 않겠다고 고집을 부리기도 했다. 간신히 기원의 집으로 올려 보내고 나면(이미 레슨 시간은 이십 분 정도만 남아 있었다.) 룰루는 연주를 거부하거나, 일부러 음을 틀리고 무감각하게 엉망으로 연주했다. 게다가 룰루는 고의로 기원을 자극했다. 그녀의 성미를 천천히 건드리다가 "뭐가 잘못됐어요? 괜찮으세요?" 하고 결정타를 날렸다.

한번은 기원이 지나가는 말로, 룰루의 레슨 시간을 목격한 그녀의 남자 친구 에런의 말을 전했다. 그가 "내게 딸이 있다면 절대 그렇게 버릇없이 굴도록 놔두지 않을 거야."라고 말했다는 것이다.

나는 충격을 받았다. 에런은 항상 룰루를 예뻐한 데다 까다로운 사람도 아니었다. 그는 아이들이 학교를 빼먹어도 혼나지 않고 원하는 것을 대부분 할 수 있는 가장 자유롭고 자비로운 가정에서 자랐다. 그런 그가 내 양육법과 내 딸의 행동을 비난하고 있었다. 그런데 그의 말이 전적으로 옳았다.

그즈음 룰루는 집에 놀러 오신 우리 부모님 앞에서 내게 말대꾸를 하며 대놓고 내 뜻을 거역하기 시작했다. 서양인들은 그것을 별일 아닌 것으로 여길 수도 있지만, 우리 집안에서는 신전을 모독한 것이나 다름없는 행동이었다. 용납할 수 있는 영역을 완전히 벗어난 일이었기 때문에 아무도 뭘 어떻게 해야 할지 알 수가 없었다. 아버지는 나를 한쪽으로 데리고 가서 룰루에게 바이올린을 그만 시키라고 나를 몰래 설득했다. 룰루와 이메일을 주고받으며 친하게 지내던 어머니는 딱 잘라 말했다.

"쓸데없는 고집 그만 부려, 에이미. 넌 룰루에게 너무 엄격해……. 가혹할 정도로. 그러다가 후회할 거다."

"왜 이제 와서 제 탓을 하시는 거예요? 엄마도 절 그렇게 키우셨잖아요."

내가 받아쳤다.

"나와 네 아빠가 네게 한 것처럼 룰루에게 해서는 안 돼. 상황이 다르잖니. 룰루는 네가 아니야……. 소피아도 아니고. 걔는 성격이 달라. 네가 강요해서 될 문제가 아니야."

"전 중국식을 고수할 거예요. 그게 더 효과적이니까요. 아무도 절 지지하지 않아도 상관없어요. 엄마는 엄마의 서양인 친구들에게 세뇌당한 거예요."

어머니는 고개를 절레절레 흔들며 말했다.

"정말이야, 난 룰루가 걱정돼. 걔 눈빛이 어딘가 이상하단 말이야."

나는 그 말을 듣고 하늘이 무너질 것 같았다.

우리는 선순환이 아니라 악순환을 거듭하며 추락하고 있었다. 열세 살이 된 룰루는 더욱 냉담해졌고 툭하면 화를 냈다. 언제나 무표정한 그 애 입에서 나오는 말은 "싫어요." 혹은 "상관없어요."뿐이었다. 룰루는 가치 있는 삶에 대한 내 의견을 거부했다.

"다른 애들은 다 하는데 왜 나만 친구들이랑 나가서 놀면 안 돼요?"

룰루가 주장했다.

"엄마는 왜 그렇게 쇼핑몰을 싫어하세요? 왜 친구 집에서 자고 오면 안 돼요? 왜 내 하루의 일 분 일 초가 일로 채워져야 하는 거예요?"

"넌 오케스트라 콘서트마스터잖아, 룰루."

나는 대답했다.

"그들이 너에게 그런 큰 영광을 주었으니 네가 져야 할 의무도 그만큼 큰 거야. 오케스트라 전체가 너에게 기대를 걸고 있어."

그러면 룰루는 이렇게 대답했다.

"나는 왜 하필 이 집에서 태어난 걸까?"

이상한 것은 룰루가 오케스트라를 좋아했다는 점이다. 룰루는 친구가 많았고 리더 노릇을 좋아했으며 지휘자인 브룩스 씨와도 마음이 잘 맞았다. 나는 룰루가 리허설을 하는 동안 활기차게 농담을 하고 웃는 것을 본 적이 있었다. 아마도 내게서 떨어져 있는 시간이어서 그랬던 것 같다.

한편 제드와 나 사이에는 갈수록 의견 충돌이 자주 생겼다. 그는 나와 단둘이 있을 때 격앙된 말투로 내게 자제하라면서 '서양인'이니 '중국인'이니 하는 어이없는 일반화의 오류를 그만두라고 말했다.

"사람들을 개선한답시고 그들을 헐뜯는 걸 큰 은혜를 베푸는 행동으로 생각하는 모양인데, 그냥 당신이 사람들을 기분 나쁘게 하는 거라는 생각은 안 해 봤어?"

그의 가장 큰 비난은 이랬다.

"당신은 왜 룰루 앞에서 그렇게 소피아를 치켜세우는 거야? 룰루의
기분이 어떨 것 같아? 지금 뭐가 어떻게 돌아가는지 모르겠어?"

"단지 '룰루의 감정을 보호하기 위해' 소피아가 받아 마땅한 칭찬을
그 애에게서 뺏지는 않을 거야."

나는 '룰루의 감정을 보호하기 위해'라는 말에 비꼬는 느낌을 최대
한 실어서 말했다.

"그렇게 해서 룰루는 내가 그 애를 소피아만큼 훌륭하게 생각한다
는 걸 알게 돼. 그 애에게 우대 조치 따위는 필요 없어."

하지만 제드는 가끔 싸움을 말리러 개입할 때를 제외하면 딸들 앞에
서는 언제나 내 편을 들었다. 우리는 처음부터 공동전선 작전을 펼쳤
고, 제드는 불안감을 완전히 떨치지 못하면서도 물러서지는 않았다. 그
대신 그는 가족 자전거 나들이를 주도하고 딸들에게 포커와 당구를 가
르쳐 주고 공상과학소설과 셰익스피어와 디킨스를 읽어 주며 우리 가
정이 균형을 유지하도록 애썼다.

그러던 차에 룰루가 상상을 초월하는 일을 벌였다. 공개적으로 반란
을 꾀한 것이다. 룰루도 잘 알듯이, 서양에서 중국식 양육법은 집안 내
에서 다뤄야 할 문제로 여겨진다. 만약 부모가 아이의 뜻에 반하는 일
을 아이에게 강요하거나 다른 아이들보다 뛰어날 것을 요구하거나 친
구 집에서 자고 오는 것을 금지한다면, 다른 부모들은 그 부모에게 낙
인을 찍고 그 아이들은 대가를 치를 것이다. 그래서 이민자 가정의 부
모들은 숨기는 법을 배운다. 그들은 남들 앞에서는 유쾌하게 행동하면

서 아이의 등을 톡톡 두드리고 "시도는 좋았어, 애!" 혹은 "팀워크를 발휘해!" 하는 말을 한다. 왕따가 되고 싶은 사람은 아무도 없으니까.

룰루는 영리하게도 그것을 교묘하게 이용했다. 룰루는 길거리나 식당 혹은 가게에서 나와 떠들썩하게 말다툼을 벌여서 낯선 사람들이 고개를 돌려 우리를 쳐다볼 때 그들에게 다 들리도록 이렇게 말했다.

"날 좀 내버려 둬요! 난 엄마가 싫어. 꺼져요."

저녁을 먹으러 온 내 친구들이 요즘 바이올린은 잘돼 가냐고 물으면 룰루는 이렇게 대답했다.

"어휴, 전 항상 연습을 해야 해요. 엄마가 그러라고 시키거든요. 저에게는 선택권이 없어요."

한번은 주차장에서 내가 한 말에 분개한 룰루가 차에서 내리기를 거부하며 하도 고래고래 고함을 지르는 바람에 경찰이 '무슨 문제가 있는지' 보러 우리 쪽으로 온 적도 있었다.

하지만 이상하게도 학교생활만큼은 난공불락의 요새처럼 굳건했다. 룰루는 그것만큼은 내게 양보했다. 서양 아이들은 엇나갈 때 대개 성적부터 떨어지고 때로는 퇴학을 당하기도 한다. 반면 절반은 중국인인 룰루는 반항하면서도 줄곧 A만 받았고 모든 선생님들에게 총애를 받았으며 성적표에 너그럽고 친절하며 다른 학생들을 도와준다는 평가를 받아 왔다. 한 선생님은 "룰루는 주위 사람들을 즐겁게 해 주는 아이이며 생각이 깊고 동정심이 많아서 반 아이들에게 인기가 많습니다."라고 썼다.

하지만 룰루는 생각이 달랐다.

"난 친구가 없어요. 아무도 날 좋아하지 않아요."

하루는 룰루가 이렇게 선언했다.

"룰루, 왜 그렇게 생각하니?"

나는 걱정하는 투로 물었다.

"다들 널 좋아해. 넌 정말 재미있고 예쁜 아이야."

"난 못난이야."

룰루가 응수했다.

"엄마는 아무것도 몰라요. 내가 어떻게 친구를 사귀어요? 엄마가 아무것도 못 하게 하는데. 나는 아무 데도 못 가요. 모두 엄마 탓이에요. 엄마는 괴물이야."

룰루는 개들을 산책시키는 일도 도와주려 하지 않았다. 쓰레기를 내다 버리는 일도 거부했다. 소피아는 집안일을 하는데 룰루만 하지 않는 것은 지극히 불공평했다. 하지만 키가 152센티미터나 되는 아이에게 하기 싫은 일을 억지로 시킬 수 있을까? 중국인 가정에서는 이런 문제가 일어나지 않기 때문에 나는 속수무책이었다. 그래서 내가 아는 단 하나의 길을 선택했다. 맞불 작전. 나는 한 발짝도 물러서지 않았다. 내가 룰루를 못돼 먹은 딸이라고 부르면, 룰루는 이렇게 대답했다.

"알았어요, 알았어. 마음대로 부르세요."

나는 룰루에게 너무 많이 먹는다고 말했다.("그만 먹어. 그러다가 탈나.") 나는 룰루를 에이미 지앙이나 에이미 왕, 에이미 리우, 하버드 웡과 비교했다. 그들은 결코 부모에게 말대꾸를 한 적이 없는 동양계 이민 1세대였다. 나는 룰루에게 내가 뭘 잘못했느냐고 물었다. 널 더 엄격하게 다뤄야 했니? 너무 풀어 준 걸까? 나쁜 영향을 미치는 아이들과 어울리도록 놔뒀어야 했단 말이야?("내 친구들을 모욕하지 마세요.")

나는 룰루에게 중국에서 셋째 아이를 입양할까 생각 중이라고 말했다. 내가 시키는 대로 연습하고 바이올린과 피아노에 첼로까지 연주하는 말 잘 듣는 아이로.

"네가 열여덟 살이 되면 그때는 네가 실수를 하건 말건 너 하고 싶은 대로 하게 해 주마. 하지만 그때까지는 난 널 포기 안 해."

나는 쿵쿵거리며 계단을 올라가는 룰루의 뒤에 대고 소리쳤다.

"제발 날 좀 포기해 주세요!"

룰루가 이렇게 소리친 게 한두 번이 아니었다.

체력에 관한 한 룰루와 나는 막상막하였다. 하지만 내가 유리한 점이 있었다. 나는 부모였다. 자동차 열쇠에 은행 계좌, 학부모 동의서에 서명할 권한도 있었다. 그것들은 모두 미국 법률이 보장하는 것이었다.

"나 머리 잘라야 해요."

룰루가 어느 날 말했다.

"나한테 그렇게 무례하게 굴고 멘델스존을 연주하지 않겠다고 고집을 부려 놓고, 지금 나더러 차를 타고 네가 원하는 곳까지 너를 데려다주라는 말이니?"

"난 왜 항상 거래를 해야 해요?"

룰루가 쌉쌀하게 물었다.

그날 밤 우리는 또다시 대판 싸웠고, 룰루는 문을 걸어 잠그고 방 안에 틀어박혔다. 내가 문틈으로 말을 걸어 봤지만 룰루는 대답하지 않았다. 시간이 한참 흘렀을 때 내 서재에서 그 애의 방문이 딸깍 열리는 소리가 들렸다. 내가 룰루를 보러 올라갔더니 룰루가 제 침대에 가만히 앉아 있었다.

"나 잘 거예요."

룰루가 평소처럼 말했다.

"숙제는 다 했어요."

그러나 나는 그 애의 말을 듣고 있지 않았다. 그저 룰루를 멍하니 바라보았다.

룰루의 머리가 가위로 잘려 있었다. 한쪽은 턱 언저리에서 불규칙하게 잘려 있고 반대쪽은 귀 위로 들쭉날쭉하게 싹둑 잘려 나간 이상한 모양이었다.

가슴이 철렁 내려앉았다. 나는 금방이라도 폭발할 기세였지만 뭔가가(아마도 두려움이) 내 혀를 붙잡고 있었다.

그렇게 잠시 시간이 흘렀다.

"룰루……."

나는 입을 열었다.

"난 짧은 머리가 좋아요."

룰루가 끼어들었다.

나는 눈길을 돌렸다. 차마 그 애를 더 보고 있을 수가 없었다. 룰루의 머리는 항상 모든 사람에게서 부러움을 샀다. 부드럽게 물결치는 암갈색 머리는 중국계 유대인의 특권이었다. 룰루에게 미친 듯이 고래고래 소리를 지르며 뭔가를 집어 던지고 싶기도 했고, 한편으로는 그 애를 감싸 안고 엉엉 울고 싶기도 했다.

하지만 그 대신 나는 차분하게 말했다.

"미용실에 예약을 해 둘 테니 내일 아침에 머리부터 자르자."

"그래요."

룰루가 어깨를 으쓱 올렸다 내렸다.

나중에 제드가 말했다.

"뭔가 수를 내야지 이대로는 안 되겠어, 에이미. 문제가 심각해."

그날 밤 나는 또다시 엉엉 울고 싶은 기분이 들었다. 하지만 아무 일도 아니라는 듯 눈알을 굴리며 말했다.

"심각하긴 뭐가. 제드, 별일 아니야. 내가 다 해결할 수 있어."

우리 가족에게
찾아온 위기

나는 어렸을 때 셋째인 캐트린과 노는 것을 좋아했다. 캐트린이 나보다 일곱 살이나 어리기 때문인지 우리 사이에는 경쟁의식도, 마찰도 없었다. 게다가 캐트린은 묘하게 귀여운 구석이 있었다. 그 애는 반짝거리는 동그란 눈에 바가지 모양으로 깎은 반들반들한 머리와 장밋빛 입술로 끊임없이 낯선 사람들의 시선을 끌었고, 한 번도 가본 적 없는 제이시페니 ᴹⁱ국 종합 의류 쇼핑몰의 사진 콘테스트에서 뽑혀 상을 타기도 했다. 나와 바로 밑의 동생 미셸은 막내인 신디 때문에 바쁜 어머니를 대신해서 번갈아 가며 캐트린을 돌봤다.

돌이켜 보면 행복한 시절이었다. 나는 대장으로서 자신감에 차 있었고 캐트린은 큰언니를 우상처럼 생각했기 때문에 우리는 환상의 짝꿍이었다. 나는 게임과 이야기를 꾸며 냈고, 카드놀이며 사방치기 같은 놀이나 불가능해 보이는 줄넘기도 척척 가르쳐 줬다. 우리는 식당 놀이도 했다. 주방장과 웨이터는 내가, 손님은 캐트린이 맡았다. 학교 놀이도 했다. 나는 선생님이었고 캐트린(우리 반 우등생)과 헝겊 인형 다섯이 학생이었다. 나는 근육 위축병 환자들을 위한 맥도날드 축제도 열었다. 그때 캐트린은 부스를 지키며 돈을 받았다.

그로부터 삼십오 년이 흘렀지만 캐트린과 나는 여전히 가깝게 지냈다. 네 자매 중 우리 두 사람은 적어도 표면적으로 가장 닮았다. 캐트린과 나는 둘 다 하버드에서 학위를 땄고(캐트린은 석사와 박사까지 했기 때문에 학위가 정확히 세 개다.) 유대인과 결혼했으며 아버지처럼 교직에 몸담았고 자식이 둘이었다.

룰루가 머리카락을 자르는 사건이 있기 몇 달 전에, 나는 스탠퍼드 대에서 학생들을 가르치며 연구소에서 일하는 캐트린에게서 전화를 받았다. 전화기 너머로 내 생애 최악의 소식이 들려왔다.

캐트린이 흐느끼고 있었다. 동생은 치료가 거의 불가능한 희귀 백혈병에 걸렸다고 말했다.

말도 안 돼. 나는 혼란에 휩싸여 생각했다. 백혈병이 우리 가족, 운이 좋은 우리 가족을 두 번씩이나 습격해?

하지만 사실이었다. 캐트린은 몇 달 전부터 몹시 피로하고 헛구역질이 나며 숨이 찼다. 결국 병원을 찾았을 때 나온 혈액검사 결과는 명확했다. 무슨 잔인한 운명의 장난인지, 공교롭게도 캐트린이 걸린 백혈병의 원인은 동생이 연구실에서 연구 중인 세포 돌연변이였다.

"나 오래 못 살아."

동생이 울면서 말했다.

"제이크는 이제 어떻게 해? 엘라는 날 기억하지도 못할 거야."

캐트린의 아들은 이제 열 살이었고 딸은 돌을 갓 지난 상태였다.

"언니가 우리 딸에게 내가 어떤 사람이었는지 알려 줘. 약속해, 에이미 언니. 난 사진을 찍어 둬야겠어……."

그러고 나서 캐트린은 엉엉 울음을 터뜨렸다.

나는 충격에 빠졌다. 도저히 믿을 수가 없었다. 열 살 난 캐트린의 모습이 눈앞을 스쳐 갔다. 도저히 그 모습과 **백혈병**을 연결할 수가 없었다. **캐트린**이? 캐트린에게 어떻게 이런 일이 일어날 수가 있지? 그리고 우리 부모님은! 부모님이 어떻게 이 일을 견뎌 낼지……. 돌아가실지도 몰랐다.

"의사가 정확하게 뭐라고 했어, 캐트린?"

내 목소리에는 이상하게 자신감이 어려 있었다. 나는 거침없는 불굴의 큰언니로 재빨리 변신했다.

하지만 캐트린은 대답하지 않았다. 전화를 끊어야겠다면서 다시 전화하겠다는 말만 했다.

십 분 후, 나는 동생에게서 이메일을 받았다. 그 내용은 이랬다.

"에이미 언니, 상태가 아주 많이 안 좋아. 미안해! 화학 치료 후에 가능하면 골수이식수술을 받고 나서 화학 치료를 더 받아야 해. 그래도 살 확률은 낮아."

과학자 캐트린의 말이니, 허튼 말이 아니었다.

처음으로
패배를 맛보다

룰루가 제 손으로 머리카락을 자른 다음 날 나는 룰루를 미용실에 데려갔다. 차를 타고 가는 동안 우리는 별로 말을 하지 않았다. 나는 신경이 곤두서 있었고 머릿속이 복잡했다.

"어쩌다가 이랬어요?"

미용사가 물었다.

"얘가 제 손으로 머리카락을 잘랐어요."

나는 설명했다. 굳이 숨길 것도 없었다.

"머리가 자라기 전까지 버텨야 하는데, 무슨 방법이 없을까요?"

"와……. 진짜 사고 한번 제대로 쳤구나, 너."

미용사가 룰루에게 호기심 어린 눈길을 던지며 물었다.

"왜 그랬어?"

"엄마를 겨냥한 사춘기 소녀의 자기 파괴적 행동이라고나 할까요."

나는 룰루가 이렇게 말할 것 같았다. 룰루는 그런 말들을 다 알고 있었고 그런 행동을 할 만큼 심리적 자의식도 있었다.

하지만 룰루는 유쾌한 목소리로 말했다.

"머리를 층이 지게 자르려다가 망쳤지 뭐예요."

집에 돌아온 후 나는 이렇게 말했다.

"룰루, 엄마가 너를 사랑하는 거 알지? 엄마가 이러는 건 모두 너를 사랑하기 때문이야. 그리고 네 미래를 위해서야."

내 목소리는 내가 들어도 꾸민 듯이 들렸고, 룰루에게도 그렇게 들린 것 같았다. 룰루가 단조롭고 무감각한 말투로 "네, 알겠어요." 하고 대답했기 때문이다.

제드의 쉰 번째 생일이 다가왔다. 나는 성대한 파티를 계획하고 그의 어린 시절 친구부터 그가 이제까지 살아오면서 사귄 모든 사람들을 초대했다. 나는 그들에게 제드와 관계된 재미난 이야기들을 준비해서 와 달라고 부탁했다. 생일 파티 몇 주 전에 나는 소피아와 룰루에게 축배를 제안할 때 할 말을 써 보라고 했다.

"그냥 축배를 제안하는 인사말 정도여서는 안 돼. 의미가 있는 말이어야 해. 진부해서도 안 되고."

나는 그렇게 주문했다.

소피아는 말귀를 바로 알아들었다. 그 애는 평소처럼 내게 의견이나 조언을 구하지 않았다. 반면 룰루는 이렇게 말했다.

"난 축배 제안 하고 싶지 않아요."

"해야 해."

내가 대답했다. 룰루가 말했다.

"내 또래 아이들은 축배 제안 같은 거 안 해요."

"그건 그 애들이 나쁜 가정 출신이라서 그래."

내가 응수하자, 룰루가 이렇게 물었다.

"지금 엄마 말씀이 얼마나 이상하게 들리는지 아세요? 걔들은 '나쁜' 가정 출신이 아니에요. 대체 '나쁜' 가정이 어떤 건데요?"

"룰루, 정말 배은망덕하구나. 내가 네 나이였을 때는 쉬지 않고 일했어. 아버지가 시켜서 동생들을 위해 나무 위에 집도 지었지. 난 아버지가 하는 말이라면 무엇이든 복종했고, 그 덕분에 톱을 쓰는 법을 알게 됐어. 그리고 벌새의 집도 지었고,《엘서리토 저널》이라는 신문도 배달했어. 그 바람에 20킬로그램이 넘는 큰 신문 보따리를 이고 8킬로미터를 걸어 다녔지. 그런데 너는 어떠니? 기회란 기회, 특권이란 특권은 모두 누리고 있잖아. 줄이 세 개가 아니라 네 개인 짝퉁 아디다스 운동화를 신지 않아도 되고. 그런데 아빠를 위해서 그 작은 일 하나 못 하겠다니, 구역질이 나는구나."

"난 축배 제안 하기 싫어요."

나는 총공세를 펴서 밀어붙였다. 생각나는 것은 무엇이든 끄집어내서 룰루를 위협하고 매수해 보고 꼬여도 보고 창피도 줬다. 글 쓰는 것을 도와주겠다는 제안도 했다. 나는 그것이 중요한 전투라는 것을 알았기 때문에 룰루를 궁지로 몰아넣고 최후통첩을 했다.

제드의 생일 파티 날, 소피아의 축배 제안은 그야말로 걸작이었다. 키가 172센티미터에 하이힐을 신은 열여섯 살 소녀 소피아는 능숙하고 재치 있는 말로 매력을 발산했다. 소피아는 축배 제안을 할 때 자기 아버지를 살짝 놀리며 웃음을 유발하다가 마지막에 치켜세우는 방식으로 제드의 마음을 완전히 사로잡았다. 나중에 내 친구 알렉시스는 내게 와서 이렇게 말했다.

"소피아는 정말 대단해."

나는 고개를 끄덕였다.

"멋진 축배 제안이었어."

"멋지고말고……. 하지만 내 말은 다른 뜻이었어."

알렉시스가 말했다.

"사람들이 소피아의 진면목을 봤는지 모르겠어. 소피아는 정말 특별해. 당신 가정의 자랑거리가 되려고 항상 노력하면서도 말이지. 그리고 룰루도 참 사랑스러워."

나는 그때 룰루가 전혀 사랑스럽지 않았다. 소피아가 축배 제안을 하는 동안 룰루는 제 언니 옆에 서서 싹싹한 미소를 띠고 있었다. 하지만 글은 전혀 쓰지 않았고 제 고집대로 한마디도 하지 않았다.

나는 졌다. 나의 첫 패배였다. 그동안 나는 집안을 전쟁터로 만들며 온갖 난리를 피우면서도 패배한 적이 없었다. 적어도 중요한 전투에서는 그랬다.

나는 그 오만불손한 행태에 격노했다. 얼마 동안 분노로 부글부글 끓던 나는 한꺼번에 분통을 터뜨렸다. 나는 룰루에게 말했다.

"넌 우리 가족을 모욕했어……. 너 자신까지도. 이 실수에 대한 대가를 평생 치르며 살아야 할 거야."

룰루가 따지며 대들었다.

"엄마는 허영덩어리예요. 그게 엄마야. 엄마에게는 원하는 건 모두 해 주는 딸이 있잖아요. 그런데 내가 왜 필요해요?"

이제 우리 사이에는 벽이 있었다. 옛날에는 맹렬하게 싸우기는 했어도 결국엔 화해했다. 룰루나 내 침대에서 서로를 꼭 껴안은 채, 옥신각신했던 우리들을 흉내 내며 깔깔 웃곤 했다. 내가 "난 얼마 못 살 거야." 혹은 "네가 나를 너무 사랑해서 마음이 아프다는 거 못 믿겠어." 하고 전혀 부모답지 않은 말을 하면 룰루는 이렇게 말하곤 했다. "엄마! 엄마, 정말 이상해!" 하지만 그때 그 애의 얼굴은 자기도 모르게 웃고 있었다. 이제 룰루는 밤에 더 이상 내 침대로 오지 않았다. 화가 나면 나뿐만 아니라 제드와 소피아에게도 분풀이를 해 댔고, 제 방에 틀어박혀 지내는 시간이 갈수록 늘어났다.

내가 룰루의 마음을 다시 얻으려고 노력하지 않은 것은 아니다. 나는 화가 나지 않았을 때나 룰루와 싸우지 않을 때에는 그 애를 위해 내가 할 수 있는 모든 것을 다 했다. 어느 날에는 이렇게 말했다.

"어이, 룰루! 인생에서 변화를 한번 시도해 볼까? 색다르고 재미있는 걸 해 보자……. 차고 세일[중고 물품 세일]을 하는 거야."

실제로 우리는 차고 세일을 했고(판매액 241달러 35센트) 재미도 있었지만 상황은 바뀌지 않았다. 나는 룰루에게 전자 바이올린을 권했다. 룰루는 전자 바이올린에 도전했고 그것을 좋아했지만 내가 두 번째 레슨을 예약하려고 하자 공연한 짓이라면서 그만두라고 했다. 얼마 못 가서 우리는 다시 싸움을 시작했고 적대감의 포로가 되었다.

룰루와 나는 서로 못 잡아먹어서 안달하면서도 많은 시간을 함께 보냈다. 비록 가족끼리 보내는 오붓하고 즐거운 시간이라고는 할 수 없었지만. 다음은 우리의 평소 주말 훈련 스케줄이다.

　　토요일: 자동차로 한 시간 달려 코네티컷 주 노워크로 이동

(아침 8시 출발)

세 시간 오케스트라 연습

자동차로 한 시간 달려 뉴헤이번으로 귀환

숙제

한두 시간 바이올린 연습

가족 놀이 한 시간(선택 사항)

일요일: 한두 시간 바이올린 연습

자동차로 두 시간 달려 뉴욕 시로 이동

다나카 선생님과 한 시간 레슨

자동차로 두 시간 달려 뉴헤이번으로 귀환

숙제

돌이켜 보면 참으로 비참한 생활이었다. 하지만 그 이면에는 그것을 보상하고도 남을 만한 것이 있었다. 룰루는 바이올린을 싫어할 때도 있었지만 좋아할 때도 있었다. 한번은 룰루가 이렇게 말했다.

"바흐를 연주할 때면 꼭 시간 여행을 하는 것 같아요. 18세기로 갈 수 있거든요."

룰루는 음악이 얼마든지 역사를 초월할 수 있다고 말했다. 이 년마다 열리는 다나카 선생님의 연주회에서 룰루가 멘델스존의 바이올린 협주곡으로 청중을 사로잡았던 일을 기억한다. 다나카 선생님은 연주회가 끝나고 나서 내게 말했다.

"룰루는 다른 아이들과 달라요. 음악을 진정으로 느끼고 이해하죠.

룰루가 바이올린을 사랑한다는 건 누가 봐도 분명히 알 수 있어요."

그 말을 듣고 우리가 다나카 선생님의 눈을 가리고 있다는 생각이 들었다. 하지만 한편으로는 영감과 결의가 용솟음쳤다.

룰루의 바트 미츠바가 다가왔다. 나는 유대인도 아니고 바트 미츠바는 제드의 영역이었지만 룰루와 나는 그 문제를 놓고 전쟁을 벌였다. 나는 룰루가 바트 미츠바에서 바이올린을 연주하기를 바랐다. 내가 생각해 둔 곡은 조지프 애크런의 「히브리 멜로디」였다. 그것은 룰루의 오랜 친구 렉시가 우리에게 알려 준 아름답고 명랑한 곡이었다. 제드는 동의했는데, 룰루는 그러지 않았다.

"바이올린을 연주하라고요? 바트 미츠바에서요? 말도 안 돼! 싫어요."

룰루는 어이없다는 듯 말했다.

"그런 생뚱맞은 일이 어디 있어요? 엄마는 바트 미츠바가 무슨 뜻인지 알기나 해요? 연주회가 아니란 말이에요."

그러고 나서 덧붙였다.

"전 그냥 성대한 파티를 열고 선물이나 많이 받으면 좋겠어요."

그 말이 내 성미를 건드렸고 분노의 불을 댕겼다. 나는 부모가 수백만 달러를 들여 바트 미츠바며 무도회, 열여섯 살 성년식을 성대히 치러 주는 버릇없는 부잣집 아이들을 줄곧 못마땅해했고, 룰루도 그것을 잘 알았다. 룰루는 유대인의 정체성이 강한 아이였다. 소피아와 제드는 그렇지 않았지만, 룰루는 유월절_{이스라엘 민족이 이집트에서 탈출한 일을 기념하는 유대교의 축제일}을 지키고 속죄일_{인류의 죄를 속죄하기 위한 의식을 거행하는 유대교의 제일}에는 단식할 것을 항상 주장했다. 룰루에게 바트 미츠바는 소피아에게 그랬던 것보다 더 큰 의미가 있는 일생의 중요한 행사였다. 룰루는 모세오경과 하프타라

안식일이나 축제일에 유대 예배당에서 암송하는 구약성경의 일부를 익히는 데 전력을 다하는 아이가 아니던가.

나는 미끼를 물지 않았다.

"네가 바이올린을 연주하지 않겠다면 아빠와 나는 파티를 열어 주지 않을 거야. 그냥 조촐한 모임 정도로만 치르지, 뭐. 중요한 건 예식이니까."

"엄마가 무슨 권리로요!"

룰루가 발끈했다.

"그건 정말 불공평해요. 소피아 언니의 바트 미츠바에서는 언니에게 피아노 연주를 시키지 않았잖아요."

"소피아가 하지 않았으니 네가 한다면 더 좋겠지."

"엄마는 유대인도 아니면서."

룰루가 쏘아붙였다.

"엄마는 지금 자기 자신이 무슨 말을 하는지도 몰라요. 이건 엄마와 아무 상관없는 문제라고요."

바트 미츠바 여섯 주 전에 나는 룰루의 초대장을 발송했다. 하지만 나는 룰루에게 경고했다.

"네가 「히브리 멜로디」를 연주하지 않으면 파티를 취소할 거야."

"그렇게는 못 하실걸요."

룰루가 비난 조로 말했다.

"왜 나를 시험하려 드니? 내가 하는지 못 하는지 두고 보면 알겠지."

나는 룰루에게 맞섰다. 그 싸움에서 누가 승자가 될지 솔직히 확신은 없었다. 나는 패하면 탈출구가 없는 대단히 위험한 작전을 쓰고 있었다.

엄마는 끝까지
살아남아야 한다

캐트린이 백혈병에 걸렸다는 소식은 부모님에게 청천벽력 같은 충격이었다. 내가 아는 사람들 중에서 가장 강한 분들인 우리 부모님이 그만 슬픔에 몸져눕고 말았다. 어머니는 내내 울면서 집 밖으로 나가지 않았고, 친구들의 전화도 받지 않았다. 소피아와 룰루가 전화를 해도 마찬가지였다. 아버지는 내게 계속 전화를 걸어서 고통스러운 목소리로 묻고 또 물었다. 희망이 전혀 없는 거냐고.

캐트린은 보스턴의 다나파버 하버드 암 센터에서 치료받기로 결정했다. 전국에서 골수이식을 가장 잘하기로 유명한 시설 가운데 하나였다. 또한 하버드는 캐트린과 제부인 오르가 공부하고 교육받은 곳이었기 때문에 그곳에 그들의 지인들도 있었다.

모든 일이 신속하게 진행되었다. 백혈병 진단을 받고 나서 사흘 만에 캐트린과 오르는 스탠퍼드대에 있는 자신들의 집을 걸어 잠그고 온 가족이 함께 보스턴으로 이사했다. (캐트린은 캘리포니아에 계신 아이들의 할아버지, 할머니에게 애들을 맡길까도 생각했으나 그러지 않기로 했다.) 우리는 친구인 조든과 알렉시스의 도움을 받아서 보스턴에 집을 하나 세내고 제이크가 다닐 학교와 낮 동안 엘라를 맡길 놀이방을 수배했다.

캐트린의 백혈병이 너무나 빨리 진행되어서 다나파버의 의사들은 곧바로 골수이식수술을 받아야 한다고 말했다. 다른 방법으로는 생존할 가능성이 없었다. 캐트린은 골수이식수술을 받기 위해서 먼저 크나큰 산을 두 개 넘어야 했다. 우선 집중 화학 치료를 견뎌 내면서 병세가 누그러들기를 기도해야 했다. 그렇게 첫 관문을 통과하고 나면 골수 기증자를 찾아야 하는데, 그것은 운이 좋아야 가능한 일이었다. 각각의 관문은 성공률이 높지 않았고 두 가지 모두 성공할 확률은 절망적으로 낮았다. 설사 두 가지 모두 성공한다고 해도 골수이식을 받고 나서 살아남을 확률은 그보다 더 낮았다.

입원하기 전에 캐트린에게는 여유 시간이 이틀 정도 있었다. 캐트린이 아이들에게 작별 인사를 할 때 나도 그 자리에 있었다. 동생은 제고집대로 빨래를 두 바구니나 해 놓고 나서 제이크가 다음 날 입을 옷가지를 꺼내 놓았다. 캐트린이 아들의 셔츠를 조심스럽게 접고 딸아이의 턱받이와 옷의 구김을 펴는 광경을 나는 믿기지 않는다는 듯 멍하니 바라보았다.

"난 빨래하는 게 좋더라."

캐트린이 말했다. 동생은 집을 떠나기 전에 잘 보관해 달라면서 자기 보석을 모두 내게 맡겼다. 동생이 말했다.

"내가 돌아오지 못했을 때를 대비해서야."

오르와 나는 캐트린을 태우고 병원으로 갔다. 우리가 서류를 작성하

이메일에 응답하지 않을 때는, 심하게 아프거나, 혈소판 이식에 대한 알레르기 반응(정기적으로 발생하는 증상)이 일어나서 몸이 퉁퉁 붓고 발진을 일으켰거나, 새로 시작한 치료로 인한 고통을 달래기 위해 진통제에 취해 있을 때였다. 하지만 동생은 항상 밝게 치료 경과를 알려 줬다. "어젯밤에는 어땠어?" 하고 매일 이메일로 묻는 내게 캐트린은 "알면 다쳐." 혹은 "아주 나쁘지도, 아주 좋지도 않았어." 혹은 "어휴, 또 열이 났어." 하고 답장을 보냈다.

그 무렵 내가 알게 된 사실이 하나 더 있었다. 캐트린이 자기 아이들을 위해 살고자 하는 마음을 굳게 먹었다는 것이다. 캐트린은 어렸을 때 우리 네 자매 가운데 가장 특출했고 집중력도 제일 좋았다. 이제 캐트린은 백혈병과 싸우는 데 모든 지능과 창의력을 쏟아붓고 있었다. 수련의 과정을 거친 동생은 자기 병을 손바닥 들여다보듯 훤히 꿰고 있었고, 투약량을 다시 점검하고 자신의 세포 유전 보고서를 읽어 보며 인터넷에서 임상 실험 사례들을 찾아내어 연구했다. 캐트린은 담당 의사들을 마음에 들어 했고(그들이 경험이 많고 명민하며 판단력이 좋다는 사실을 가늠할 수 있을 정도로 동생은 의학 지식을 갖추고 있었다.) 의사들도 동생을 좋아했다. 마찬가지로 간호사들과 젊은 수련의들도 캐트린을 좋아했다. 한번은 교대 근무를 하는 석사 혹은 박사과정 학생들 중 한 명이 권위 있는 과학지 《네이처》에 두 번이나 논문을 게재한 스탠퍼드 대 캐트린 추아 박사를 알아보고 존경심을 표하며 전문적인 조언을 구하기도 했다. 캐트린은 그 와중에도 몸매를 유지하기 위해 억지로 일어나서 몸에 연결된 링거대를 끌고 날마다 이십 분씩 걸어 다녔다.

나는 2008년 가을과 겨울에 보스턴에서 많은 시간을 보냈다. 우리

가족은 주말마다 보스턴으로 갔다. 룰루와 함께 네 시간 동안 다나카 선생님에게 다녀오자마자 나는 곧바로 두 시간 동안 차를 몰아 보스턴으로 간 적도 있었다. 캐트린은 누가 문병을 오든 전혀 개의치 않았지만(문병객들은 화학 치료에 캐트린의 면역 체계가 무너진 것을 안타까워했다.) 제이크와 엘라가 올 때는 신경을 많이 썼고 우리와 함께 있는 것을 좋아했다. 소피아는 사촌인 아기 엘라를 귀여워했고, 룰루와 제이크는 친한 친구가 되었다. 룰루와 제이크는 성격도 비슷하고 겉모습도 상당히 닮아서 사람들은 종종 그 애들을 남매로 착각하기도 했다.

물론 모두들 숨을 죽이며 하나만을 고대하고 있었다. 바로 캐트린의 병세가 누그러지는 것이었다. 입원한 지 이십 일째 되던 날 의료진이 중요한 생체 조직을 채취해 갔다. 일주일 후에 조직 검사 결과가 나왔다. 결과는 좋지 않았다. 전혀. 머리카락이 다 빠지고 피부에는 버짐이 피고 온갖 위장병에 걸렸는데도 캐트린의 병세는 나아지지 않았다. 담당 의사는 캐트린에게 화학 치료를 한 번 더 해야겠다고 말했다.

"세상 끝난 거 아닙니다."

그는 캐트린의 기운을 북돋우려고 그렇게 말했다. 하지만 우리가 조사한 바에 따르면 다음번 화학 치료에서도 성과가 없으면 캐트린이 골수이식수술을 성공적으로 받을 확률은 사실상 0퍼센트였다. 이번이 마지막 기회였다.

'착한 맏딸'의
해피엔드

어느 날 저녁 집에 돌아와 보니 부엌 바닥에 생쌀이 널려 있었다. 나는 피곤하고 신경이 곤두선 상태였다. 강의를 끝내고 나서 내리 네 시간 동안 학생들과 면담하고 온 나는 저녁을 먹고 나서 차를 몰고 보스턴으로 갈 생각을 하고 있었다. 찢어진 커다란 삼베 자루 하나와 천 조각과 비닐봉지 여러 개가 사방에 널려 있었고, 코코와 푸시킨이 바깥에서 미친 듯이 짖고 있었다. 나는 무슨 일이 벌어졌는지 단번에 알아차렸다.

바로 그때 소피아가 난처한 표정으로 빗자루를 들고 부엌으로 들어왔다.

나는 소피아에게 버럭 화를 냈다.

"소피아, 또 이 지경이구나! 너, 식료품 저장실 문을 또 열어 놓았지, 그렇지? 개들이 쌀을 좋아한다고 내가 몇 번 얘기했니? 22킬로그램짜리 쌀부대 하나가 다 없어졌구나…… 이제 개들은 배 터져 죽게 생겼어. 왜 내 말을 흘려듣는 거야. 항상 '어머, 죄송해요, 다시는 안 그럴게요, 전 왜 이 모양일까요, 저를 죽여 주세요.'라고 말만 하고 막상 변하는 건 하나도 없잖아. 너는 그저 곤경에서 벗어나는 것밖에 관심이 없어. 다른 사람들은 어찌 되든 말든. 네가 내 말을 귓등으로 듣는 데 지쳤어……. 신물이 나!"

제드는 내가 강약 조절을 잘 못하고 조그만 실수에도 너무나 큰 도덕적 결함을 끌어다 붙인다고 항상 나를 나무랐다. 하지만 소피아는 그럴 때마다 그냥 꾹 참으면서 폭풍우가 지나가기를 기다리는 작전을 펼치곤 했다.

그런데 이번에는 소피아가 폭발하면서 대들었다.

"엄마! 제가 치울게요, 됐죠? 엄마는 제가 은행이라도 턴 것처럼 말씀하시네요. 근데 제가 얼마나 착한 딸인지 아세요? 제가 아는 사람들은 모두 파티에 술에 마약까지 해요. 그런데 전 어떤지 아세요? 매일 학교가 끝나자마자 곧장 집으로 달려와요. 달려온다고요. 그게 얼마나 이상한지 알기나 해요? 어느 날은 갑자기 이런 생각이 들었죠. '내가 왜 이러고 있지? 왜 집으로 달려가고 있을까?' 피아노를 연습하기 위해서! 엄마는 입버릇처럼 감사하라는 말을 하지만 엄마야말로 저에게 감사해야 해요. 룰루를 마음대로 못 한다고 해서 저에게 그 분풀이를 하지 말라고요."

소피아의 말은 전적으로 옳았다. 소피아가 내 자랑거리가 되어 준 덕분에 나는 십육 년을 편하게 보냈다. 하지만 가끔씩 내가 틀렸음을 깨닫고 스스로가 싫어질 때면 마음속에서 더 독한 것이 꿈틀거리면서 나를 더욱더 앞으로 밀어냈다. 그래서 나는 이렇게 말했다.

"너더러 집으로 달려오라고 시킨 적 없어……. 그건 바보 같은 짓이야. 사람들에게 우스운 꼴을 보였구나. 그리고 마약을 하고 싶으면 해. 재활원에서 멋진 남자 친구를 사귀게 될지도 모르지."

"우리 집이 얼마나 웃기게 돌아가는지 아세요? 저는 엄마가 시키는 일이라면 모두 다 해요. 그런데 한 번만 실수해도 엄마는 저에게 소리를 질러요. 룰루는 엄마 말은 하나도 안 들어요. 엄마에게 말대답을 하고 물건을 집어 던지죠. 그러면 엄마는 룰루에게 선물을 주고 꼬드겨요. 무슨 '중국인 엄마'가 이래요?"

소피아가 정곡을 찔렀다. 이쯤에서 중국식 양육과 출생 순서에 대해 얘기해야 할 것 같다. 최소한 출생 순서만이라도. 최근에 스테퍼니라는 학생에게서 재미있는 이야기를 들었다. 한국인 이민자 가정의 장녀인 스테퍼니는(항상 A만 받는 수학 수재에 프로 피아니스트이다.) 고등학교에 다닐 때 자신의 엄마가 이런 말로 겁을 줬다고 했다.

"그걸 하지 않으려거든 학교 다닐 생각 하지 마."

스테퍼니는 학교를 못 다닌다는 생각만 해도 끔찍했다고 한다. 그래서 너무 늦은 게 아니기를 기도하면서 엄마가 시키는 건 무조건 했다는 것이다. 반면 스테퍼니의 엄마가 스테퍼니의 여동생에게 똑같은 말을 하면, 그 애는 이렇게 대답했다고 한다.

"바라던 바예요. 난 집에 있는 게 더 좋거든요. 학교 가기 싫어요."

물론 예외도 많이 있겠지만 나는 이런 모범적인 첫째 아이와 반항적인 둘째 아이의 패턴을 많은 가정에서, 특히 이민자 가정에서 발견했다. 그리고 나는 룰루의 경우에는 불굴의 의지와 근면으로 그 패턴을 깰 수 있으리라고 생각했다.

"너도 알다시피, 소피아, 엄마는 룰루 때문에 골치가 아파. 너에게는 통하는 것이 룰루에게는 통하지 않아. 완전히 엉망진창이야."

"아……. 걱정 마세요, 엄마."

소피아가 말했다. 그 애의 목소리가 갑자기 나긋나긋해졌다.

"그냥 통과의례라고 생각하세요. 열세 살로 사는 건 끔찍하거든요……. 저도 비참했어요. 하지만 다 괜찮아지더라고요."

나는 소피아가 열세 살 때 비참했다는 사실을 전혀 몰랐다. 나만 봐도, 우리 어머니 역시 열세 살 때 나의 비통한 심정을 전혀 알지 못했다. 많은 동양계 가정이 그렇듯이, 우리 집도 허심탄회한 '대화'가 부족했다. 어머니는 사춘기에 관해서는 단 한마디도 하지 않았다. 특히 pu로 시작해서 y로 끝나는 역겹고 외설적인 단어_{여성의 성기를 뜻하는 pussy}는 입에 담지도 않았다. 우리는 성性에 관련된 대화는 전혀 나누지 않았고, 나는 그런 대화를 상상만 해도 소름이 돋았다.

내가 말했다.

"소피아, 넌 예전에 어릴 때 나를 보는 것 같아. 아무에게도 걱정을 끼치지 않는 듬직한 맏딸 말이야. 그런 역할을 한다는 건 자랑스러운 일이지. 문제는 서양 문화권에서는 그것을 자랑스럽게 여기지 않는다는 거야. 디즈니 영화에서 '착한 딸'은 언제나 실패를 겪고, 그러고 나서 규칙을 따르고 상을 탄다고 해서 인생이 술술 풀리지는 않는다는 걸 깨닫고는 마지막에 옷을 벗어 던지고 바닷물에 뛰어들잖아. 하지만 그건 디즈니 영화가 상을 타지 못한 사람들의 비위를 맞추는 방편일 뿐이야. 상을 타면 기회를 얻기 마련이고, 그건 자유를 의미해. 바닷물에 뛰어드는 게 아니라."

나는 내 연설에 마음이 울컥해졌다. 동시에 가슴이 저려 왔다. 책을 한 아름 안고 학교에서 집으로 달려오는 소피아의 모습이 떠올라 견딜 수가 없었다. 내가 말했다.

"그 빗자루 이리 내. 넌 피아노 연습할 시간이 필요하잖아. 이건 내가 치울게."

절망 뒤에
찾아온 희망

　내 여동생 미셸과 나는 우리가 캐트린의 골수 기증자로 적합한지를 알아보기 위해 검사를 받았다. 형제자매 가운데 최적의 대상자가 나올 확률이 (대략 3분의 1 정도로) 가장 높았기 때문에 나는 이상하게 내 피가 적합하리라는 희망을 품고 있었다. 하지만 내 생각은 빗나갔다. 미셸도, 나도 캐트린과 맞지 않았다. 묘하게도 미셸과 나는 서로에게는 최적의 기증자였지만 캐트린은 도와줄 수가 없었다. 이는 캐트린이 전국의 골수 기증자 명단에서 대상을 물색해야 한다는 뜻이었다. 우리는 형제 중에 적합한 사람이 없을 경우 기증자를 찾을 확률이 급격히 떨어진다는 사실을 알고 낙담했다. 특히 아시아계나 아프리카계 후손들은 더 절망적이었다. 인터넷에는 골수가 맞는 사람을 애타게 찾으며 죽어 가는 환자들의 사연이 가득했다. 게다가 세상 어딘가에 맞는 사람이 있다고 해도 그 사람을 찾기까지 몇 달이 걸릴지 알 수 없었다. 몇 달이라니, 캐트린에게는 몇 달씩 기다릴 여유가 없었다.

캐트린의 첫 번째 화학 치료는 악몽이나 다름없었지만, 그것은 두 번째 치료에 비하면 아무것도 아니었다. 두 번째 화학 치료는 지옥이었다. 날이 바뀌어도 캐트린에게서 아무런 연락이 없었다. 나는 겁에 질려 오르게 전화를 걸었지만 음성 사서함이 받을 때가 많았다. 용케 제부가 전화를 받는다고 해도 그는 무뚝뚝한 말투로 "지금은 말씀 드릴 수가 없어요, 에이미. 나중에 전화드릴게요." 하는 말만 했다.

화학 치료는 감염 때문에 치명적일 수 있다. 백혈구가 파괴된 암 환자는 흔한 감기나 독감 같은 가벼운 질병에도 사망할 수 있다. 캐트린은 계속 감염성 질환에 시달렸다. 의사들은 감염을 막기 위해 항생제를 다량으로 처방했는데 그것이 온갖 종류의 고통스러운 부작용을 일으켰고, 그들은 어떤 항생제의 효력이 없어지면 다른 항생제를 시도했다. 캐트린은 몇 주 동안이나 물 한 모금 삼키지 못하고 정맥주사에 의지해야 했다. 그리고 얼어 죽을 것처럼 떨지 않으면 불덩이처럼 열이 올랐다. 합병증과 위기가 계속 이어졌고, 캐트린은 진통제로도 가시지 않는 극심한 고통에 시달렸다.

두 번째 화학 치료가 계속되는 동안 우리는 다시 한 번 숨을 죽이고 기다려야 했다. 우리의 바람 가운데 하나는, 백혈병 증세가 호전되면서 캐트린이 건강한 혈구 세포, 특히 호중성 백혈구를 다시 생산해 세균성 감염에 저항하게 되는 것이었다. 나는 캐트린이 아침에 처음으로 하는 일이 피를 뽑는 것이라는 걸 알았기 때문에 아침 6시부터 컴퓨터 앞에 앉아 그 애에게서 이메일이 오기만을 기다렸다. 하지만 캐트린은 더 이상 내게 이메일을 쓰지 않았다. 내가 참지 못하고 캐트린에게 먼저 이메일을 보내면 "수치는 아직 올라가지 않았어." 혹은 "여전히 아무엇도 없어. 실망이야." 하는 간단한 답장만 왔다. 이내 캐트린은 내이메일에 전혀 답장을 하지 않게 되었다.

항상 나는 어떤 이유가 있어서 회신을 하지 않는 게 분명한데도 계속 음성 메시지를 남기고 또 남기는("전화 좀 해! 어디 있는 거야? 걱정된단 말이야!") 사람들을 이해할 수 없었는데, 이제는 내가 그 꼴이었다. 너무 걱정된 나머지 남을 귀찮게 하든 말든 신경 쓸 여유가 없었다. 캐트린의 두 번째 화학 치료가 끝난 다음 주에 나는 아침마다 계속 전화를 해 댔다. 캐트린은 발신자 번호를 확인할 수 있었기 때문에 그것이 내 전화임을 알았음에도 전화를 받지 않았다. 나는 캐트린이 기운 내는 데 도움이 될까 싶어서 쓸데없는 소식들을 전하며 계속 메시지를 남겼다.

그러던 어느 날 아침, 캐트린이 전화를 받았다. 내 동생 목소리 같지 않고 이상했다. 게다가 목소리가 어찌나 개미처럼 작은지 무슨 말을 하는지 간신히 알아들을 수 있었다. 내가 좀 어떠냐고 묻자 동생은 한숨을 폭 내쉬고 말했다.

"소용없어, 언니. 난 틀렸어. 희망이 없어……. 아무 희망이 없어."

동생이 말끝을 흐렸다.

"바보 같은 소리 하지 마, 캐트린. 원래 수치가 올라가려면 한참 걸리는 법이야. 몇 달씩 걸리기도 한대. 제드가 다 알아봤어. 네가 원하면 통계자료들을 보내 줄게. 게다가 제부 말로는, 담당 의사가 아주 긍정적으로 생각한다고 했어. 하루씩 참고 넘겨 보자."

아무런 대답이 들리지 않아서 나는 다시 수다를 떨기 시작했다.

"룰루 때문에 골치 아파 죽을 지경이야!"

나는 바이올린이며 룰루와 다툰 이야기, 내가 폭발한 이야기로 캐트린을 즐겁게 해 줬다. 캐트린이 아프기 전에 동생과 나는 아이들을 기르는 일이며 우리 부모님이 우리에게 휘둘렀던 권위가 우리 아이들에게는 전혀 먹히지 않는다는 이야기를 종종 나누곤 했더랬다.

그때, 다행히도 전화기 너머로 캐트린이 웃음을 터뜨리는 소리가 들리더니 평상시에 가까운 목소리로 이렇게 말했다.

"불쌍한 룰루. 룰루는 정말 착한 애야, 언니. 그 애에게 너무 심하게 하지 마."

핼러윈 날, 우리는 캐트린에게 적합한 중국계 미국인 기증자가 나타났다는 소식을 들었다. 그로부터 나흘 후, 캐트린에게서 다음과 같은 이메일을 받았다.

"호중성 백혈구가 나왔어! 수치가 100이야. 500은 돼야 하지만 올라갈 것 같아."

캐트린의 말대로 정말로 아주 느리기는 하지만 분명히 수치가 상승하고 있었다. 11월 초에 캐트린은 기력을 회복하기 위해 일단 퇴원했다. 한 달 후에 골수이식수술과 함께 또 한 차례 화학 치료를 받아야 했다. 화학 치료의 제왕 격인 이번 치료를 통해 특별 무균 병동에서 캐트린의 감염된 골수를 몽땅 제거하고 기증자의 건강한 골수로 대체해서 채울 예정이었다. 많은 환자들이 그곳에 들어갔다가 살아서 나오지 못했다.

캐트린은 한 달 동안 집에서 행복한 시간을 보냈다. 동생은 매 순간을 즐겼다. 엘라에게 밥을 주고, 아이들을 데리고 산책하러 나가고, 아이들이 잠든 모습만 봐도 행복해했다. 캐트린은 제이크가 테니스 치는 모습을 구경하는 것을 가장 좋아했다.

골수이식수술은 크리스마스이브에 이루어졌다. 부모님과 우리 가족 전원이 보스턴의 한 호텔에 모였다. 우리는 오르와 제이크, 엘라와 함께 포장해 온 중국 음식을 먹고 선물 상자들을 열었다.

엄마와 딸의
끝없는 투쟁

2009년 새해가 밝았다. 하지만 새해가 됐다고 마냥 축제 분위기에 젖어 있을 처지는 아니었다. 보스턴에서 돌아온 우리는 완전히 지쳐 있었다. 캐트린이 골수 집중 치료 병동에 누워 있었기 때문에 제이크와 엘라는 우리가 아무리 노력해도 좀체 휴일 기분을 내지 못했다. 우리 부모님을 상대하는 일은 극기 훈련과도 같았다. 어머니는 왜, 왜, 왜 캐트린이 백혈병에 걸렸느냐고 계속 물으며 자책했다. 나는 몇 번 어머니에게 쏘아붙이고 나서 기분이 엉망이 되었다. 아버지도 똑같은 의학적 질문을 반복해서 묻고 또 묻는 바람에 결국 나는 제드에게 배턴을 넘겼다. 제드는 인내심을 가지고 골수이식수술 과정의 원리에 대해 아버지에게 설명했다. 다들 새해에 벌어질 일을 두려워하고 있었다.

우리가 뉴헤이번의 집으로 돌아왔을 때 집 안은 어둡고 추웠다. 기록적인 강풍을 동반한 폭설 때문에 창문이 몇 개 깨져 있었다. 정전까지 되는 바람에 한동안 난방을 하지 못해서 우리는 추위에 떨었다. 새

학기를 앞두고 있었던 제드와 나는 강의 준비를 해야 했다. 가장 큰 문제는 바이올린이었다. 룰루는 연주회를 세 개나 치러야 했고, 바트 미츠바도 있었다. 나는 심각한 고민에 빠졌다.

룰루와 나는 서로에게 거의 말도 붙이지 않고 있었다. 룰루의 머리는 나를 향한 거친 비난이나 다름없었다. 미용사가 최대한 다듬었는데도 여전히 짧고 들쭉날쭉한 룰루의 머리를 볼 때마다 나는 화가 치밀었다.

캐트린은 1월 말에 퇴원했다. 처음에는 몸이 약할 대로 약해져서 계단도 잘 올라가지 못했고, 여전히 감염에 취약한 상태였기 때문에 보호 마스크 없이 식당이나 식료품 가게, 영화관에 가는 것은 금지되었다. 우리는 캐트린의 새 혈액이 그 애의 몸을 공격하지 않기만을 두 손모아 기도했다. 몇 달이 지나면 캐트린이 치명적인 최악의 합병증(이식편 대 숙주 질환)을 일으킬지 아닐지 판가름이 날 것이었다.

시간이 흐르고 바트 미츠바가 다가오는 가운데, 룰루와 나는 계속 격렬한 전쟁을 벌이고 있었다. 관례에는 어긋나는 일이었지만 우리는 소피아 때와 마찬가지로 바트 미츠바를 우리 집에서 열 생각이었다. 굵직한 일들은 제드가 맡았지만 룰루가 하프타라를 익히도록 잔소리하는 사람은 나였다. 나는 유대 전통과 관련한 문제에서도 중국인 엄마의 태도를 고수했다. 항상 그래 왔듯이 이번에도 우리가 치열하게 싸우는 원인은 대부분 바이올린이었다.

"엄마 말 못 들었어? 위층으로 올라가서 「히브리 멜로디」를 연습하란 말이야, 당장!"

나는 이 말을 수천 번쯤 했을 것이다.

"이건 어려운 곡이 아니야. 따라서 대단히 감동적이지 않으면 실패하는 거나 다름없어."

어떤 때는 이렇게 소리를 지르기도 했다.

"넌 그저 그런 애가 되고 **싶은** 거니? 그게 네가 원하는 거야?"

룰루는 언제나 맹렬하게 반격했다.

"모든 사람에게 바트 미츠바가 특별한 것은 아니에요. 그리고 저는 연습하고 **싶지도** 않고요."

룰루가 쏘아붙였다. 혹은 "내 바트 미츠바에서 바이올린 연주 안 할 거야! 엄마가 뭐라고 해도 마찬가지예요."라고 하거나 "바이올린 하기 **싫어.** 그만둘 거야!"라고 말하기도 했다. 집 안의 소음 수치가 상승선을 그렸다. 바트 미츠바 당일 아침까지도 룰루가 「히브리 멜로디」를 연주할지 안 할지 가늠할 수 없었다. 어쨌든 제드가 인쇄한 식순에는 그 곡이 올라가 있었다.

룰루는 연주를 했다. 그것도 아주 훌륭하게. 룰루는 모세오경과 하프타라를 침착하고 자신 있게 낭송했다. 방 안 가득 울려 퍼지는 황홀한 바이올린 선율에 손님들이 눈시울을 붉혔고, 모두들 「히브리 멜로디」를 연주하는 룰루를 보고 그 애의 마음속 깊은 곳에서 그 선율이 나오고 있음을 느낄 수 있었다.

예식이 끝나고 이어진 피로연에서 나는 룰루가 환한 얼굴로 손님들에게 인사하는 것을 봤다.

"와, 세상에, 룰루, 네 바이올린 연주에 **소름**이 다 돋더라. **대단히 훌륭했다는** 뜻이야."

룰루의 친구가 그렇게 말하는 소리가 들렸다.

가수인 내 친구는 룰루에게 감탄했다.

"룰루에게는 재능이 있어. 가르칠 수 없는 뭔가가 있단 말이야."

내가 룰루에게 연습을 시키느라고 얼마나 애를 먹었는지 털어놓자, 그 친구가 말했다.

"바이올린을 그만두게 하면 안 돼. 그랬다가는 룰루가 평생 두고두고 후회할 거야."

룰루가 바이올린을 연주하고 나면 항상 이런 풍경이 벌어졌다. 청중들은 룰루에게 흠뻑 빠졌고, 룰루는 음악에 흠뻑 취했다. 그래서 우리가 싸우고 룰루가 바이올린을 하기 싫다고 주장할 때마다 혼란과 분노는 더욱더 심해졌다.

"축하해, 에이미. 당신이 **우리** 엄마였다면 내가 어떻게 되었을지 누가 알겠어. 혹시 거장이 되었을지도 몰라."

한때 무용수로 활약했던 우리의 친구 캐런이 농담을 했다.

"아유, 말도 마, 캐런. 이거 할 짓이 못 돼."

나는 고개를 절레절레 흔들었다.

"집 안에서 고성과 비명이 그칠 날이 없어. 오늘만 해도 난 룰루가 연주를 하지 않을 줄 알았어. 솔직히 말하면, 정말 십년감수했어."

"하지만 넌 딸들에게 많은 걸 주고 있어."

캐런이 주장했다.

"자신이 얼마나 능력 있는지, 뛰어나다는 것의 가치가 무엇인지 깨닫게 해 주잖아. 그건 아이들에게 평생 자산이 될 거야."

"그럴지도 몰라. 하지만 이제는 더 이상 그런 확신이 들지가 않아."

나는 의심을 떨치지 못한 채 말했다.

그날 우리는 성황리에 파티를 치렀고 모두들 즐거운 시간을 보냈다. 무엇보다 캐트린과 그 가족이 참석했기 때문에 더더욱 의미가 컸다. 퇴원한 지 다섯 달이 지난 캐트린은 서서히 기력을 회복하고 있었지만, 여전히 면역력이 약했기 때문에 누가 기침이라도 할 때마다 나는 기겁을 했다. 캐트린은 마르기는 했지만 예뻤고 승자의 모습으로 엘라를 안고 있었다.

그날 밤 손님들이 모두 떠난 후 우리는 할 수 있는 한 뒷정리를 했다. 그러고 나서 잠자리에 누웠는데 혹시 룰루가 「하얀 당나귀」를 끝내고 나서 그랬던 것처럼 내게 와서 나를 껴안아 주지 않을까 하는 기대감이 들었다. 하지만 룰루는 오지 않았고, 그래서 내가 룰루에게 갔다. 나는 룰루에게 물었다.

"그래도 엄마 말대로 「히브리 멜로디」 연주하기를 잘했지?"

룰루는 기분이 좋은 것 같았지만 내게는 따뜻하게 굴지 않았다.

"네, 엄마. 다 엄마 덕분이에요."

"맞아, 나는 칭찬받아 마땅해."

나는 웃자고 그렇게 말하고 나서, 내가 얼마나 룰루를 자랑스러워하는지 말해 줬다. 훌륭하게 잘해 냈다고. 룰루는 웃는 얼굴로 상냥하게 굴었지만 어쩐지 산만했고 내가 어서 방에서 나가 주기를 기다리는 눈치였다. 그 애의 눈빛은 내 전성기가 저물고 있음을 선언하고 있었다.

타이거 마더
VS. 반항아

룰루의 바트 미츠바를 치르고 나서 이틀 후에 우리는 러시아로 떠났다. 그것은 내가 오랫동안 꿈꿔 왔던 휴가였다. 어렸을 때 부모님에게서 멋진 상트페테르부르크 이야기를 들은 적이 있는 데다, 제드와 나는 우리가 가 본 적이 없는 곳으로 딸들을 데려가고 싶었다.

우리는 휴식이 필요했다. 캐트린은 이식편 대 숙주 질환이라는 가장 위험한 고비를 막 넘긴 상태였다. 우리는 벌써 열 달째 쉬지 못하고 있었다. 첫 여행지는 모스크바였다. 제드는 우리 가족을 위해 도심 한가운데에 있는 편리한 호텔을 예약해 두었다. 우리는 잠시 휴식을 취하고 나서 러시아 탐험에 나섰다.

나는 까다롭게 굴지 않고 너그러워지려고 노력했다. 내가 만만하게 굴 때 딸들이 나를 가장 좋아했기 때문에 평소처럼 아이들의 옷차림을 못마땅해하는 발언이나 아이들이 즐겨 쓰는 '마치' 같은 단어에 대한 비판도 되도록 삼갔다. 하지만 그날 행운의 여신은 우리 편이 아니었다. 우리는 환전을 하기 위해 자칭 은행이라는 곳에서 두 줄로 나눠 한 시간 동안 줄을 서 있느라 원래 가 보려던 박물관 개관 시간을 넘기고 말았다.

우리는 붉은광장에 가 보기로 했다. 붉은광장은 우리 호텔에서 걸어서 갈 수 있는 거리에 있었다. 붉은광장은 그 크기로 사람을 압도했다. 우리가 들어간 출입구에서부터 맞은편에 있는 양파 모양 지붕의 바실리 대성당까지는 축구장이 세 개는 들어갈 수 있을 만큼 넓었다. 나는 그것이 이탈리아의 광장들처럼 세련되거나 매력적이지 않다고 생각했다. 그리고 사람들에게 위압감을 심어 주기 위해 만든 그곳에서 스탈린의 군대가 발포하는 장면이 떠올랐다.

나는 계속 티격태격하는 룰루와 소피아가 신경에 거슬렸다. 사실 짜증이 났던 진짜 이유는 딸들이 이제 다 컸다는 사실에 있었다. 예전의 귀여운 모습은 온데간데없고 아이들은 나만큼 큰(소피아는 나보다 7~8센티미터는 더 컸다.) 십 대로 자라 있었다.

"시간이 순식간에 지나간다니까."

나보다 나이가 많은 친구들은 항상 이렇게 말하며 아쉬워했다.

"어느새 자식들이 훌쩍 자라서 떠나가 버리거든. 내 마음은 아직 청춘인데 어느 순간 늙은이가 되어 버리는 거야."

나는 그런 말을 들을 때마다 그들이 노인이라서 그렇다는 생각에 별로 공감하지 못했다. 그리고 매일 매 순간 더 많은 것을 짜내려고 노력했다. 그래야 더 많은 시간을 벌 수 있다고 생각했기 때문이다. 단순히 산술적으로만 보면, 잠을 줄일수록 살아 있는 시간이 길어지는 법이니까.

"저기 길고 하얀 벽 뒤에 레닌의 무덤이 있어."

제드가 어딘가를 가리키며 딸들에게 말했다.

"레닌의 시신을 방부 처리해서 전시하고 있단다. 내일은 그걸 보러
가도 좋을 거야."

그는 딸들에게 러시아의 역사와 냉전에 대해 간단히 설명했다.

우리는 그곳에서 잠시 어슬렁거렸다. 놀랍게도 미국인들은 별로 없
었고 중국인들이 훨씬 더 많았는데, 그들은 우리를 전혀 신경 쓰지 않
는 것 같았다. 우리는 러시아의 유명한 굼^{GUM} 백화점에 딸린 노천카페
에 자리를 잡고 앉았다. 굼 백화점은 기다란 아케이드가 딸린 웅장한
19세기 풍 건물 안에 자리하고 있는데, 백화점 건물이 붉은광장의 동
쪽 부분을 거의 다 차지하며 요새 같은 크렘린 궁전과 마주하고 있다.

우리는 블린^{얇고 납작한 러시아 빵}과 캐비아를 먹기로 했다. 제드와 나는 모
스크바에서 첫 저녁 식사로 그걸 먹으면 재미있을 것 같다고 생각했
다. 그런데 미국 돈으로 30달러 정도 되는 캐비아가 나왔을 때 룰루가
"으으, 역겨워." 하더니 그것을 먹지 않겠다고 했다.

"소피아, 나머지 사람들도 먹게 너무 많이 먹지 마."

나는 그렇게 톡 쏘아붙이고는 룰루에게 말했다.

"룰루, 꼭 미개인처럼 구는구나. 캐비아 좀 먹어 봐. 사워크림을 듬
뿍 치면 괜찮을 거야."

"그건 더 싫어요."

룰루는 그렇게 말하며 몸서리를 치는 시늉을 했다.

"그리고 나를 미개인이라고 부르지 마세요."

"가족 휴가를 망치지 마라, 룰루."

"휴가를 망치는 건 엄마예요."

나는 캐비아 그릇을 룰루 쪽으로 밀었다. 그러고는 한 알만이라도 먹어 보라고 명령했다. 룰루가 도전적으로 물었다.

"대체 왜 이러세요? 왜 엄마는 매사에 그냥 넘어가는 게 없어요? 나에게 뭘 먹으라고 강요하지 마세요."

나는 혈압이 확 치솟았다. 이런 작은 일 하나도 룰루에게 시키지 못한단 말인가?

"꼭 문제아처럼 구는구나. **한 알만 먹어 봐.**"

"먹기 싫어요."

"얼른 먹어, 룰루."

"싫다니까요."

"에이미. 다들 피곤해하니 우리 그냥……."

제드가 중재자로 나섰다.

나는 그의 말을 잘랐다.

"할머니, 할아버지가 지금 이 광경을 보시면 얼마나 슬퍼하고 창피해하시겠니? 엄마에게 대드는 널 보신다면 말이야. 표정은 그게 또 뭐야? 그러면 너만 다쳐. 지금 러시아에 와 있는데, 넌 캐비아를 먹지 않겠다고 고집부리는 거냐! 원시인 같으니라고. 네가 반란군 대장이라도 된다고 생각하는 모양인데, **너무 진부해.** 도전 정신이 없는 미국 청소년보다 더 전형적이고 더 뻔하고 더 흔하고 더 수준 낮은 건 없으니까. 너, 이거밖에 안 되니, 룰루……? **이거밖에 안 돼?**"

"시끄러워요."

룰루가 화를 냈다.

"감히 누구한테 시끄럽다는 거야. 난 네 엄마야."

나는 목소리를 낮추어 얘기했지만 몇몇 손님들이 계속해서 우리를 흘끔거리고 있었다.

"소피아에게 잘 보이려고 거칠게 행동하는 거라면 그만둬."

"난 엄마가 **싫어요! 엄마 싫어!**"

룰루는 목소리를 낮추기는커녕 목청껏 악을 썼다. 이제 카페 안의 모든 사람들이 우리를 빤히 쳐다보고 있었다.

"엄마는 나를 사랑하지 않아."

룰루가 툭 내뱉었다.

"엄마는 그렇게 생각하겠지만, 그건 착각이에요. 나는 엄마 때문에 항상 기분이 나빠요. 엄마가 내 인생을 망쳤어. 이제 엄마 옆에 잠깐도 더 못 있겠어. 이제 만족해요?"

나는 목이 메었다. 룰루는 그런 나를 보면서도 멈추지 않았다.

"엄마는 **형편없어요.** 게다가 이기적이야. 엄마 자신 외에 다른 사람은 안중에도 없어. 내가 엄마한테 감사하는 마음이 눈곱만큼도 없다는 걸 알면 놀랄걸요? 다 나를 위한 거라고요? 항상 나를 위한 거라고 말하지만 사실은 엄마 자신을 위한 거예요."

'얘는 나랑 똑같구나.' 하는 생각이 들었다. 나처럼 룰루는 충동적으로 잔인해지곤 했다. 나는 크게 말했다.

"넌 형편없는 딸이야."

"알아요……. 난 엄마가 원하는 사람이 아니에요……. 중국인이 아니란 말이에요! 중국인이 되고 싶지도 않아요. 왜 그걸 받아들이지 못해요? 난 바이올린이 **싫어요. 내 인생도 싫어.** 엄마도 싫어, 이 집안도 싫어! 이 유리컵 부숴 버릴 거야!"

246

"해 봐."

내가 도발했다.

룰루가 테이블에서 유리컵을 집어 땅바닥에 내던졌다. 물과 유리 파편이 사방으로 튀었고, 어떤 손님들은 화들짝 놀랐다. 우리에게 꽂힌 모든 사람들의 따가운 시선이 느껴졌다. 참으로 괴기스러운 한 편의 쇼였다.

그동안 나는 자식을 통제하지 못하는 서양인 부모와는 반대 노선을 취하며 줄곧 앞만 보고 달려왔다. 그런데 이제 보니 내 자식이 가장 배은망덕하고 버릇없고 폭력적이고 통제 불가능한 아이였던 것이다.

룰루는 분노로 몸을 부들부들 떨었다. 그 애의 눈가에 눈물이 맺혀 있었다.

"날 더 건드리면 또 부술 거야."

룰루가 울음을 터뜨렸다.

나는 일어나서 도망쳤다. 마흔다섯 살 된 아줌마가, 샌들을 신은 채 미친 사람처럼 발이 가는 대로 전속력으로 뛰었다. 레닌의 무덤을 지나 총을 들고 있는 보초병들을 지나쳤다. 그들이 나를 쏠지도 모른다는 생각이 들었다.

나는 걸음을 멈췄다. 붉은광장 끄트머리에 와 있었다. 더 이상 갈 곳이 없었다.

가족 여행에서
깨달은 것

　한 가정에는 그 집안을 대표하는 상징이 있다. 시골의 호수일 수도 있고, 할아버지의 메달이나 안식일의 저녁 식사일 수도 있다. 우리 집의 경우에는 그 상징이 바이올린이었다.

　내게 바이올린은 우수함과 세련됨과 깊이를 상징했고, 쇼핑몰이나 특대 사이즈 콜라나 십 대 청소년의 옷차림이나 천박한 물질주의의 반대말이었다. 바이올린을 연주한다는 것은 아이팟으로 음악을 듣는 것과는 차원이 다른, 집중력과 정교함과 해석을 요구하는 고난도 작업이다. 악기 자체만 보더라도, 바이올린은 광을 낸 나무며 조각된 소용돌이무늬며 말총이며 우아한 브리지며 활 닿는 부위 등 모든 것이 섬세하고 절묘하고 위태로웠다.

　바이올린은 나에게 위계질서와 기준과 전문성에 대한 존경을 의미했다. 더 많이 알고 가르칠 수 있는 사람에 대한 존경, 더 훌륭하게 연주하고 영감을 줄 수 있는 사람에 대한 존경, 그리고 부모님에 대한 존경을 뜻했다.

또한 그것은 역사를 상징했다. 중국인들이 서양의 클래식 음악계를 장악한 적은 없지만(중국인은 베토벤의 「교향곡 9번」에 견줄 만한 걸작을 배출하지 못했다.) 고급 전통음악은 중국의 문명과 깊은 관련을 맺어 왔다. 종종 유교와 연관되는 칠현금은 적어도 이천오백 년 동안 이어져 내려왔고, 위대한 당나라 시인들의 애장품이었으며, 현인賢人들의 악기로 칭송받았다.

무엇보다 바이올린은 통제를 의미했다. 세대의 쇠퇴에 대한, 출생 순서에 대한, 한 개인의 운명에 대한, 자식에 대한 통제. 왜 이민자 가정의 손자, 손녀 들은 기타나 드럼에만 머물러야 하는가? 왜 둘째 아이는 규칙 준수와 학교 성적과 '사교성' 면에서 맏이보다 뒤떨어져야 하는가? 한마디로 바이올린은 중국식 양육 모델의 성공을 상징했다.

반면 룰루에게 바이올린은 억압의 화신이었다.

내가 붉은광장을 천천히 가로질러 카페로 돌아갔을 때, 그 순간 내게도 바이올린이 억압의 상징으로 다가왔다. 집 현관에 놓인 룰루의 바이올린 가방을 생각하면서 그동안 우리가 참고 견뎌 온 노동과 싸움과 분노와 불행으로 점철된 세월을 떠올렸다. 무엇을 위해서 그랬을까? 문득 내 앞에 놓인 시간이 몹시도 두려워졌다.

'서양인 부모들이 바로 이런 심정으로 자식이 어려운 악기를 포기하게 내버려 두는구나.' 하는 생각이 들었다. 왜 나 자신과 내 아이를 고문해야 해? 도대체 왜? 아이가 좋아하지 않는데, 싫다는데, 굳이 강요할 필요가 있을까? 하지만 중국인 엄마인 나는 그런 생각에 절대 굴복할 수 없었다.

나는 굼 카페에 있는 우리 가족에게 갔다. 웨이터들과 다른 손님들이 시선을 피했다.

나는 말했다.

"룰루, 네가 이겼어. 이제 끝내자. 바이올린 그만둬."

룰루,
테니스 신동으로 거듭나다

　내 말은 허풍이 아니었다. 그때까지 항상 룰루에게 벼랑 끝 전술을 써 왔지만, 이번에는 심각했다. 그 이유가 무엇인지는 지금도 정확히 모르겠으나, 아마도 룰루의 선택이 못마땅하고 속상했음에도 그 애의 확고부동한 의지를 존중하고 따르기로 마음먹었기 때문일 것이다. 아니면 캐트린 때문이었을 수도 있다. 캐트린의 투쟁을 지켜보며 동생에게 무엇이 가장 중요한지를 알게 된 그 절박한 몇 달이, 우리의 모든 것을 뒤흔들어 놓았다.

　어쩌면 어머니 때문이었을 수도 있다. 어머니는 중국인 엄마의 전형이었다. 내가 어릴 때 어머니는 만족하는 법이 없었다.("넌 1등을 했다고 말하지만 사실 공동 1등이잖아, 안 그래?") 피아노 선생님이 점잖게 시간이 다 되었다는 말을 할 때까지 어머니는 매일 세 시간씩 신디와 함께 피아노 연습을 했다. 내가 교수가 되고 나서 공개 강좌에 초대했을 때도, 모두들 내게 잘했다고 말을 하는데 어머니는 정확한 비판과 쓴 소리를 서슴지 않았다.("너무 흥분했고 말도 너무 빨랐어. 좀 더 침착해진다면 나아질 거야.") 어머니는 룰루에게는 통하지 않는 것이 있다고 오랫동안 경고했다.

"아이들은 모두 달라. 네가 애들한테 맞춰야 해, 에이미. 네 아버지에게 어떤 일이 일어났는지 보렴."

어머니가 음울하게 말했다.

그렇다……. 우리 아버지. 이제는 고백할 때가 된 것 같다. 나는 항상 제드와 나 자신과 다른 모든 사람들에게 중국식 양육법이 우월하다고 주장해 왔고, 그 증거로 나중에 자식들이 중국인 부모에게 어떤 감정을 느끼게 되는지 설명했다. 중국인 가정의 자식들은 부모가 심한 요구와 뼈아픈 말을 하고 자신들의 바람을 무시하는데도 불구하고, 결국에는 자기 부모를 사랑하고 존경하며 연로한 부모를 보살피려고 한다. 제드는 처음부터 항상 이렇게 물었다.

"장인어른은 어땠어, 에이미?"

나는 그 질문에 대해서는 딱 부러지게 대답하지 못했다.

아버지는 집안의 골칫거리였다. 할머니는 아버지를 못마땅해하면서 구박했다. 집안에서 자식들을 비교하는 일이 다반사였고, 육 남매 중 넷째였던 아버지는 항상 모자란 부류에 속했다. 아버지는 다른 식구들과는 달리 사업에 관심이 없었다. 과학과 빠른 자동차를 좋아했고, 여덟 살 때 사전 지식 없이 라디오를 만들었다. 다른 자식들에 비하면 아버지는 집안에서 내놓은 자식이었고 모험을 좋아하는 반항아였다. 좋게 표현하면, 할머니는 아버지의 선택을 존중하지 않았고 아버지의 개인주의를 높이 평가하지도 않았으며 (모든 서양인들이 입버릇처럼 되뇌는) 아버지의 자긍심에 대해서도 걱정하지 않았다. 그 결과 아버지는 자신의 가족을 증오하게 되었다. 숨이 막혀 서서히 질식할 것 같았던 아버지는 기회가 생기자마자 가능한 한 멀리 이주했고, 다시는 뒤돌아보지 않았다.

아버지의 이야기에는 분명 시사하는 바가 있었지만 나는 그것을 생각하기 싫었다. 중국식 양육이 성공할 때에는 그런 일이 일어나지 않는다. 하지만 중국식 양육이 항상 성공하는 것은 아니다. 아버지의 경우에는 성공하지 못했다. 아버지는 할머니와 거의 말도 하지 않았고 할머니를 떠올릴 때마다 늘 분노했다. 할머니가 돌아가실 무렵 아버지에게 아버지의 가족들은 거의 죽은 존재나 다름없었다.

나는 룰루를 잃을 수 없었다. 내 딸보다 더 중요한 것은 없었다. 그래서 나는 서양식 양육에서 흔히 볼 수 있는 태도를 취했다. 룰루에게 선택권을 준 것이다. 나는 룰루에게 원한다면 바이올린을 그만두고 하고 싶은 것을 하라고 말했고, 그래서 룰루는 테니스를 선택했다.

처음에 룰루는 혹시 함정이 아닐까 하고 의심했다. 룰루와 나는 오랫동안 복잡한 심리 전술을 써 가며 서로 담력을 겨뤄 왔는데, 그 과정에서 룰루는 의심이 많아졌다. 하지만 내가 진심이라는 걸 깨닫고는 뜻밖의 반응을 보였다.

"그만두고 싶지 않아요. 바이올린이 좋은걸요. 절대 포기하지 않을 거예요."

"아, 이러지 마. 똑같은 일 반복하지 말자."

나는 고개를 흔들었다.

"바이올린 그만두고 싶지 않아요. 다만 전념하고 싶지 않을 뿐이에요. 바이올린은 내 인생에서 가장 중요한 게 아니에요. 바이올린을 고른 건 엄마지 내가 아니잖아요."

바이올린에 전념하지 않는다는 결정에는 급진적인 조치들이 뒤따랐고, 그것들 때문에 나는 가슴이 아팠다. 첫째, 룰루는 토요일 오전에 테니스를 치기 위해 콘서트마스터 자리를 내놓고 오케스트라를 그만뒀다. 나는 지금도 그에 대한 미련은 전혀 없다. 하지만 탱글우드에서 열린 연주회에서 그 애가 콘서트마스터로서 마지막 곡을 연주하고 지휘자의 손을 잡았을 때, 나는 거의 울음을 터뜨릴 뻔했다. 둘째, 룰루는 일요일마다 뉴욕에 가서 바이올린 레슨을 받지 않겠다고 했다. 그 바람에 우리는 다나카 선생님의 연주실에서 자리를 잃었다. 줄리아드 음대의 유명한 지도자에게 배우는 기회, 하늘의 별 따기인 소중한 자리였건만!

그 대신 나는 뉴헤이번에서 룰루를 가르칠 선생님을 구했다. 하지만 우리는 오랜 대화 끝에 나도, 선생님도 없이 룰루 혼자 연습을 하기로 결정했다. 상당한 수준에 이른 룰루의 실력을 유지하기에는 부족하다고 생각했지만, 연습 시간도 삼십 분으로 줄였다.

룰루가 결정을 내리고 나서 두 주 동안 나는 해야 할 임무와 살아갈 이유를 잃은 사람처럼 집 안을 배회했다.

얼마 전에 점심 식사 자리에서 오바마 대통령 취임식 때 자작시를 낭독한 예일대 엘리자베스 알렉산더 교수를 만났다. 나는 내가 그녀의 작품을 얼마나 좋아하는지 말했고, 우리는 몇 마디 대화를 나눴다.

그때 알렉산더 교수가 말했다.

"잠깐만요……. 당신은 제가 아는 분 같아요. 딸들이 네이버후드 뮤직 스쿨에 다녔죠? 그 재능이 특출한 두 자매의 어머니 아니세요?"

알고 보니 알렉산더 교수에게는 우리 딸들보다 나이가 어린 두 아이가 있었는데, 둘 다 네이버후드 뮤직 스쿨에서 음악을 배우고 있었다. 그래서 그들은 소피아와 룰루가 가끔씩 연주한 이야기를 들어서 알고 있었다. 그녀가 말했다.

"댁의 따님들은 **놀라워요**."

옛날 같았으면 아마 나는 "아유, 그렇게 잘하지는 않아요." 하고 겸손하게 말하면서 그녀가 더 물어보기를 간절히 바랐을 것이다. 그래야 소피아와 룰루가 최근에 일궈 낸 성과를 자랑할 수 있을 테니까. 하지만 그때 나는 그냥 고개만 저었다.

"아이들이 아직 악기를 연주하나요? 요즘에는 학원에서 댁의 따님들을 보지 못한 것 같아서요."

"큰딸은 지금도 피아노를 쳐요. 둘째는 바이올린을 했는데, 요즘은 거의 연주하지 않아요."

그 말을 하는데 내 가슴에 비수가 꽂히는 것 같았다.

"그 대신 테니스 치는 걸 더 좋아하죠."

'뉴잉글랜드에서 10000위인데도 좋대요.' 하고 나는 속으로 생각했다. 전체 10000명 중에서 말이죠.

"어머, 저런! 참 안타깝네요. 룰루는 재능이 대단했던 걸로 기억하는데. 룰루가 우리 아이들에게 자극이 되었거든요."

"아이가 원했어요. 바이올린에 시간을 너무 많이 쏟아야 했거든요. 열세 살짜리 애가 어떤지 잘 아시잖아요."

'나도 미국인 부모가 다 되었구나.' 하는 생각이 들었다. 이런 낭패가 다 있나.

하지만 나는 약속을 지켰다. 룰루가 스스로 속도 조절을 하면서 혼자서 결정을 내리고 원하는 만큼 테니스를 치게 놔뒀다. 룰루가 처음으로 미국 테니스 협회 주최 노비스^{아마추어} 대회에 처음 출전했을 때가 기억난다. 학교에서 돌아온 룰루는 기분이 좋아 보였고, 아드레날린이 넘쳐흐르는 것 같았다. 내가 물었다.

"어떻게 됐니?"

"음, 졌어요……. 대회는 처음 나가 본 데다, 전략을 완전히 잘못 짰거든요."

"스코어는?"

"0 대 6, 0 대 6. 상대편 여자애가 너무 잘했어요."

그 여자애가 그렇게 뛰어나다면 왜 노비스 대회에 나왔겠어? 나는 속으로 그렇게 꼬집었지만, 겉으로는 이렇게 말했다.

"빌 클린턴이 얼마 전에 예일대 학생들에게 뭐든 좋아하면 아주 잘할 수 있다고 했어. 그러니까 네가 테니스가 좋다면 그걸로 됐어."

하지만 나는 속으로 생각했다. 뭔가를 좋아한다고 해서 그것을 잘하게 되는 건 아니라고. 노력하지 않으면 소용없다고. 대부분의 사람들은 좋아하는 일도 엉망으로 하기 일쑤다.

결국, 타이거 마더의
선택이 옳다

우리는 얼마 전에 공식적으로 전 세계의 판사들을 집으로 초대해서 저녁 식사를 대접하는 자리를 가졌다. 예일대 로스쿨 교수로 있으면서 가장 겸허해지는 순간은 저절로 고개가 숙여지는 거물들, 즉 이 시대의 위대한 법학자들을 만날 때이다. 현재 십 년째 계속되고 있는 예일대 국제 입헌주의 세미나에는 미국을 포함한 수십 개국의 대법원 판사들이 참석한다.

우리는 흥을 돋우기 위해 소피아의 피아노 스승인 양웨이이 교수도 그날 저녁 식사에 초대했다. 그는 예일대에서 유명한 호로비츠 피아노 시리즈를 위해 준비하고 있던 프로그램 가운데 일부를 그 자리에서 선보이기로 했다. 양 교수는 너그럽게도 자신의 어린 제자인 소피아도 연주를 하면 어떻겠냐고 제안했다. 스승과 제자가 드뷔시의 「작은 모음곡*Petite Suite*」 중에서 「배를 타고 *En Bateau*」를 이중주로 연주하면 재미있을 것 같다고 했다.

나는 생각만 해도 흥분되고 초조해졌다. 나는 소피아의 의욕을 북돋기 위해 이렇게 말했다.

"이번 일을 망치지 마. 모든 게 네 연주에 달렸어. 판사님들이 고등학교 학예회나 보려고 뉴헤이번으로 오시는 게 아니야. 네가 정상급 실력으로 완벽한 연주를 선보이지 않으면 우리는 그들을 모욕하게 되는 거나 다름없어. 이제부터 아예 피아노 앞에서 살아."

내 안에 중국인 엄마가 아직 살아 있는 것 같았다.

그 후 몇 주 동안 카네기홀 연주를 준비하던 무렵의 양상이 재현되었다. 다만 이제 소피아는 거의 혼자 연습을 했다. 나는 예전처럼 이번에도 생상스의 「알레그로 아파시오나토 *Allegro Appassionato*」와 쇼팽의 폴로네즈와 「즉흥 환상곡」 등 소피아가 연습하는 곡들에 푹 빠져 지냈지만, 소피아는 더 이상 내가 필요하지 않았다. 소피아는 자기가 무엇을 해야 하는지 잘 알았기 때문에 나는 이따금 부엌이나 위층에서 큰 소리로 짤막하게 비평을 던지기만 하면 충분했다. 한편 제드와 나는 피아노를 제외하고 거실의 모든 가구를 바깥으로 내놓았다. 나는 바닥을 손수 걸레로 닦았고, 우리는 오십 인분의 의자를 빌렸다.

그날 저녁 소피아가 붉은 드레스를 입고 인사를 하기 위해 걸어 들어왔을 때, 나는 공포에 휩싸였다. 폴로네즈가 연주되는 동안에는 사실 얼음처럼 꼼짝도 하지 못했다. 소피아는 생상스의 음악을 훌륭하게 연주했지만, 나는 그때도 즐기지 못했다. 기교를 뽐내며 즐길 수 있는 곡이었지만, 너무 긴장한 나머지 전혀 즐길 수가 없었다. 소피아가 빠른 곡을 깔끔하면서도 톡톡 튀게 연주할 수 있을까? 연습을 너무 많이 해서 혹시 손가락이 말을 안 들면 어쩌지? 나는 딸들이 어려운 곡을 연주할 때면 로봇처럼 몸을 앞뒤로 흔들면서 흥얼거리는 버릇이 있었는데, 그날은 그러지 않으려고 무던히 애를 써야 했다.

그러나 소피아가 마지막 곡인 쇼팽의 「즉흥 환상곡」을 연주하기 시작하자, 모든 것이 변했다. 이유는 모르겠지만 내 안의 긴장감이 눈 녹듯 사라지고 턱에 들어가 있던 힘이 풀리면서 '소피아가 이 곡을 완전히 소화했구나.' 하는 생각이 머릿속을 가득 메웠다. 소피아가 인사를 하려고 일어나서 활짝 웃었을 때 나는 생각했다. 역시 내 딸이야. 소피아는 행복해하고 있었다. 음악이 그 애를 행복하게 만들어 줬다. 그래, 그동안 고생한 보람이 있었어.

소피아는 세 번에 걸쳐 갈채를 받았고, 연주가 끝난 후에 (내가 몇 년간 흠모해 온 많은 분들을 포함해서) 판사들은 극찬을 아끼지 않았다. 어떤 분은 소피아의 연주가 너무나 우아해서 밤새도록 들을 수 있을 것 같다고 말했다. 소피아가 재능을 썩히는 것은 범죄나 다름없으니 계속 피아노 쪽으로 나가야 한다고 말하는 사람도 있었다. 그리고 놀랍게도 정말 많은 사람들이 학부모로서 개인적인 조언을 구해 왔다.

"비결이 뭡니까? 동양계 가정에서 특출한 음악인이 많이 배출되는 데에 무슨 이유라도 있을까요?"

혹은 이런 말을 하기도 했다.

"솔직히 말해 보세요. 소피아는 음악을 좋아해서 자발적으로 연습을 하나요? 아니면 당신이 억지로 시키는 건가요? 저는 우리 아이에게 십오 분 이상 연습을 시킬 수가 없거든요."

이런 말도 했다.

"다른 따님은 어떻습니까? 훌륭한 바이올리니스트라고 들었습니다만. 다음에는 그 따님의 연주를 들을 수 있을까요?"

나는 그 질문에 대한 대답을 책으로 쓰고 있으니 그 책이 나오면 한 부씩 보내 드리겠다고 말했다.

소피아가 판사들 앞에서 연주를 했던 무렵의 어느 날, 나는 룰루를 데리러 집에서 한 시간 거리에 있는 코네티컷 주의 테니스 경기장으로 갔다.

"있잖아요, 엄마……. 나 우승했어요!"

"무슨 우승?"

"토너먼트 대회에서 말이에요."

"무슨 소리야?"

"세 경기를 이기고 결승전에서 톱 시드top seed, 각 조에서 1위로 배정받은 것 혹은 그 사람를 이겼어요. 그 여자애는 뉴잉글랜드 주에서 60위예요. 내가 그런 애를 이겼다는 게 믿기지 않아요!"

나는 깜짝 놀랐다. 나도 십 대 때 테니스를 친 적이 있었지만 가족들이나 학교 친구들과 재미 삼아 친 게 전부였다. 어른이 되고 나서 몇 번 대회에 도전했지만 얼마 못 가서 내가 경기의 압박감을 견딜 수 없다는 사실을 깨달았다. 제드와 나는 가족끼리 친목을 도모하는 차원에서 소피아와 룰루에게 테니스를 배우게 했을 뿐, 테니스에 대해서는 어떤 기대도 걸지 않았다.

"아직도 노비스 대회에 머물고 있어? 최하위 단계에?"

나는 룰루에게 물었다.

"네."

룰루가 명랑하게 대답했다. 내가 룰루에게 선택권을 준 이후로, 우리는 훨씬 더 사이가 좋아졌다. 나의 고통이 룰루에게는 기쁨인 모양인지, 룰루는 참을성과 유머 감각이 갈수록 늘어났다.

"하지만 곧 다음 단계에 도전할 거예요. 질 게 뻔하지만, 재미 삼아 한번 도전해 보려고요."

그러고 나서 룰루가 뜬금없이 말했다.

"오케스트라가 많이 그리워요."

그 후 여섯 주 동안 룰루는 토너먼트 대회에 나가서 세 번 더 우승했다. 마지막 두 경기는 나도 경기를 보러 갔다. 룰루가 코트 안에서 어찌나 뜨겁게 불타오르는지 나는 깜짝 놀랐다. 룰루는 거세게 공을 후려치고 온 신경을 집중하면서 절대 포기하지 않았다.

룰루는 차근차근 실력을 쌓아 갔고 경기는 갈수록 치열해졌다. 한번은 룰루가 자기보다 덩치가 두 배는 더 큰 여자애에게 진 적이 있었다. 룰루는 코트에서 빙그레 웃는 얼굴로 우아하게 걸어 나왔지만 자동차에 올라타자마자 내게 말했다.

"다음엔 걔를 꼭 이길 거예요. 아직은 부족하지만……. 두고 보세요."

그러고 나서 룰루는 추가로 테니스 레슨을 받게 해 달라고 했다.

그다음 테니스 레슨에서 룰루는 내가 한 번도 본 적이 없는 집중력과 끈기를 발휘하며 백핸드를 집중적으로 훈련했다. 그 애는 레슨이 끝나고 나서 계속 연습할 수 있게 공을 던져 달라고 내게 부탁했고, 우리는 한 시간 동안 더 연습했다. 집으로 돌아오는 길에 백핸드가 얼마나 나아졌느냐고 물었더니 룰루가 대답했다.

"별로요, 아직 잘 못해요. 여전히 형편없어요. 우리, 내일도 코트 쓸

수 있을까요?"

'애가 열심이네.' 하고 나는 생각했다. 완전히…… 빠져들었어.

나는 룰루의 테니스 선생님에게 말했다.

"룰루가 대성할 가능성은 없나요? 우리 애는 이미 열세 살이에요. 한 십 년은 늦었죠."

나는 쟁쟁한 테니스 아카데미들의 폭발적인 성장세와 개인 코치를 둔 네 살짜리 아이들의 이야기를 들어서 알고 있었다.

"게다가 우리 애는 저처럼 키가 너무 작아요."

"중요한 점은 룰루가 테니스를 좋아한다는 거예요."

그 선생님은 아주 미국인다운 태도를 취했다.

"그리고 룰루는 엄청나게 성실해요. 이렇게 실력이 빨리 느는 아이는 본 적이 없어요. 룰루는 참 대단해요. 어머님과 아버님이 룰루를 참 잘 키우셨어요. 성과가 110퍼센트 나지 않으면 절대 만족하지 않죠. 항상 명랑하고 예의도 바르고요."

"과찬이세요."

그렇게 말하기는 했지만 나도 모르게 사기가 올랐다. 중국식 선순환 모델이 다시 작동하기 시작한 걸까? 그동안 내가 룰루를 잘못된 길로 인도했던 걸까? 테니스는 대단히 훌륭한 운동이다. 볼링과는 다르다. 마이클 창_{중국계 미국인 테니스 선수}도 테니스를 했다.

나는 박차를 가하기 시작했다. 미국 테니스 협회의 규칙과 절차, 전국 순위 시스템을 숙지하고 나서 테니스 코치를 알아보고 전국의 최고 테니스 학원들을 수소문했다.

그러던 어느 날 룰루가 내 이야기를 엿듣고 말았다.

"엄마, 지금 뭐 하시는 거예요?"

룰루가 다그쳤다. 내가 그냥 좀 알아보는 거라고 말하자 룰루가 갑자기 버럭 화를 냈다.

"그러지 마세요, 엄마…… **싫어요!**"

룰루가 거세게 말했다.

"바이올린을 망친 것처럼 테니스도 망치지 말라고요."

나는 상처를 받고 물러섰다.

다음 날 나는 다시 말을 꺼냈다.

"룰루, 매사추세츠에 좋은 곳이 있대……."

"싫어요, 엄마……. 그만두세요. 나 혼자 할 수 있어요. 엄마가 끼어드는 거 싫어요."

"룰루, 지금 네게 필요한 건 힘을 한곳에 집중하는……."

"엄마, 나도 **다 알아요.** 엄마에게 수백 번도 더 들은 얘기니까요. 하지만 엄마가 내 인생을 휘두르는 게 싫어요."

나는 룰루에게 시선을 고정한 채 그 말을 받아들였다. 모두들 룰루가 나를 쏙 빼닮았다고 할 때마다 나는 기뻐했지만 룰루는 아니라고 펄쩍 뛰었다. 바깥에 서서 추위에 떨며 반항하던 세 살배기 룰루의 모습이 눈앞에 떠올랐다. 나는 생각했다. 룰루는 좌절을 모르는 애야. 그것은 영원히 변하지 않을 거야. 룰루는 어떤 길을 선택하든 잘해 낼 거야.

"알았어, 룰루. 그러자. 이제 내가 얼마나 무방비하고 유연한 상태인지 알겠지? 이 세상에서 성공하려면 무엇에든 적응하려는 자세가 필요해. 난 그거 하나는 자신 있어. 이런 점을 네가 배웠으면 좋겠다."

하지만 사실 나는 포기하지 않았다. 전략을 대폭 수정하기는 했지만 여전히 전쟁 중이다. 나는 새로운 것을 수용하고 개방적인 사람으로 변모했다. 룰루가 바이올린에 시간을 덜 투자하고 글쓰기나 '즉흥곡' 연주 등 다른 일을 해 보고 싶다고 말했을 때, 나는 그 애를 닦달하는 대신 그 결정을 지지하고 선제적으로 대응했다. 나는 멀리 보기로 했다. 룰루는 누구를 흉내 내며 배꼽 빠지게 웃기는 재주가 있었고, 즉흥곡은 중국적이지도 않고 클래식과도 동떨어진 것이었지만 어쨌든 그것도 재주는 재주였다. 게다가 나는 룰루가 결국 음악에 대한 사랑을 완전히 버리지 못하고 언젠가는, 혹시 얼마 못 가서, 제 발로 바이올린의 세계로 돌아오리라는 희망을 품고 있다.

나는 매주 룰루를 차에 태워 테니스 경기장으로 데려다 주고 그 애의 경기를 관람했다. 얼마 전에 룰루는 고등학교 대표팀에 들어갔는데, 그것은 중학생들이나 하는 일이었다. 하지만 룰루가 내 조언이나 비판은 절대 사양하겠다고 고집을 부리는 바람에 나는 스파이 활동과 게릴라전술을 병행하는 작전을 펼치고 있다. 나는 룰루의 테니스 선생님에게 질문과 훈련 전략이 담긴 문자 메시지를 보내 그를 교묘하게 세뇌하고 나서 룰루가 보지 못하도록 그것을 지운다. 그리고 가끔씩 룰루가 가장 예상하지 못한 순간에(아침을 먹을 때나 잘 자라는 인사를 할 때) 느닷없이 목소리를 높여 말한다. "발리를 할 때는 좀 더 회전을 줘!" 혹은 이렇게. "서브할 때 오른발을 움직이지 마!" 그러면 룰루는 귀를 틀어막고, 우리는 싸움을 벌인다. 하지만 나는 내가 하고 싶은 말을 기어코 전달한다. 룰루도 내가 옳다는 것을 알고 있으니까.

에필로그

호랑이는 정열적이고 성급해서 위험한 상황에 눈이 어두울 때가 있다.
하지만 그들은 경험을 바탕으로 새로운 에너지와 괴력을 이끌어 낸다.

나는 러시아에서 돌아온 다음 날인 2009년 1월 29일부터 이 책을 쓰기 시작했다. 왜 이 책을 쓰는지, 어떻게 끝내야 할지도 알 수 없었다. 평소에는 쉽게 글을 쓰지 못하는 내가 이번만큼은 술술 써 내려갔다. 나는 여덟 주만에 3분의 2 정도를 완성했다.(마지막 3분의 1은 고통스러웠지만.) 나는 제드와 딸들에게 이 글을 낱낱이 보여 주었다.

"우리 다 같이 책을 쓰자."

나는 소피아와 룰루에게 말했다.

"아뇨, 저희는 빼 주세요. 이건 엄마 책이지 저희 책이 아니에요."

두 아이들이 말했다.

"어차피 이건 엄마에 관한 얘기잖아요."

룰루가 덧붙였다.

하지만 시간이 갈수록, 딸들이 이 글을 읽으면 읽을수록 책에 깊이 관여하게 되었다. 딸들이 내게 일깨워 준 바에 따르면, 서양식 개념으로 봤을 때 그것은 심리 치료 효과가 있었다.

나는 좋은 일이든 나쁜 일이든 오래전 일이라 잊어버리고 있었던 많은 기억들을 딸들과 제드의 도움으로 되살릴 수 있었다. 그리고 기억의 조각들을 한데 맞추기 위해 오래된 이메일이며 컴퓨터 파일, 음악 연주 목록, 사진첩 등을 뒤졌다. 제드와 나는 종종 옛일을 생각하며 추억에 잠겼다. 소피아가 갓난아기였을 때가 엊그제 같은데 어느새 대학 진학을 일 년 앞두고 있었다. 소피아와 룰루는 자신들이 옛날에는 무척 귀여웠다는 사실에 감격할 때가 많았다.

내 말을 오해하지 마시길. 결코 이 책을 쉽게 쓴 것은 아니다. 우리 집안에 대한 어떤 내용도 그냥 얻은 것이 없다. 딸들이 제기하는 의견을 계속 반영하느라 몇 번이고 원고를 재검토하며 수정해야 했다. 결국 제드에 관한 이야기는 몽땅 덜어 냈다. 책 한 권을 써도 충분한 분량인 데다 그의 몫으로 남겨 둬야 할 그의 이야기였으니까. 어떤 부분은 소피아와 룰루가 만족할 때까지 수십 번도 넘게 고치기도 했다. 딸들은 때때로 원고를 읽다 말고 갑자기 울음을 터뜨리며 뛰쳐나가기도 했다. 어떤 때는 질타가 쏟아졌다.

"이건 아니에요, 엄마. 너무 이상해요. 엄마가 누구 이야기를 쓰고 있는지 잘 모르겠어요. 이건 **우리** 집 이야기가 절대 아니에요."

한번은 룰루가 소리를 꽥 질렀다.

"맙소사. 그러니까 지금 내가 푸시킨, 즉 멍청한 쪽이라 이거죠? 소피아 언니는 영리하고 뭐든지 금방 배우는 코코고요?"

나는 코코가 영리하지도 않고 뭐든지 금방 배우는 것도 아니라고 지적했다. 개들이 소피아와 룰루를 상징하는 것은 아니라고 딸들을 안심

266

시켰다.

"그럼 개들은 역할이 뭐예요? 왜 책에 넣는 건데요?"

언제나 논리적인 소피아가 물었다.

"아직 잘 모르겠어."

나는 인정했다.

"하지만 개들이 중요하다는 건 알아. 개를 기르는 중국인 엄마에게는 뭔가 선천적으로 불안정한 면이 있거든."

어떤 때는 룰루가 불평을 했다.

"엄마는 책을 재미있게 만들려고 소피아 언니와 나의 차이를 과장하고 있어요. 나를 반항적인 미국 십 대 청소년의 전형으로 그리고 있다고요. 사실 그리 비슷하지도 않은데."

반면 방금 전에는 소피아에게서 정반대되는 말을 들었다.

"제 생각엔 엄마가 룰루를 너무 부드럽게 그린 것 같아요. 사람들이 룰루가 천사인 줄 알겠어요."

자연히 두 딸 모두 책의 내용이 부당하다고 느꼈다.

"이 책은 룰루에게 헌정해야 해요."

한번은 소피아가 관대하게 말했다.

"누가 봐도 여주인공은 룰루니까요. 저는 지루해서 독자들에게 인기가 없을 거예요. **열정적이고 개성 있는 인물은 룰루예요.**"

룰루의 반론.

"이 책의 제목은 '완벽한 아이와 살인마'가 좋겠어요. 아니면 '맏이가 더 뛰어난 이유'로 하든가요. 그게 주제 아니에요?"

여름 내내 딸들은 나를 들볶았다.

"그럼 끝은 어떻게 맺을 거예요, 엄마? 해피엔드인가요?"

내 대답은 한결같았다.

"그건 너희에게 달렸어. 하지만 아마도 비극이 될 것 같구나."

그렇게 몇 달이 흘러갔지만 나는 어떻게 마무리를 지어야 할지 여전히 난감했다. 그러던 어느 날, 나는 딸들에게 달려가서 말했다.

"알아냈어! 어떻게 책을 끝낼지."

딸들은 흥분했다.

"어떻게 끝낼 건데요? 주제가 뭐예요?"

소피아가 물었다.

"양다리를 걸치기로 했어. 양쪽 진영에서 최선만 취사선택하는 식으로. 아이가 열여덟 살이 될 때까지는 자신감과 우수함을 선호하는 의식을 기르도록 중국식 방법을 쓰다가, 그 이후부터는 서양식으로 가는 거지. 자기가 갈 길은 각자 스스로 찾아야 하잖아."

나는 씩씩하게 말했다.

"잠깐만요……. 열여덟 살 때까지요?"

소피아가 물었다.

"그건 양다리 작전이 아니에요. 어린 시절 내내 중국식 양육법을 쓰는 거죠."

"큰 그림을 봐야지, 소피아."

나는 원고의 첫 부분으로 돌아가서 넣을 건 넣고 뺄 건 빼면서 내용을 다듬었다. 결국, 어느 날(정확히는 어제) 나는 책이 **어떻게** 끝나야 할 것 같으냐고 딸들에게 물었다.

"음, 책에 진실을 담고 싶으세요, 아니면 그냥 재미난 이야기가 되기를 바라세요?"

소피아가 물었다.

"진실."

나는 대답했다.

"그건 어려워요. 왜냐하면 진실은 계속 변하니까요."

"그렇지 않아. 내 기억은 정확해."

"그럼, 왜 자꾸 결말을 바꾸시는 거예요?"

"엄마도 스스로 무슨 말을 하고 싶은지 잘 몰라서 그래."

룰루가 추측했다. 소피아가 말했다.

"완전한 진실을 말한다는 건 불가능해요. 엄마는 너무나 많은 사실을 빼놓았어요. 말하자면, 이 책을 완전히 이해할 수 있는 사람은 없다는 거죠. 예를 들어 다들 제가 중국식 양육법에 **복종했다고** 생각하겠지만, 사실 그건 아니거든요. 전 스스로 선택해서 그 길을 걸었어요."

"어릴 때는 아니었어."

룰루가 말했다.

"엄마는 우리가 어릴 때는 선택권을 준 적이 한 번도 없었잖아. 기껏해야 '여섯 시간 연습할래, 다섯 시간 할래?' 이 정도였지."

"선택권이라……. 그럼 최종 결론은 이렇게 요약되는 건가?"

나는 말했다.

"'서양인들은 선택권을 믿고, 중국인들은 그렇지 않다.'라는 것으로. 난 옛날에 포포 할머니가 너희 아빠에게 바이올린 레슨에 대한 선택권을 줬다고 할머니를 놀리곤 했어. 물론 아빠는 바이올린을 배우지 않는 쪽을 택했지. 하지만 룰루, 내가 너에게 줄리아드 입학시험을 보게 하지 않았거나 하루에 그렇게 많은 시간을 연습하게 하지 않았다면 어떻게 되었을까 하는 생각이 드는구나. 누가 알겠니? 네가 지금도 바이올린을 좋아하고 있을지. 아니면 네가 원하는 악기를 고르도록 했다면 어땠을까? 아니면 악기가 아닌 다른 것을 하게 했다면? 결국 너희 아빠는 훌륭한 사람이 되었잖아."

"말도 안 되는 소리 마세요. 나는 엄마가 내게 바이올린을 시킨 거, 잘했다고 생각해요."

"어머, 웬일이야. 여보세요, 지킬 박사님! 하이드 씨는 대체 어디에 있나요?"

"그게 아니라, 내 말은…… 내가 바이올린을 영원히 좋아할 거라는 뜻이에요. 엄마가 나를 노력파로 만들어 줘서 기뻐요. 그리고 매일 중국어를 두 시간씩 공부하게 한 것도요."

"정말?"

나는 물었다.

"네."

룰루가 고개를 끄덕였다.

"됐어! 그렇다면 우리는 잘 선택한 거야. 사람들은 너와 소피아가 마음에 영원한 상처를 입었을까 봐 걱정했거든. 그 생각만 하면 정말 미칠 것 같아. 아이들에게 무엇이 좋고 무엇이 나쁜지에 대해 다 같은 노선을 취하는 서양인 부모들 말이야, 난 그들이 정말 선택을 하고 있기나 한 건지 잘 모르겠어. 그들은 그냥 다른 사람들이 하는 대로 따라 하고 있어. 서양인들이 잘한다고 알려진 것들을 별 의심 없이 그냥 하거든. 그들은 '아이들에게 스스로 **열정**을 추구할 자유를 줘.' 같은 말들을 고수하지만, 그 '열정'이라는 게 알고 보면 열 시간씩 페이스북에서 시간 낭비나 하고 정크 푸드 같은 거나 먹는 건데 말이야. 정말이지 이 나라는 **내리막길**로 가고 있어! 서양인 부모들은 나중에 늙으면 양로원으로 직행할 거야! 너희는 나를 그런 곳에 보내지 마. 산소호흡기도 떼지 말고."

"진정하세요, 엄마."

룰루가 말했다.

"서양인 부모들은 아이들이 실패하면 더 열심히 하라는 말은 안 하고 학교에 항의할 생각부터 하거든."

"정확히 누구 얘기예요?"

소피아가 물었다.

"전 그런 사람 모르겠는데요."

"난 비차별 정책이나 주장하는 어이없는 서양 사회의 관습에 굴복하지 않을 거야. 거기에는 역사적 뿌리도 없어. 플레이데이트는 대체 어디서 나온 거야? 건국의 아버지들이 친구 집에 가서 놀면서 잤다고 생각하니? 난 오히려 그들이 중국식 가치관을 지녔다고 생각해."

"시비 걸고 싶지는 않지만, 엄마, 저기……."

"벤저민 프랭클린이 말하길 '삶을 사랑한다면, **절대** 시간을 낭비하지 말라.'라고 했어. 토머스 제퍼슨은 '나는 철석같이 행운을 믿는다. 그리고 내가 노력하면 할수록 더 많은 행운이 찾아온다.'라고 했지. 그리고 알렉산더 해밀턴은 '죽는소리 하지 말라.'라고 했고. 이것들은 완전히 중국식 사고방식이야."

"엄마, 만약 건국의 아버지들이 그렇게 생각했다면 그건 미국식 사고방식이에요."

소피아가 말했다.

"게다가 인용도 틀린 것 같아요."

"찾아봐."

나는 소피아에게 자신 있게 말했다.

내 동생 캐트린은 이제 많이 나았다. 캐트린은 여전히 힘겹게 투쟁 중이고 고비를 완전히 넘긴 것도 아니다. 하지만 모든 것을 품위 있게 참아 내고, 밤낮으로 연구에 매진하며, 연이어 논문을 쓰고, 되도록 많은 시간을 아이들과 보내려고 노력하는 진정한 영웅이다.

가끔씩 나는 캐트린의 병이 시사하는 교훈이 무엇인지 생각한다. 너무나 짧고 허물어지기 쉬운 것이 인생임을 생각해 볼 때, 우리는 일 분일 초를 헛되이 흘려버리지 말고 최대한 활용하려고 노력해야 한다. 하지만 최선을 다해 인생을 산다는 것은 무슨 의미일까?

우리는 모두 죽는다. 하지만 최후를 맞이할 때까지 어떤 길을 가야할까? 어쨌든 나는 방금 제드에게 개를 한 마리 더 기르자고 말했다.

감사의 말

감사의 말씀을 드리고 싶은 분들이 대단히 많다.

우리 어머니와 아버지. 그 누구보다 나를 믿어 주신 부모님에게 마음속 깊은 곳에 자리한 존경과 감사를 전하고 싶다.

소피아와 룰루. 너희는 내 행복의 가장 큰 근원이며 자랑이자 내 인생의 기쁨이란다.

나의 특별한 여동생들. 미셸, 캐트린, 신디.

그리고 내 남편 제드 러벤펠드. 이십오 년 동안 내 글을 빠짐없이 읽어 준 당신. 당신의 친절한 마음씨와 천재성의 최대 수혜자인 나는 정말 행운아야.

제부 오르 고자니와 내 조카들 아말리아, 디미트리, 다이애나, 제이크, 엘라.

통찰력 있는 의견과 열정적인 논쟁, 귀중한 도움을 아끼지 않은 사랑하는 친구들. 알렉시스 콘턴트와 조든 스몰러. 실비어와 월터 오스터러 부부, 수전과 폴 피들러 부부, 마리나 샌틸리, 앤 데일리, 제니퍼 브라운, 낸시 그린버그, 앤 토플마이어, 세라 빌스턴, 대니얼 마르코비츠, 캐슬린 브라운 도라토, 알렉스 도라토. 그리고 아낌없이 격려해 주신 엘리자베스 알렉산더, 바버라 로젠, 로저 스포티스우드, 에밀리 배질런, 린다 버트, 애니 위트.

소피아와 룰루에게 음악에 대한 사랑을 심어 주신 분들, 미셸 징게일, 칼 슈가르트, 피오나 머리, 조디 로비치, 네이버후드 뮤직 스쿨의 알렉시스 징게일. 노워크 청년 오케스트라의 멋진 지휘자 리처드 브룩스. 아네트 창 배거, 잉잉 호, 유팅 후앙, 낸시 진, 남기원, 알렉산드라 뉴먼. 훌륭하신 다나카 나오코 선생님과 앨미타 베이머스 부인. 그리고 특히 나의 좋은 친구이자 탁월한 지도자인 양웨이이 교수.

소피아와 룰루가 운 좋게 만났던 푸트 학교의 훌륭하신 모든 선생님들.(저는 사실 중세 축제를 좋아했답니다.) 특히 주디 커트버트슨과 클리프 샐린.

테니스와 관련해 알렉스 도라토, 크리스천 애플먼, 스테이샤 폰세카.

내 학생들 재클린 어세이, 로넌 패로, 수 관, 스테퍼니 리, 짐 리텐버그, 저스틴 로, 피터 맥엘리거트, 루크 노리스, 아멜리아 롤스, 나비하 사이드, 엘리나 테털바움.

마지막으로 탁월한 에이전트인 티나 베넷과 뛰어난 편집자이며 발행인인 앤 고도프에게 감사 인사를 전한다.

중국 황도대의 경구는 http://pages.infinit.net/garrick/chiese/tiger.html(2009년 12월 18일 방문)와 http://www.chinesezodiac.com/tiger.php(2009년 12월 18일 방문)의 "Chinese Zodiac: Tiger"에서 인용했다.

중국인 엄마가 금지하는 것

내가 인용한 통계는 다음 연구 논문에서 발췌한 것이다.

Journal of Cross-Cultural Psychology 27 (1996) 403~423쪽에 실린 Ruth K. Chao의 "Chinese and European American Mothers' Beliefs About the Role of Parenting in Children's School Success."

Journal of Cross-Cultural Psychology 31 (2000) 677~702쪽에 실린 Paul E. Jose, Carol S. Huntsinger, Phillip R. Huntsinger, Fong-Ruey Liaw의 "Parental Values and Practices Relevant to Young Children's Social Development in Taiwan and the United States."

Social Behavior and Personality 36(2) (2008) 163~176쪽에 실린 Parminder

Parmar의 "Teacher or Playmate? Asian Immigrant and Euro-American Parents' Participation in Their Young Children's Daily Activities"

반항아 룰루와 전쟁을 시작하다

인용한 컨트리 음악 노래는 Jaime Kyle, Pat Bunch, Will Rambeaux의 "Wild One"

중국 황도대에 근거한 필자의 성격은 다음 웹 사이트를 근거로 했다.

"Monkey Facts" http://www.chineseinkdesign.com/Chinese-Zodiac-Monkey. html(2009년 12월 18일 방문)

"The Pig/Boar Personality" http://www.chinavoc.com/zodiac/pig/person.asp (2009년 12월 18일 방문)

"Chinese Zodiac: Tiger" http://pages.infinit.net/garrick/chinese/tiger.html (2009년 12월 18일 방문)

억울하면 두 배로 더 열심히 하라

아이에게 음악 교육을 시키는 동양계 열성 엄마들을 조명한 연구 결과를 찾아 보고 싶다면 American Quarterly 61(4) (2009) 881~903쪽에 실린 Grace Wang의 "Interlopers in the Realm of High Culture: 'Music Moms' and the Performance of Asian and Asian American Identities"를 참조.

힘들면 힘들수록 성취감은 커진다

Brent Hugh의 "Claude Debussy and Javanese Gamelan"은 http://brenthugh. com/debnotes/debussy-gamelan.pdf(2009년 12월 12일 방문)에 있음.(1998년 미주리 캔자스시티 대학에서 열린 강의 내용)

지나치게 '자유로운' 처사야말로 아이에게는 벌이다

정상급 음악 학교 학생 가운데 다수를 차지하는 동양인에 대하여.

　　동양인과 동양계 미국인은 정상급 음악 전문 학교와 음악 대학에서 정원의 30~50퍼센트를 차지한다. 예비 학교 수준에서는 그 비중이 더 높을 때도 있다. 줄리아드 예비 학교처럼 명성이 높은 곳에서는 동양인과 동양계 미국인의 숫자가 전체 학생 수의 절반 이상이다. 바이올린과 피아노 전공자 중에서 중국과 한국 학생들이 주류를 형성하고 있다.

American Quarterly 61(4) (2009) 882쪽. Grace Wang의 "Interlopers in the Realm of High Culture: 'Music Moms' and the Performance of Asian and Asian American Identities" 중에서.

애완동물 '중국식'으로 길들이기

스탠리 코렌 박사와 '가장 똑똑한 개' 순위는 웹 사이트 http://petrix.com/
　doginit/(2009년 7월 24일 방문)의 "The Intelligence of Dogs" 참조.
다른 자료는 다음에서 인용했다.
Michael D. Jones의 "Samoyeds Breed-FAQ"(1997)
(http://www.faqs.org/faqs-faq/breeds/samoyeds/, 2009년 7월 21일 방문)
SnowAngels Samoyeds의 "The Samoyed Dog: A Short History"
(http://www.snowangelssamoyeds.com/The_Samoyed.html, 2009년 7월 21일
　방문)

옮긴이

황소연

연세대학교 의류환경학과를 졸업하고 출판 기획 및
영어를 한국어로, 한국어를 영어로 옮기는 일을 하고 있다.
옮긴 책으로 서머싯 몸의 『인생의 베일』, 『더티 잡』, 『찌꺼기』, 『파랑 피』, 『점퍼 3』, 『말리와 나』,
『믿음의 엔진』, 『안녕하세요 나는 당신입니다』, 『호오포노포노의 비밀』 등이 있다.

타이거 마더

예일대 교수 에이미 추아의 엘리트 교육법

1판 1쇄 펴냄 2011년 3월 18일
1판 3쇄 펴냄 2011년 4월 14일

지은이 • 에이미 추아
옮긴이 • 황소연
발행인 • 박근섭, 박상준
편집인 • 장은수
펴낸곳 • (주)민음사

출판등록 • 1966. 5. 19. (제 16-490호)
주소 • 서울시 강남구 신사동 506 강남출판문화센터 5층 (135-887)
대표전화 • 515-2000 | 팩시밀리 515-2007
홈페이지 • www.minumsa.com

한국어 판 ⓒ (주)민음사, 2011. Printed in Seoul, Korea

ISBN 978-89-374-8352-3 (03370)